JN296914

Beyond the Historical Awareness: 20-21st Century Japan-China relations

歴史の桎梏を越えて

20世紀日中関係への新視点

KOBAYASHI Michihiko / NAKANISHI Hiroshi
小林道彦／中西寛❖編著

千倉書房

歴史の桎梏を越えて——20世紀日中関係への新視点

目次

第II部 冷戦下の変容——帝国の解体から国交正常化へ

第III部 歴史像の転換——二一世紀日中関係の礎

歴史の桎梏を越えて——20世紀日中関係への新視点

序論

小林道彦
中西寛

「歴史を鑑《かがみ》にする」とは、日中関係において特に中国側がよく用いる表現であるが、それが何を意味するか、正確につかまえるのはなかなか難しい。歴史を研究対象とする者にとって、その言葉の前提となるのは、「正邪」「善悪」「好悪」といった価値判断を意識的に抑え、歴史を冷静に、一定の距離感をもって認識することであろう。

だが実際には、さまざまな「想い」に妨げられて、近代日本研究、とりわけ日中関係史研究は相応の政治性・イデオロギー性を帯びるか、またはそれを避けようとするあまり無味乾燥な実証研究の隘路《あいろ》に陥るかの、いずれかに片寄りがちな危うさと、常に背中合わせであった。

もっとも、どんなに個別実証研究に徹しようとしても、政治的な磁場の中では、そういた学問的営みさえもが、微妙な政治的意味合いを含んでしまうことは避けられない。より厳密に言えば、歴史観なるものは多かれ少なかれ政治性を帯びているものなのである。

歴史小説が多くの読者を引きつけて止まない日本の現状は、人々が真に人間的な、そして総体的な歴史像を求めていることを示している。一方的な政治的訓話や「正しい歴史認識」の押し付けはどうかと思うが、かといってあまりに専門的な実証研究は読んでいて面白くない、というのが一般読者の最大公約数的な反応だろう。

一九九七年に創設された「20世紀と日本」研究会では、ここ数年間にわたって「二〇世紀の日中関係」を共通の研究テーマに設定し、定期的な研究会や夏季研究合宿を開催してきた。なぜ今、日中関係なのか。言うまでもなく、中国の動向が二一世紀の世界にきわめて大きな影響をもたらすだろうからである。

今からおよそ百年前、多くの日本人が中国の動向を、固唾《かたず》を飲んで見守っていた。果たして、大清帝国は立憲国家化に成功するだろうか。それとも無秩序状態が進行し、やがて革命が勃発するのだろうか…。

伊藤博文は、日本の韓国併合が積極的満州経営を促進し、それが中国人のナショナリズムを刺激して第二の義和団戦争が起こることを危惧していた。なぜなら、一連の連鎖は大清帝国の崩壊をもたらし、ひいては第二次日露戦争のきっかけとなるかもしれないからである。

一方、山県有朋は清国の強国化を予想し、遠からず、台湾・朝鮮の奪還をめざして対日復讐戦争を挑んでくるのではないかと考えていた。それを防ぐためにも、日本は韓国を併合し、軍備を拡張しておかねばならない…。

近未来予測としては伊藤が正しく、山県は間違っていた。一九一一年に辛亥革命が起こり、清国は強国化するどころか、あえなく崩壊してしまったからである。以後、一九四九年の中華人民共和国の成立にも関わらず、否、むしろそれ故に、事実上の鎖国状態の中で、中国の内政的混乱と経済的停滞は八〇年代にいたるまで継続した。

この間、朝鮮半島やインドシナ半島といった中国の周縁部では、米ソ両国を巻き込んだ大規模な局地戦争が勃発した。朝鮮戦争(一九五〇-五三年)やインドシナ・ベトナム戦争(一九四六-五四年、一九六五-七五年)である。西側の主役は、「大日本帝国」を打倒して、日本列島からタイに至るまでの広範な地域に軍事力を展開するようになったアメリカである。さまざまな「国境紛争」も頻発した。台湾海峡危機（一九五八年、金門・馬祖）、中印紛争（一九六二年）、珍宝島事件（一九六九年、ダマンスキー島）、中越戦争（一九七九年）などがそれである。

だが、これらの紛争は大陸内部には飛び火しなかった。蒋介石の「大陸光復」は見果てぬ夢に終わったし、中ソ対立は林彪のクーデタ未遂事件（一九七一年）を引き起こすに止まった。

また、中国が対外的膨張主義に乗り出すこともなかった。朝鮮戦争を戦った中国軍は、その後、速やかに北朝鮮から撤退した。文化大革命は内戦一歩手前の様相を呈したが、毛沢東は排外主義の波に乗って香港を実力で回収しようとはしなかった。中越戦争も短期間で幕引きが図られた。

しかしながら、台湾や中央アジアの諸民族との関係はいまだ緊張をはらんでいる。くり返されるチベット問題やウィグル族の分離独立運動は、「中国とは何か」という古くて新しい疑問を私たちに投げかけて止まない。

今にして思えば、中国経済の発展には外資の導入は絶対的に必要であった。統一的な政治権力が確立されていなければ、外資の導入はいわゆる「ひも付き援助」と化し、ひいては地域的な割拠主義を助長しかねない。一九二〇年代によく見られた政治的風景である。社会主義的鎖国体制を維持し、まず、その中で国内「反党分子」を粛清することは、「中国」経済発展のための「必要悪」だったのかもしれない。

二一世紀に入り、中国の目覚ましい経済成長を目の当たりにしている私たちは、これまで以上に、その動向に大きな関心を寄せつつある。経済的停滞は過去のものとなった。果たして、この高度経済成長は中国自身に、そして、日本を含むその周辺地域や世界にどのような政治的・経済的、軍事的なインパクトをもたらすだろうか。今後、日中関係はどのように展開するのだろうか。

こうした近未来予測には、過去に対する冷静な省察が不可欠である。ところが、日中間において、二〇世紀の歴史問題は今なお論争的であり、時に政治的・外交的対立を招くテーマとなっている。他方、近年の実証的研究の進捗を見ると、専門研究者の間では政治的論争を離れた新たな知見が着実に積み重ねられている。問題は、前者と後者が切り離されている点にある。前者は歴史観を通じたイデオロギー的論争の側面が強く、後者は歴史観といった曖昧な前提を徹底的に排除しようとする傾向が強すぎる。

私たちは、新たな知見を単に積み上げるだけではなく、なんらかの見取り図に基づいてそれらを再構成しなければならない。もとより、それは容易なことではないが、こうする以外に、私たちは「歴史の桎梏《しっこく》」を乗り越えることはできないだろう。脱イデオロギー的な歴史観に裏打ちされた、個別実証主義的でない、歴史のダイナミズムに触れる論考を世に送りたい。そうした問題意識から、本書の企画は出発している。

本書は、二〇世紀の日中関係、とりわけ大正期から昭和期にかけての実証的な歴史研究を基軸に、政治学的知見も加え、新たな日中関係像を提示することを目指している。取り扱う時期は戦前・戦後を貫き、分析視角も従来の戦争責任論や冷戦論の枠組みを超える。日中両社会の相互作用を重視することで、客観的だが拡がりのある歴史像を提起したい。

全体は三部構成となっている。具体的には一九三〇年代までの日中の相互観を、重要なプレイヤーの分析を織り交ぜて展開する第Ⅰ部、戦中・戦後初期から一九六〇年代までの日中関係を米中関係にまで目配りしつつ取り扱う第Ⅱ部、さらに括りの大きなテーマから日中関係を俯瞰する第Ⅲ部である。

本書の執筆陣には、これまでの研究会での発表者を前提に、新しい視点や切り口で本テーマに取り組むべく幅広い人材を求めることとした。また、史料の直接引用や難解な表現はできるだけ抑え、広く一般読者に読んでいただけるように努めた。

本書が多くの読者を得て、それぞれの意識の中で日中間の「歴史の桎梏」を越える、その「よすが」となることを祈念している。

第Ⅰ部

分岐する運命

——帝国日本と革命中国

第1章

伊藤博文の中国観

——立憲政友会創設期を中心に

瀧井一博
TAKII Kazuhiro

1　国制としての立憲政友会

本章では、明治を代表する政治家伊藤博文の中国観を検討する。最近公刊された伊藤の評伝には、「近代日本を創った男」という副題が添えられているが［★1］、それは決して過褒ではない。西郷隆盛、大久保利通、木戸孝允という「維新の三傑」の後を受け、明治政府に君臨した伊藤は、内閣制度の導入、明治憲法の制定、議会制度の開設といった重要な国家改革を指導し、近代日本の国制を確立した人物である。その点を指して、筆者は伊藤を「制度の政治家」と呼びたい［★2］。

伊藤を「制度の政治家」と呼んだときに注目すべきは、彼が制度というものを決して固定的な秩序とは考えていなかったことである。伊藤にとって制度とは絶えず作り変えられていくものであった。換言すれば、常にメンテナンスされ、必要な場合にはリフォームされるべきものだったのである。

すでに筆者は、そのような観点からなされた伊藤の国制改革について若干の考察を行ったことがある。本章では、明治憲法成立後になされたもうひとつの伊藤の国制改革の試みを取り上げたい。それはかの立憲政友会の創設（一九〇〇年）である。一見、これは直接には国制と結びつくものではないように思われるかもしれない。一政党の立ち上げはあくまで「政治」の領域に属する問題であり、国家の統治構造を意味する国制とは本来次元を異にするものといえるからである。

だが、少なくとも伊藤のなかにおいて政友会の結成は、紛れもなく国制の問題として捉えられていた。本章ではその点を内政外政の両面から論証したい。若干結論を先取りしたことを記せば、伊藤は政友会の創設を通じて、日本国民に憲政の精神を注入し、立憲国家を完成させようとしていた。そして他方で、一八九八年に中国を訪問して戊戌《ぼじゅつ》政変に巻き込まれるなど得難い経験をした彼は、独自の中国観に立脚した外政構想を抱くようになる。政友会はその構想の反映でもあった。以上の点だけ指摘して、早速本論に入っていこう。

2 立憲政友会への旅——明治三二年の憲法行脚

一九〇〇年九月、立憲政友会が創立され、党首である総裁の座に伊藤博文が就いた。政友会は藩閥政府の中心にあった伊藤がそこを飛び出し、議会における最大の野党勢力だった自由党（当時憲政党と名乗っていた）と結託して創設したもので、わが国における政権担当能力ある責任政党の誕生として特筆される。

政友会の結党に先立つ一八九九年、伊藤は日本各地を遊説し、自己の政治理念である「憲法政治」の何たるかを直接国民に説いて回っていた[★3]。彼の行った演説は、次の三つの柱によって構成されている。①国民の政治参加の促進、②闘争原理の政党政治から妥協と調和を基調とする立憲政治への転換、③公正な政府の実現、以上三点である。

まず国民の政治参加である。伊藤は、「国民其者が国家を担ふと云ふ観念が起らなければならぬ」[★4]ということをさかんに唱えていた。この点は、一八八九年の大日本帝国憲法(明治憲法)発布以来の彼の持論だった。国民の政治的権利を抑制し、強大な天皇大権を担保するために制定されたとされる明治憲法だが、当の起草者伊藤は、発布当初、これからの政治は「国の人民の文化を進め」ることを指針とし、それにしたがって、国民を中心とした政治に徐々に移行していくことを説いていた。開化した国民というものは、「支配の仕方が善く無いと云ふと、其の人民は是非善悪の見分けを付けることの出来る人民で有るから、黙って居れと言って一国は治まるもので無い」と言う[★5]。

この秘められた思想を、伊藤はここに来て、国民に直接語り始めるのである。「文明の人民は独り民間の事に通ずるのみならず、政府の事も知らなければならぬ、政府の事を知つて政府が如何なる事に人民から税を取立てるか、其取立てた金をどうするかと云ふことも知らなければならぬ」[★6]。伊藤はそのように唱え、国民の政治参加を促したのだった。

そのような国民の政治参加の受け皿となるべきものが政党だった。だが、それは既存の政党と同質なものであってはならなかった。伊藤によれば、従来の政党は、国会の場を源平合戦の戦場のようにしてしまっている。「日本帝国の議会をして、矢来を結つた所の敵討場の如くされては堪らぬ」。そう伊藤は呼びかけている。彼によれば、「政党なるものはモ少し軽く見なければならぬ」ものだった[★7]。眼下の政党は権力闘争に明け暮れているとしか思えないが、そもそも憲法に基づいた立憲政治とは、国民の間の様々な利害を議会での熟議を経て妥協譲歩させ、国家秩序に調和をもたらすべきものなのである。政党はそのような立憲政治のための道具なのであって、逆であってはならなかった。

最後に公正な政府の実現ということである。前述のように闘争原理の政党政治を矯正して、妥協と調和の立憲政治を実現するには、何よりも政党の利害から自由な執政府を作る必要があった。「民に臨み政を行ふに当つて、自分の政党に利益となる政治を行ふと云ふことになれば、反対に立つ所の者は始終不幸を蒙らなければならぬ」。それ故に、「如何なる党派が政権を把つても、政治となつた以上は眼中党派を措かず、公平に事を行ひ、民を見るに自党他党の区別をせず唯々民の事業、民の生活、国家の利害如何と云ふことを見るのみでなければならぬ」とされる[★8]。

かつてならばこの言は、政党を排斥した超然主義の主張と聞こえたことであろう。しかし、この時伊藤は、政党が政権を取ることを前提とし、そのために政党はいかにあるべきかを論じているのである。

以上のように、伊藤にとって政友会とは、単に政権を担える巨大政党を創設したというにとどまらず、既存の政党のあり方を立憲政治の理念に沿うように抜本的に変革しようという試みだったといえる。

3 もうひとつの旅——明治三一年の清国訪問

政友会を結成するにあたって、伊藤は日本各地を遊説していた。以前に筆者は、この時の伊藤の全国遊説を「憲法行脚」と命名した[★9]。伊藤は明治憲法発布一〇年を前にして、「憲法政治」[★10]の仕切り直しを図るために直接国民に語りかけ、憲政の理念を行脚して回っていたのである。政友会とは、そのような旅の帰結であった。

政友会を導く旅が、もうひとつある。一八九八年(明治三一)九月から約二カ月間、伊藤は清韓両国を漫遊している。筆者のみるところ、この外遊は伊藤の政友会構想に少なからぬ刻印を与えた。以下、その点の論証を行っていくが、まずは伊藤の旅程をたどっておこう[★11]。

八月一九日、伊藤は長崎を出港し、まずは韓国に向かった。二五日に京城に入った後、九月八日まで同国に滞在、それから中国の天津を訪れた。各地では盛大な歓迎が待っていた。中国での最初の訪問地天津から伊藤は、夫人に宛てて、「清国の上下我を歓迎することは中々筆にも文にも書き尽しがたし」と書き送っている[★12]。

このように伊藤自身が驚くような歓待ぶりには、伊藤に対する期待や希望の念があった。伊藤は近代化の指南役と目されていた。ちょうどこの時、中国では康有為らによる変法運動が大きな盛り上がりを見せていた。それは光緒帝によって正式な政策として容れられ、中国では立憲制への全面的改革のムードが高まっていたのである。こういった情勢のもとで、伊藤はそれまで東夷として蔑まされていた日本にいち早く憲法を施行して文明化させ、中国をしのぐ強国へとのし上がらせた立役者として、偶像化されていたのである。当時のある報道によれば、伊藤を引き止め、顧問官に就任させようとの計画も北京ではなされていた[★13]。

以上のような気運のなか、一四日、伊藤は北京に入った。その翌日、伊藤は乾隆帝の曾孫で後に清国の最初にして最後の総理大臣となった慶親王と会談した。そしてその五日後の二〇日には、光緒帝に謁見している。この二つの会見を伊藤は、「二十日に謁見もあり、其取扱も今までに先例もなきほどのていねいなることなり。其後慶親王と申て先づ総理大臣に当る皇族のちそうあり、これも今までになきことゝなり」[★14]と報じているが、実際、光緒帝は伊藤を自らの傍らに座らせるという破格の扱いで遇し[★15]、「目今我国改革の必要に迫れるに際し、一に貴爵の意見を聞かむと欲す」と述べて助言を要請した[★16]。

戊戌政変の勃発は、光緒帝に謁見を賜ったその翌日だった。皇帝の急進的改革に危機感を募らせた西太后を中心とする守旧派グループが起こした変法派一掃のクーデタ劇である。これによって光緒帝は幽閉され、変法運動を指導していた康有為や梁啓超は日本に亡命。変法運動は「百日維新」で突然幕を降ろされた。事件の興奮冷めやらぬ二六日、伊藤はやはり夫人に宛てて、様々な流言が飛び交う北京の政情を指して、「支那のことは中々わからず」と伝えている[★17]。自分を盛んに持ち上げていた改革ムードが一夜にして潰えた有様をつぶさに見た伊藤の実感といえよう。

北京で予想外の騒動に巻き込まれた伊藤だったが、旅程に大きな変更はもたらされず[★18]、中国巡遊の旅を続行した。二九日に北京を後にした彼は、天津へ向かい、月が変わった一〇月二日にはそこから上海へと赴き、五日に同地に着いている。

一三日、伊藤は揚子江を遡航し、武漢へと向かった。湖広総督として同地に君臨している張之洞と漢口にて会うためである。これは張の招待を受けてのものだった。伊藤の上海来訪を聞いた張は、使いを派遣して伊藤の漢口来遊を乞うた。その誘いに応じたのである。この時の張之洞との会談は、戊戌政変と並んで、伊藤訪中の山場をなすものといえる。その意義については、後述する。

一七日、漢口を発った伊藤は、一九日に南京に至った。ここでは両江総督としてその地方の統治に当たっていた張之洞と並ぶ地方政治の実力者劉坤一と会っている。そして二二日、伊藤は上海に戻ってくるのだが、当初はここからさらに南支方面の視察が予定されていた。だが、当時政権を担っていた大隈重信内閣瓦解の知らせが日本より届き、帰国の勅命を受けた彼は急遽帰国の途に就き、一一月七日、長崎に帰還した。

伊藤を待っていたのは、山県有朋に組閣の大命降下との報だった。野党憲政党の指導者である大隈と板垣退助を中心とする第一次大隈内閣(隈板内閣)は、伊藤の手引きで成立したという一面を持っていた。だが、そのような政党内閣路線は全否定され、再び薩長藩閥の超然主義内閣に舞い戻ったのである。増田知子氏は、「この仕打ちは、天皇の篤い信任を誇り元老筆頭を自負する伊藤の権威が地に墜ちたことを物語っていた」とし、ここから伊藤は山県を中心とする官僚閥に対抗するため政党政治家の道を歩まざるを得なかったとする[★19]。

しかし、伊藤の立憲政友会への道は、そのような政局に左右された打算や権力欲に基づくなしくずしの産物として捉えられるべきではない。翌年の憲法行脚で訴えかけられていたように、そこには憲法制定以来の、否、それ以前から伊藤の骨身に染みついた憲法政治、文明政治の理念が脈打っていた[★20]。伊藤にとって、政党政治とは、政局ではなく、政治理念と国家構想の問題だったのである。私見では、その理念に奥行きをもたらし、構想に戦略性を付与したのが、伊藤の中国体験だったと考えられる。この「もうひとつの旅」は、政友会に仮託された伊藤の国家構想にとって、どのような意義があるのだろうか。

4 戊戌政変の体験——政治的中国との距離

伊藤が一八九九年の中国漫遊で得た知見とは何だったのか。一言で述べれば、それは政経分離の中国観である。伊藤は中国の政治と経済を別個のものとして捉えるべきと説き、中国は政治的にはこれからも混迷の度を深めていくであろうが、経済的には高いポテンシャルを有しており、日中の経済的結びつきを深めることは日本にとっての喫緊《きっきん》の課題であることを唱えるのである。中国の政治と経済に対する伊藤の観察を順にみてみよう。

まず、中国政治観である。既述のように、自分を歓待する変法指導者たちが一夜にして粛清されていったのをまざまざと見せつけられ、伊藤は中国のことは「中々わからず」と述懐した。この政変によって、伊藤に中国政治への不信の念が生じたことは疑いえない。だが、実を言えば、伊藤はそれ以前から中国の改革のあり方に対して違和感を抱いていたようである。そもそも伊藤の北京訪問時、水面下では康有為や梁啓超らの変法派と西太后をいただく保守派との熾烈な権力闘争が進行中であり、情勢は変法派にとって厳しいものとなりつつあった。九月七日に変法派により李鴻章が総理衙門大臣を罷免されたのを受けて、西太后は軍隊を招集して軍事弾圧の準備に着手する。対する変法派は西太后幽閉のクーデタ計画をもって新建陸軍を率いる袁世凱に接触を図っていた。

伊藤が北京に赴いたのは、このような一触即発の状況下であった。彼の来訪に、「苦境に立っていた変法派は大きな期待をよせた」[★21]。しかし、当の伊藤は、変法派の不利な立場を察知した。総理衙門の諸大臣も変法に必ずしも賛成しているわけではないことを見抜いた彼は、変法派とは距離を取った。何よりも、李鴻章のような年来の交渉パートナーで老練かつ中庸を得た政治家を罷免したことは、伊藤の変法運動に対する警戒心を増幅させた。

九月一八日、西太后一派の決起の可能性が高まったこの日、康有為は日本公使館に伊藤を訪ね、変法支持へと西太后を説得してもらいたいと懇願した。しかし伊藤は言を左右するばかりで、康は「侯爵はわが国をひどく蔑んでおられる」と失望した[★22]。政変後に日本に亡命した康有為を出国させるために張之洞が日本政府に働きかけた際、張は「伊藤侯到京の日に於て康に満さる言ありと伝へ、康遂に皇上に密奏し伊藤侯を見る勿れと謂ひ、又た日本を尊信す可らすとの疏あり」と伝えている[★23]。そのまま信じることはできないが、緊迫した情勢のなか、藁にすがる思いで伊藤と面談し、突き放された康にしてみれば、期待が大きかった分だけ憤懣もただならなかったであろう。

以上が政変時の伊藤の対応についての概要だが、次にこの時の伊藤の見解を一次史料に基づいて精査しておきたい。『伊藤博文文書』(国立国会図書館憲政資料室蔵)のなかには、「伊藤博文清国関係資料」と題して、慶親王と光緒帝との会談の記録が、「日本国駐清公使館」の罫紙に記されている[★24]。このなかでは確かに、

「事国家の利害得失に関す〔る〕、尤も宜しく慎重周詳なるへし。断として軽躁の行為あるへからす。故に上に老成練達の人ありて改革の方針を確立し、下之を佐くるに盛壮気鋭の士を以てし、各々其の事務に当らしめは成緒其れ或は尋繹すへし。万一細に此点を考慮せすして捽然急激の改法に従ふときは適に以て乱階たらむのみ」との伊藤の言がある。急激な改革を戒め、「老成練達の人」と「盛壮気鋭の士」との調整を唱えるその説法は、変法派にとっては肩透かし以外の何ものでもなかったろう。けれども、そもそもかような漸進主義は伊藤にとっての政治哲学に他ならなかった。類似の発言は彼が常々口にしていたことであり、中国に来てもそれが繰り返されたということに過ぎない[★25]。

むしろこの時の慶親王との会見で注目すべきなのは、人材養成に関する伊藤の見解だろう。かつて首相在任中に清国駐日公使を通じて中国の兵制改革につき意見を求められたことを回顧しつつ伊藤は、兵制の良し悪しは、そのなかにいる士官の質に依るとして、良質な士官を育成するために学校を興すのが急務だと慶親王に奉答している[★26]。そして、決して事を急いではならず、順序を踏んで漸次に実行するのが成功の秘訣だという。

ここで伊藤は、自らの政治信条を語っているのである。それはひとつには漸進主義、そしてもうひとつは制度の要諦は人にあるということである。すなわち、制度の帰趨はそれを動かす人の知力学力にかかっている[★27]。兵制についても、「学校の設立既に成り、士官の教養具さに挙かれば兵卒訓練の法の如きは決して其の精ならさるを患へす」とされる。ひとつの制度を確立するには、たとえ迂遠に見えても、それを支える人材の養成法から変えていくべきことが説かれているのである[★28]。

制度論を教育論に還元させる伊藤の論法には、既述のように人こそが制度を動かすという彼の思想がある[★29]。慶親王との会見で伊藤が伝えようとしたのは、人を礎とする国づくりということだったといえる。

そのことは、「富国の道何如。其れ将た海関税を以て基本と為す耶」との親王の問いに対して、「否否。富国の本豈に関税に在らむや。抑々一国の富源は民の殖産に在り」と決然と奉答していることからもうかがえる[★30]。小手先の制度の変更よりも、国民の活力こそ国家存立の源だと伊藤は考えていたのであり、そのために学校制度を改革して人心を一新する必要があると唱えられたのである。国家が国民の物質的精神的民力によって支えられるものであるとの主張は、この翌年に敢行される憲法行脚でも繰り返し表明されることになる。この会談で、伊藤は国家建設に関する持説を率直に伝授していたのだった。

殖産興業の基礎としての学校と西洋学術に基づいた実学は、中国でもその必要性はこのころ認識されており、すでに幾多の学校が設立されていた。変法運動においても、それは重要な改革の柱だった。だが、そのあり方について、変法派と伊藤とでは大きな違いがあった。

康有為はそれまでの洋務派の改革と異なり、国民教育の普及という見地から小中学校の改革と新設を掲げていたが[★31]、伊藤は中国に入る前からそのような方針を批判していた。韓国を離れ、天津に向かう船上で彼は、「余をして支那の為に謀らしめば小中学堂の如きは暫らく之を措き先づ専門学術の学校を設立し盛んに国家要急の人材を養成し直に之を国家有用の事業に使用せんと欲す」と弁じている。伊藤によれば、教育には「人としての教育」と「国としての教育」があるが、今中国に必要なのは、後者の「国としての教育」だとされる。「国家急用の人材を得、国家要急の事業に当らしむる」ための専門教育に重点を置くべきだというのである[★32]。まずは現時点で高等教育を受けている者たちの意識改革を行って近代国家を支える国家エリートを創出し、それから漸進的に民衆一般へと教育を充実させていくというのが、その真意であろう。総花的な改革を唱える変法派とは、改革ということの意味内容からして、本質的な相違があったのである。

5 張之洞との会見——経済的中国との出会い

北京で政変というとんだハプニングに巻き込まれたものの、伊藤は既述のように当初の予定を変更することなく旅を続けた。一一月に入り、日本から大隈内閣崩壊の報を受けて彼は卒然と帰国を余儀なくされるが、それまで精力的に視察を重ねた。この間で特筆されるべきは、漢口に張之洞を訪ねたことだろう。李鴻章と並び称される中国政界の実力者で、当時湖広総督として同地方の発展に辣腕をふるっていた張は、変法運動以前の改革路線である洋務運動のイデオローグとしても名を馳せ、伊藤の中国訪問に先駆けて有名な『勧学篇』（光緒二四年（一八九八）三月）を著した。同書は「温《ママ》健な改良論を唱え、康有為の急進的な変法論に対する批判が込められていた」ものと評され[★33]、また「中体西用」論を体系的にまとめあげた著作として知られる。これによって、「西洋学術の有効性と採用の必要性がはじめて公式に認められ」、それ故にこの本は、留学生派遣、科挙制度の廃止、立憲制の導入といった清末の主要改革を正当化する重要な「イデオロギー的役割」を果たしたとされる[★34]。

穏健な改良論の持ち主ということは、伊藤にも通じる。一〇月一三日、伊藤は上海を発って漢口へ向かった。同地で張と会うためである。既述のように、これは張の招待に伊藤が応じたものだった。伊藤のために張は盛大な招宴を開き、交歓した。この時、二人は何を語りあったのだろうか。その後、張と何度も面会した上海総領事代理の小田切万寿之助は、伊藤の帰国後、張が「過般伊藤侯爵来遊の際は北京政変後多くの時日を経過せさりしを以て、心談はんと欲して談する能はさりし事あり。口問はんと欲して問ふ能はさる事あり。千載一遇の機会を尋常応対の間に逸失せしは、今仍ほ心中無限の憾を抱く」と嘆じていることを伝えている[★35]。

康有為ら変法派とは思想を異にしつつも、改革志向ということでは同列に見られかねなかった張は、政変後幾日も経っていないなかでさすがに発言に気をつけざるを得なかった。そのために伊藤を前にして、「心談はんと欲して談する能はさりし事あり。口問はんと欲して問ふ能はさる事あり」という自己検閲状態にあったという。千載一遇の機会を失い、遺憾の極みだと張は無念を滲ませている。

額面通りにとれば、二人の邂逅は形式的な表敬で終わり、何も実質的な話し合いはなされなかったかのようである。果たしてそうだったのだろうか。伊藤は、急遽帰国の途に就かざるを得なくなった際、張に宛てて一筆を啓上している。そのなかで伊藤は、面会の折に贈呈された『勧学篇』を既に一読して学問識見の卓越に感服したこと、変法自強の説は時宜を逸しており、これを取り止めることは中国のためのみならず東アジア存滅に関わることでもあること、そのために内外の重望を担って中国を支えるのは閣下を措いてないことを書き送っている[★36]。慌ただしく旅装を整えなければならなかったなか、わざわざ筆を執り以上のような書面を出すあたり、面談の際の二人の意気投合ぶりを彷彿させる。先述の張の述懐も、会談が不調に終わったことを表しているのではなく、話し合いたいことがもっとあったという時間の不足を嘆いたものなのだろう。

伊藤と張との間には、このとき明らかに親交が芽生えた。それは二人の間に、急激な改革を忌避し、漸進的に近代化を図っていくという思想的共鳴があったからだとひとつには考えられる。他方で、伊藤が張を訪れたことには、具体的なビジネスの用件もあったことが伝えられている。このころ日本では、官営八幡製鉄所が開業へ向けて着々と準備を進めていた(一九〇一年二月操業開始)。鉄鋼業の確立は明治国家の悲願でもあり、わが国初の近代的鉄鋼工場としての八幡製鉄所の創設は満を持して行われた国家事業だった[★37]。開業へ向けて余念のないこの頃、製鉄所の懸案のひとつは大量かつ良質な鉄鉱石の持続的獲得だった。当初そのためには新潟の赤谷鉄山が調達元として検討されていたが、同山が未開発だったため、より確固とした購入先を求める必要があった。その時に白羽の矢が立ったのが、張之洞の統轄する湖北省に位置する大冶鉄山だった。そもそも湖北省では八幡に先駆けてアジア最初の近代的製鉄所である漢陽鉄廠が一八九三年に設立されており、それは他ならぬ張之洞によって主導されたものだった。伊藤の中国訪問を聞き、当時の八幡製鉄所長官和田維四郎は、中国からの鉄鉱石買い入れのための助力を求め、それに応じて伊藤は張之洞と面会した折にその話を持ちかけたという。一九一七年に農商務省（八幡）製鉄所東京出張所によってまとめられた『製鉄所対漢冶萍公司関係提要』なる冊子には、その経緯が以下のように記述されている。すなわち、一八九八年一〇月の会談の際に伊藤と張の間では中国の鉄鉱石と日本の石炭との交換売買の内約がなされ、これを受けて和田長官は契約締結のため訪中したが、その際、伊藤から張への信書を携えて渡航した、と[★38]。伊藤の書簡の所在を筆者は確認できていないが、伊藤博文編『秘書類纂』中には大冶鉄山や漢陽鉄廠についてのレポートが収められており、伊藤がかねてから張の築いた経済圏域に関心を抱いていたことを推測させる[★39]。

以上のことを勘案すれば、中国政治とは距離を取りながらも、中国経済にはコミットしていこうとする伊藤の姿が垣間見えてくる。そしてこの点は、翌年の「憲法行脚」においても確認できる伊藤の中国観なのである。このことを考察して本章の結びとしたい。

6　通商国家戦略としての政友会創設——市場としての中国

前述のように、中国より帰朝した翌年、伊藤は今度は日本各地を巡遊した。それは明らかにその明年の立憲政友会設立をにらんでの遊説活動だった。そのなかでは、前年の中国での体験談も盛り込まれていた。伊藤は中国についてどのように語っていたのか。

まず彼は、総体として以下のような中国評を下している。すなわち、彼の国の「風俗、人情、古来の習慣又は彼等の信じて居る学問などといふものが今日世界の駸々乎として年毎に新に変つて行く所の原素を容れて改革を実行することとは相容れざる有様」だとして、「私の言を容れて之を実際に行ふと云ふことは出来ない情態」であり、「頗る遺憾の念を懐て帰つた」と言う。ここで伊藤は、変法運動の挫折ということよりも、改革か守旧かいずれにせよ過激に流れる中国の政情を指して述べているのであろう。

こう語ったうえで彼は、もはや中国は独立国の体をなしていないと見なしている。中国をして体制の改革をなさしめて独立の地位を保持せしめることは、東洋の安全のためにも大いに利することであったが、「是れは殆んど望んで得べからざるの形勢に陥つて参つたのであります」とされている。その結果、どのような現状に陥っているか。今や中国は欧州諸国によって浸食されようとしており、日本は「纔に一葦水を隔てて欧州諸国と相対するといふ形勢」にさらされるであろうと診断している[★40]。

このように伊藤は、清国の統治能力には失望しており、中国はじきにヨーロッパの国々によって席巻されるであろうとして、日本は今や一衣帯水欧州と対峙していると見なしている。伊藤の中国政治に対する見通しはかように暗いものである。だが、その一方で、彼は中国の経済発展には大きな感銘を受けている。彼によれば、中国「政府は斯の如く困憊するにも拘らず、人民は勤勉にして能く職業に従事すること殆んど世界其比を視ず。従て一般人民の富は亦非常なるもの故に、財政の方針を改め、諸般の改良を行はば、支那帝国をして益々発達せしむること亦決して困難の業にあらず」とされ、中国の経済的発展の可能性に注意が向けられている[★41]

伊藤の中国経済に対する高い評価の背景には、中国に流入する西欧資本と中国人労働力の結合によって、一大経済圏が誕生しつつあるとの認識がある。たとえ中国人自身が産業を興すことができなくとも、「欧羅巴人が段々這入つて工業を興し、鉄道を起すと云ふやうな有様であるから、此等の事業も余程大きなもの」となっていくであろう［★42］。

かくして伊藤は、国家としての中国はいったん度外視し、市場としての中国に日本としてアプローチしていくことを唱える。中国の諸々の事業が大きくなっていけば、「啻に石炭のみならず、従つて各種の商業も盛になり、其等の事柄に依つては製造所も此辺に起す必要があるかも知れぬ。其等は以つて悉く当地を繁栄にならしむるの具となるであらう」［★43］。中国の需要はこれから飛躍的に増大していくことは火を見るより明らかであるから、日本経済としてはそれを無視するわけにはいかない。そもそも「日本は支那の需要に応ずるには最も便宜の地位に在る」［★44］のであり、ヨーロッパ諸国の経済進出に出遅れて臍をかむような愚を犯すべきではないと力説される［★45］。「〔中国〕と接近の地位にある日本国は他国より最も便を得て居るものであるから、外に向つて商工業を発達すると云ふことは、日本の殆と生存運命に関係する大問題」［★46］なのである。

以上のような日中関係論を伊藤は福岡・北九州地方での演説で繰り返している。その背景には、八幡製鉄所を中心とする同地方と前節で言及した張之洞率いる湖北経済圏との連携という具体的構想があったと推測される。中国の政治と経済を分離し、前者からは距離を取るが、後者には積極的にコミットしていく。それは、伊藤個人の中国体験に根差した国家戦略だったといえる。

別稿で明らかとしたように［★47］、伊藤にとって立憲政友会の創設とは、明治憲法制定以来の宿願である国民政治の実現へ向けての一階梯だった。伊藤は教育を受け、実学を修めた国民が日々の生業のなかから培った政治への要望を吸収するシステムを欲していた。そのような国民の要望を吸い上げ、政策へと変換していくこと、それが政友会の理念であった。

漸進主義を政治家としての信条とする伊藤は、一足飛びに国民全体の政治参加を考えていたのではない。一九〇〇年の時点で彼が念頭に置いていたのは、政友会結成に際して渋沢栄一に積極的に入党を働きかけていたことが象徴的に示すように、都市の商工業者の政党への糾合だった[★48]。伊藤は今後の日本の行く末を産業立国と通商立国に見定めていたのであり、政友会とはそのような国家構想を実現する政策的手段でもあった。そして、政友会誕生に先立つ中国と日本国内への二つの旅は、政友会による通商国家の創成を見据えた極めて戦略的なものだったといえるのである。

註

★1——伊藤之雄『伊藤博文——近代日本を創った男』(講談社、二〇〇九年)。

★2——「制度の政治家」伊藤については、次の拙稿を参照。「伊藤博文の立憲デザイン——憲法と「国のかたち」」『外交フォーラム』第二〇五号(二〇〇五年)、「文明・立憲制・国民政治——伊藤博文の政治思想」『明治聖徳記念学会紀要』復刊第四六号(二〇〇九年)。

★3——この時の遊説については、拙稿「伊藤博文の憲法行脚——立憲政治とは何か」『RATIO』第四号(二〇〇七年)を参照。

★4——「伊藤侯の演説」『東京日日新聞』一八九九年一〇月一九日。

★5——「各親王殿下及貴族ニ対シ」『伊東巳代治関係文書』書類の部一〇四。

★6―「行橋歓迎会に於て」『伊藤侯演説集第二』(東京日日新聞、一八九九年)一六〇―一六一頁。

★7―「大分市蓬莱館に於て」前掲『伊藤侯演説集第二』七八―七九頁。

★8―「中津町歓迎会に於て」前掲『伊藤侯演説集第二』一二九―一三〇頁。

★9―註3の拙稿を参照。

★10―伊藤が「憲法政治」を理念とする政治家だったことについては、前掲、伊藤之雄『伊藤博文』を参照。

★11―以下、伊藤の旅程については、特に断らない限り、春畝公追頌會編『伊藤博文伝』下巻(原書房、一九七〇年)三九四頁以下の叙述による。なお、この時の伊藤の訪中を考察した先駆的研究として、彭澤周『中国の近代化と明治維新』(同朋舎出版部、一九七六年)二六五頁以下があり、伊藤を迎える中国側の反応が詳細にトレースされている。

★12―一八九八年九月一三日付梅子夫人宛伊藤書簡、前掲『伊藤博文伝』下巻、三九六頁。

★13―丁文江・趙豊田編(島田虔次編訳)『梁啓超年譜長編』第一巻(岩波書店、二〇〇四年)二五八頁。

★14―一八九八年九月二六日付梅子夫人宛伊藤書簡、前掲『伊藤博文伝』下巻、三九九頁。

★15―王暁秋『近代中日启示录』(北京出版社、一九八七年)一〇三頁。

★16―「伊藤博文清国関係資料」、国立国会図書館憲政資料室蔵『伊藤博文文書』三七五頁。なお、この謁見録は平塚篤編『続伊藤博文秘録』(原書房、一九八二年)、一二七頁以下にも掲げられているが、若干字句の相違がある。

★17―註14を参照。

★18―註16の「伊藤博文清国関係資料」での光緒帝との謁見録によれば、皇帝より「今回は更らに何処を遊歴せらるる都合なりや」と問われて、「煙台に出て上海に赴き其れより長江一帯を遡遊するの予定なり」と答えている。煙台には立ち寄っていないが、それ以外は予定通りに旅を進めている。

★19―増田知子「立憲政友会への道」井上光貞ほか編『明治憲法体制の展開[上]』(山川出版社、一九九六年)二三八―二三九頁。

★20―さしあたり、前掲拙稿「文明・立憲制・国民政治」を参照。

★21―菊池秀明『ラストエンペラーと近代中国』、(講談社、二〇〇五年)一〇七頁。

★22―前掲、王暁秋『近代中日启示录』一〇二頁。

★23―張之洞「康有為之事実」、外務省編『日本外交文書』第三一巻第一冊(日本国際連合協会、一九五四年)七三八頁。

★24―註18を参照。

★25―例えば、明治憲法制定期の伊藤の漸進主義について、拙稿「明治憲法の思想」苅部直、片岡龍編『日本思想史ハンドブック』(新書館、二〇〇八年)所収を、また韓国統治期について、同じく拙稿「知の嚮導としての韓国統治」伊藤之雄、李盛煥編著『伊藤博文と韓国統治――初代韓国統監をめぐる百年目の検証』(ミネルヴァ書房、二〇〇九年)を参照。

★26―前掲「伊藤博文清国関係資料」。この部分の原文は次の如し。「当時余は凡そ兵制の要は士官の良否何如に存す。士官の良選は一に学校の養成に待たさるへからす。故に当さに貴国大皇帝直轄の下に一の士官学校を興すを以て最先の務と為すへき旨を以て之に答へたりき。此れ独り兵制のみならず諸般の改革皆な然かり。要は事の緩急疾徐を較量し其の順序を誤ることなく、漸次に之を実行するを以て目的とせば、難事に属すと雖庶く は成功を見む」。

★27―翌年の憲法行脚でも伊藤は同旨の発言をしている。「兵に一番必要とする所は第一健康にして且教育のあることである教育のある兵隊でなければ紀律節制の下に働くことは出来ぬ、以上の如く海陸軍の二ツの進歩を以て見ても此三十年の間に於て此の如き進歩が出来たかと云ふことは実に驚くの外はないのである、而して此の供給は何れよりしたかと云へば即ち日本の国民であるが政治の仕方―政体と云ふものも非常に人民の上に関係を持ち国家の上に関係を持つと云ふことを考へねばならぬ」。前掲『伊藤侯演説集第二』、一三七頁。

★28―明治憲法制定の際にも、伊藤は「人民の精神を直すは、学校の本より改正するの外無之候」との認識から大学制度の変革を必要視した。拙著『ドイツ国家学と明治国制』(ミネルヴァ書房、一九九九年)。

★29―さらに言えば、註26での引用に認められるように、その「人」は制度―政体―によって作られるとも伊藤は述べている。彼のなかで、「人」と「制度」はそのように相互作用を通じて生成していくものと捉えられていた。

★30―前掲「伊藤博文清国関係資料」。そこではさらに次のように論じられている。「民生ヲシテ自カラ其ノ利源ヲ開拓セシムルニ便益ナルノ方法ヲ取ルヲ以テ本務ト為サヽルヘカラス。知ラント要ス、民ノ富ハ即ハチ国ノ富ンルコトヲ。海関税ノ如キハ特ニ民財ヲ移シテ之ヲ国庫ニ輸入スルノ一法ニ過キス。此ヲ以テ富国ノ本ト謂フハ謬ノ甚シキモノナリ云々」。

★31——伊東昭雄「変法維新運動とその思想」西順蔵編『原典中国近代思想史』第二冊(岩波書店、一九七七年)二六一–二七頁。

★32——「伊藤侯の清国教育談」『国民新聞』一八九八年九月二九日号。前掲、彭澤周『中国の近代化と明治維新』二九二頁。

★33——小野川秀美『清末政治思想研究』(みすず書房、一九六九年)一四六頁。

★34——陶徳民『明治の漢学者と中国』(関西大学出版部、二〇〇七年)八〇頁。

★35——前掲『日本外交文書』第三一巻第一冊、七二六頁。

★36——前掲『伊藤博文伝』下巻、四〇一–四〇二頁。

★37——八幡製鉄所の創設については、三枝博音、飯田賢一編『日本近代製鉄技術発達史——八幡製鉄所の確立過程』(東洋経済新報社、一九五七年)、小林正彬『八幡製鉄所』(教育社、一九七七年)、清水憲一(研究代表)『官営八幡製鐵所創立期の再検討(科学研究費補助金(基盤研究(B))研究成果報告書)』(非売品、二〇〇八年)などを参照。

★38——『製鉄所対漢冶萍公司関係提要』其ノ一(一九一七年)八–九頁。前掲、三枝博音、飯田賢一編『日本近代製鉄技術発達史』二五七頁。この他、八幡製鉄所と大冶鉱山との関係については、『世外井上公伝』第五巻(原書房、一九六八年)二九六頁以下、マリウス・ヂャンセン、アルバート・フォイヤーウァーカー(中川敬一郎、楊天溢共訳)『八幡と漢冶萍の関係にかんする資料』(東京大学出版会、一九六七年)も参照。

★39——「清国両湖総督事業報告」『秘書類纂　外交篇』下巻(原書房、一九六九年)、四四〇頁以下。

★40——「久留米市歓迎会に於て」前掲『伊藤侯演説集第二』一七一–一七二頁。

★41——「東京実業家請待会に於て」前掲『伊藤侯演説集』二〇〇–二〇一頁。

★42——「馬関実業家請待会に於て」前掲『伊藤侯演説集第二』三六頁。

★43——註41を参照。

★44——「福岡市歓迎会に於て」前掲『伊藤侯演説集第二』二〇六頁。

★45——「小倉歓迎会に於て」前掲『伊藤侯演説集第二』二一一頁。

★46―『東京日日新聞』一八九九年一一月一〇日号。
★47―註2を参照。
★48―平塚篤編『伊藤博文秘録』(原書房、一九八二年)七頁以下。

参考文献

❖ 未刊史料

国立国会図書館憲政資料室蔵『伊藤博文文書』
――『伊東巳代治関係文書』

❖ 刊行文献

伊東昭雄「変法維新運動とその思想」西順蔵編『原典中国近代思想史』第二冊、岩波書店、一九七七年
伊藤博文『伊藤侯演説集』全三巻、東京日日新聞、一八九九年
――『秘書類纂　外交篇』原書房、一九六九年
伊藤之雄『伊藤博文――近代日本を創った男』講談社、二〇〇九年
井上馨侯伝記編纂会編『世外井上公伝』原書房、一九六八年
王暁秋『近代中日启示录』北京出版社、一九八七年
小野川秀美『清末政治思想研究』みすず書房、一九六九年
外務省編『日本外交文書』日本国際連合協会、一九五四年
菊池秀明『ラストエンペラーと近代中国』講談社、二〇〇五年
小林正彬『八幡製鉄所』教育社、一九七七年
三枝博音、飯田賢一編『日本近代製鉄技術発達史――八幡製鉄所の確立過程』東洋経済新報社、一九五七年
清水憲一(研究代表)『官営八幡製鐵所創立期の再検討(科学研究費補助金(基盤研究(B))研究成果報告書)』非売品、二〇〇八年

春畝公追頌會編『伊藤博文伝』原書房、一九七〇年
瀧井一博『ドイツ国家学と明治国制』ミネルヴァ書房、一九九九年
――「伊藤博文の立憲デザイン――憲法と「国のかたち」」『外交フォーラム』第二〇五号、二〇〇五年
――「伊藤博文の憲法行脚――立憲政治とは何か」『RATIO』第四号、二〇〇七年
――「明治憲法の思想」苅部直、片岡龍編『日本思想史ハンドブック』新書館、二〇〇八年
――「知の嚮導としての韓国統治」伊藤之雄、李盛煥編著『伊藤博文と韓国統治――初代韓国統監をめぐる百年目の検証』ミネルヴァ書房、二〇〇九年
――「文明・立憲制・国民政治――伊藤博文の政治思想」『明治聖徳記念学会紀要』復刊第四六号、二〇〇九年
マリウス・ヂャンセン、アルバート・フォイヤーヴァーカー（中川敬一郎、楊天溢共訳）『八幡と漢冶萍の関係にかんする資料』東京大学出版会、一九六七年
丁文江・趙豊田編（島田虔次編訳）『梁啓超年譜長編』全五巻、岩波書店、二〇〇四年
陶徳民『明治の漢学者と中国』関西大学出版部、二〇〇七年
平塚篤編『伊藤博文秘録』原書房、一九八二年
――『続伊藤博文秘録』原書房、一九八二年
彭澤周『中国の近代化と明治維新』同朋舎出版部、一九七六年
増田知子「立憲政友会への道」井上光貞ほか編『明治憲法体制の展開［上］』山川出版社、一九九六年
『国民新聞』
『製鉄所対漢冶萍公司関係提要』（一九一七年）
『東京日日新聞』

第2章 辛亥革命と日本の反応

――近代日本と「崛起する中国」

清水唯一朗
SHIMIZU Yuichiro

1 本稿の視座

一九一一(明治四四)年に勃発した辛亥革命は、清朝の崩壊、中華民国の樹立を経て、中国のみならず東アジア全体の構図を根本から変化させた。

一衣帯水の関係にある日本にとっても辛亥革命は未曾有の大事件であった。日清戦争に勝利した日本は中国に数多の特殊権益を有し、日露戦後の回復期にあってその権益の存在意義はますます大きなものとなっていた。それゆえに日本は自らの国力が充実するまでは中国が現状のまま維持されることを望んでいた。辛亥革命はこうした状況のなかで勃発したのである。日本の東アジア戦略に大きな誤算が生じ始める。

清朝の近代化を支援し、友好関係を確立していた日本にとって、共和政の旗を掲げた革命が勃発し、急速に拡大したことは想定外のことであった。中華民国の誕生、清朝の崩壊により中国大陸は混乱期に入っていく。この中で、日本は明確な方針を打ち出せず、対中外交は迷走していった。辛亥革命は、近代日本が中国問題という長い迷路に足を踏み入れる入口であった。

日本はなぜ、混乱する中国に対して確固たる姿勢で望むことができなかったのだろうか。なぜ、対中外交は迷走を続けたのであろうか。この問いに対して、これまで政治、外交、経済をはじめ多様な研究が行われ、政策決定レベルについては相当に理解が進んでいる[★1]。

政策決定レベルと合わせて解明されるべきは、隣国中国の変化を同時代の日本人がどのように捉えていたのかという相互理解の問題であろう。その後の日中関係の展開を考える上で、日本人が崛起《くっき》する中国をどのように捉えていたかという点は、極めて重要である。今日のような世論調査が行なわれていない以上、これを観測するにはメディアの論調を可能な限り広く分析することが目的に適う方法だろう。

もちろん日中間の相互認識、相互理解については厚い研究蓄積がある[★2]。それらの研究では、革命期に際だった動きを見せた活動家や、中国問題に深い関心を払った特定のメディアの論調が明らかにされてきた。気になるのは、革命に協力した日本の活動家、メディアの影響力は限定的であり、むしろ彼らの主張とは異なる論理が主流となり、対中外交に影響を与えたことである。特殊を論じることも重要であるが、普遍を通じて同時代の論調の全体像に迫ることは、日中の相互認識を理解する上で欠かせない。

そのために必要となるのは、同時代の主要メディアを可能な限り網羅的に収集し、分析することである。そこで本研究では、東京で発行されていた主要新聞四紙(『東京朝日新聞』、『時事新報』、『東京日日新聞』、『読売新聞』)、大阪の二紙(『大阪朝日新聞』、『大阪日日新聞』)と[★3]、総合雑誌四誌(『中央公論』、『太陽』、『日本及日本人』、『新日本』)、経済雑誌三誌(『実業之日本』、『東京経済雑誌』、『東洋経済新報』)、学術誌二誌(『外交時報』、『国家学会雑誌』)、政党機関誌一誌(『政友』)を対象に、武昌蜂起が起こった一九一一年一〇月から、中華民国の建国と清朝の滅亡、孫文の臨時大総統就任と辞任を経て、袁世凱が臨時大総統に就任し、孫文が臨時約法を公布した

図 辛亥革命期の中国大陸

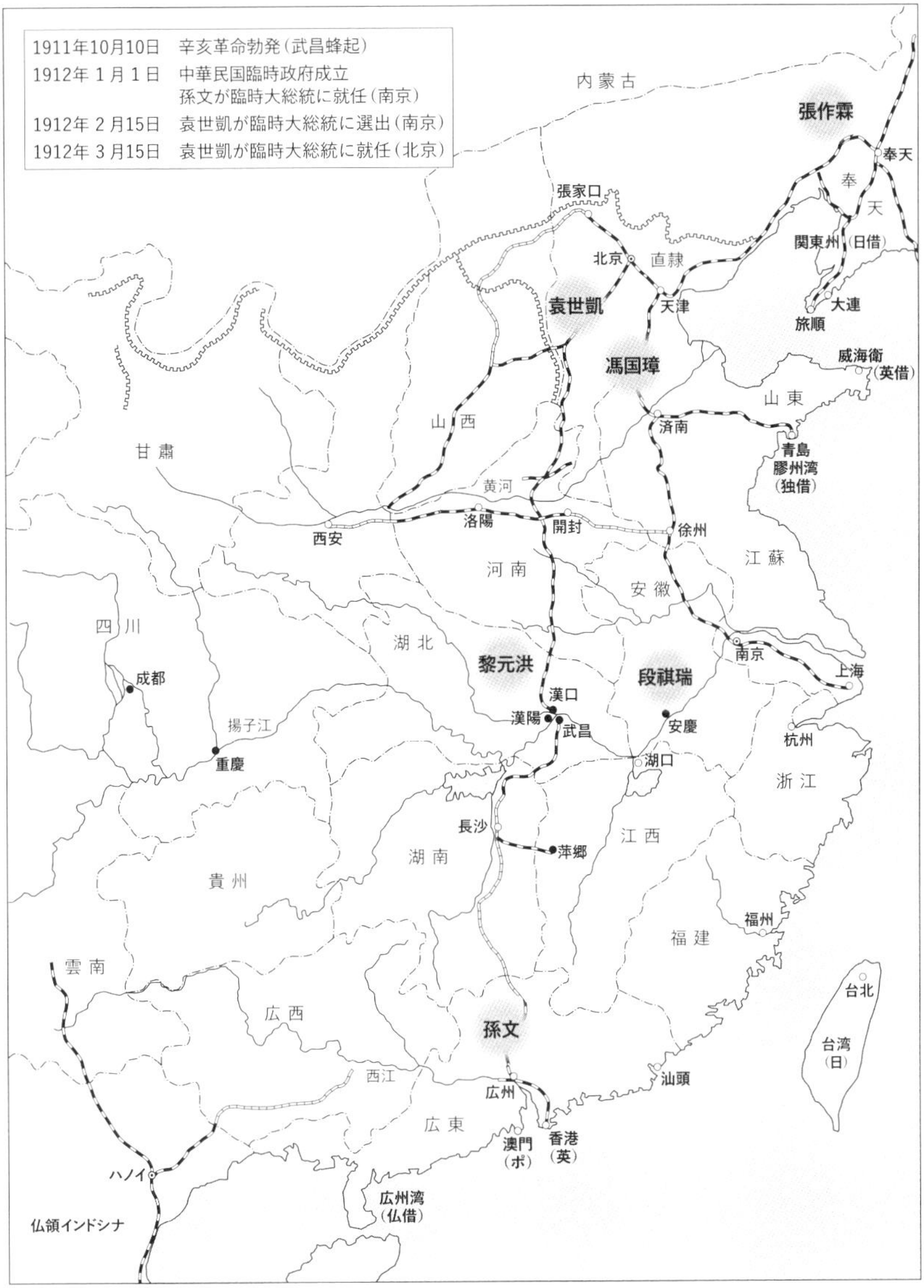

1911年10月10日	辛亥革命勃発（武昌蜂起）
1912年1月1日	中華民国臨時政府成立 孫文が臨時大総統に就任（南京）
1912年2月15日	袁世凱が臨時大総統に選出（南京）
1912年3月15日	袁世凱が臨時大総統に就任（北京）

出所：鹿島平和研究所『日本外交史 別巻 地図』（鹿島研究所出版会、1974年より再製）

一九一二年三月までの六カ月間の論調を分析する[★4]。六紙一〇誌の論調を幅広く分析することで、同時代における日本人が革命によって崛起しつつある中国をどう捉え、論じていたのか、その全体像を可能な限り追い、辛亥革命期という転換点における日中関係を再考する視座を見出していきたい。

2 革命の勃発と日本の反応

アヘン戦争以後の中国をつぶさに観察してきた日本にとって、中国大陸における民衆蜂起は、さして新味のあるものではなくなっていた。辛亥革命の発端となった武昌蜂起も例外ではなく、これまでの民衆蜂起と同様に短期に収束するという見方が大半であった[★5]。

こうした楽観論は、日清戦争後の近代化によって清朝の統治がある程度の安定を得ていたことに対する信頼の表れでもあったが、より本質的には対清貿易に大きく依存していた日本の希望を表すものだった。中国大陸における特殊権益は日本の生命線と考えられており、日露戦争から回復しつつある日本にとって、中国の維持安定は絶対に守るべきものであった。くわえて清朝はすでに日本、イギリス、ドイツを模範とした立憲君主制の導入に向けて本格的に動きはじめていた[★6]。その状況に鑑みても急進的な民主化の要求が勢いを得るとは考えにくかったのである[★7]。

しかし、その後の展開は日本の期待を裏切るものとなった。革命軍は躍進を続け、戦線は拡大したのである。新聞各紙は連日、競って情勢を報じた[★8]。現地情報をめぐる競争は激しく一日の電報料が二〇〇〇円に達する新聞社もあったというから、その関心の高さがうかがえよう[★9]。とりわけ、対清貿易の中枢である長江流域が革命の根源地となったことは紡績業を中心に先行きへの不安を抱かせた。株価は暴落し、貿易関係者にとっては危機的な状況が生じており[★10]、政府・経済界は協力して情勢把握と対応に当たることとなった[★11]。何より強く望まれたのは、清朝の手によって早期に事態が収拾されることであった[★12]。

なぜ、予想に反して革命は拡大しているのか。短期収束の見通しを示してきた新聞各紙は説明に追われた。月刊誌も一一月号でこぞってこれを論じ、時局講演会にも多数の聴衆が参加するなど[★13]、中国情勢はこれまで以上に関心を集めた。このため、外務省は大臣・次官名で、憶測や誤解を招く記事、国交上不利益を及ぼす可能性のある記事を取り締まるよう、内外に訓令を発し注意を喚起している[★14]。

革命の直接的な要因として論じられたのは、清国の内政問題である。特に財政悪化に端を発する重課税[★15]、兵卒への給料未払いによる軍内部の不満、鉄道国有化をめぐる地方の不平、収拾の失敗が問題視された[★16]。

清国の財政については日本政府の当局者も早くから懸念を持っており、その改善が行なわれない以上、清朝は早晩崩壊するとの認識が共有されていた[★17]。財政の窮乏は鎮圧軍の派遣にも支障を来して事態の拡大に拍車をかけ、さらなる借款の必要を生じさせた[★18]。革命は清朝の財政危機に拍車をかけたのである。

くわえて治安を維持するはずの軍、とりわけ設立まもない新式軍隊が各地で革命軍に積極的に投降しているという情報があり、日本の読者に強い衝撃を与えた。新兵の組織を中央ではなく、地方で行ったことが原因だという[★19]。清朝はすでに統治能力を失っていると断じる記事が見られるようになったのも頷けるだろう[★20]。

いうまでもなく、かつて繁栄を誇った清朝が、ここまで追い込まれた遠因は列強による中国侵略にあった。しかし、日本側の理解はやや異なっている。列強による侵略を原因とする議論がほとんど見られないどころか[★21]、かえって外圧によって清朝が覚醒し、政策を善導した結果、清朝は延命したとの見解が大半を占める[★22]。

覚醒が意味するところはより深刻であった。征服者をも包摂してしまう深みを持ち、元朝、清朝を呑みこんできた中華文明がはじめて存亡の危機に晒されているという理解が一部の論者から示されるようになった[★23]。列強の登場、進出は、中華文明の劣った部分を顕在化させ、中華文明が西洋文明に包摂される状況をひきおこした。それによって、漢民族の意識が大きく変化していると考えられたのである。

その典型的な現象が日本をはじめとする外国への留学生派遣であり、彼らによる西洋文明、西洋思想の流入であった[★24]。中国＝世界でないと認識するに至った留学生を通じて、中華の改革、再興を図る動きが展開され革命に繋がったという理解である[★25]。中国人留学生を多数受け入れていた日本には、そうした気風の変化を感じうる直接的な接触が存在していた[★26]。漢民族を中心とした革命軍はこの新思想を民族問題と結合させ、自らの運動を満洲族王朝である清朝を打倒する民族革命と位置づけて宣伝した[★27]。

この宣伝は、革命軍の根拠地が明朝復興勢力のそれと重なるものであったことから、一定の効果を上げると見られている[★28]。しかし、日本国内にあっては、こうした民族対立を助長する言説は無用な対立を惹起する時代遅れの非文明的行為であると批判され[★29]、言論を放棄して武力で「脅迫禅譲」を迫るものとして否定的に受け止められている[★30]。日本側の論調は冷静であり、革命軍の成功はこうした過激な題目よりも、減税や自治権の付与を標榜した実利的な戦略や、地方名望家を巧みに取り込んだ戦術に起因すると分析している[★31]。それは戦闘を嫌うが、感情よりは利害で判断するという中国人観に基づいた理解であった。

もちろん、清朝も外来思想の伝播とそれに伴う民主化の要求に対して無策だったわけではなく、むしろ積極的に近代化を進めてきた。それだけに、憲法制定、国会開設と民主化に向けた動きが進んでいるにも関わらずなぜ革命が生じるのかは、明治維新という革命ののちに民主化の動きを進めてきた日本人の経験からは理解しがたいものであった[★32]。

そこで指摘されたのは、中国文化の後進性である。近世国家としての実態すらないままに形だけ民主化と立憲政体の導入を行なったことが行き過ぎ、かえって革命をひき起こしたという説明である[★33]。当否はさておき、先行する近代国家としての日本の自意識が確認できるだろう。

紛争の主体に対する評価はどうか。革命軍への評価は概して高い。とりわけ、従来の政府軍、反乱軍とは異なり、整然とした軍規を有して占領地域の治安を早期に安定化させたこと、国際法を遵守する姿勢を明示して居留外国人の安全を保証したことから、日本をはじめ列強はこれを高く評価した[★34]。革命軍の指導層には西洋文明を学んだ留学生が多くあり、彼らが列強の視線を意識しながら革命を進めたことの成果が出たといえよう。

革命軍の弱点として指摘されているのは、勢力の不統一、資金・兵器の不足、民族対立をことさら強調する姿勢などである[★35]。とりわけ、統一を実現しうる人材を欠くことが問題視され[★36]、各地の反乱をまとめ上げることができるかが革命の成否を分けると見られていた。

資金難、統一の欠如という問題点は清朝政府側にも向けられた。鍵を握ると見られた袁世凱については、列強からの信頼があり政略にも長じていると評価されている。とりわけイギリスの出先機関は袁の政権復帰による安定を期待し、工作を進めていた[★37]。しかし、実際には政府内部に敵が多く革命軍からも嫌悪されていたことから、袁による事態収拾に懐疑的な議論が大勢であった[★38]。この段階では事態収拾の見込みは薄かった。

早期安定を望む日本国内の世論からすれば、情勢は日増しに悲観的なものとなっていった。従来の研究では犬養毅、内田良平などの政治家、活動家による革命軍支援が論じられてきたが、そうした特定の組織・個人を越えて国内論調を俯瞰してみると、革命の成功を論じたものはごくわずかに過ぎない。日本国内の主たる関心は革命の成否ではなく、早期沈静化にあった。

期待とは裏腹に革命が長期化すると、事態を収拾できない清朝を見限るかのように王朝崩壊論が台頭してくる[★39]。とはいえ、その帰結は革命の成功ではない。革命軍はいまだ中国全土を統治しうる力を持っていないと見られていた。そのため、清朝の外形は維持しながらも、漢人による責任内閣を樹立して革命軍と妥協を図ることや、連邦制を採用するといった折衷的な安定策が望まれるようになる[★40]。情勢は五里霧中であり、日本側の不安は募った。

日本政府はどう対応するべきか。早期の沈静化を期待しつつも、革命が長期化するにつれて、これまでとは異なる論理が顔を見せはじめる。

論調の大半は、事態の趨勢を見極めるべきとする慎重論であった。雌雄が決するまではいずれに与《くみ》してもリスクが生じるとして中立静観が主張された[★41]。当然、この段階では日本政府による出兵にも否定的な見解が主流である[★42]。日清戦争、北清事変、日露戦争を通じて東アジアに相応の地歩を確保し、小休止をしている日本の状況に照らせば、即断に賭けるよりも、安全策を取って現状の果実を享受することが現実的であった。

それゆえに外交論も現状維持、すなわち清国の領土保全を基調として進んだ。改訂日英同盟と日露協約を裏付けに[★43]、清国に特殊権益を保持する日本が、その保全にも責任を有するという論理があった[★44]。列強の意向を取りまとめて、清国の革命状況を平和裡に解決できるかどうかが、東洋における日本の地位を確立する試金石であると位置づけていたのである[★45]。軍事的な介入には慎重な姿勢を取りつつ、列強の代表としてアジアにおける存在感を発揮できるかという、新しい東アジア秩序を見据えた試練であった。

日本が警戒していたのは、列強が個別に清朝や革命軍に借款を供与することであった[★46]。日露戦争の外債処理に手一杯の状況からすれば、現状において日本が自ら対清借款を行なう余裕はない。それゆえに領土保全という錦旗を掲げて同盟協商体制のなかで現状維持を主張することが、日本外交が有する数少ない現実的な選択肢であった。このため、国内世論は中国における親米、親独の傾向に極めて敏感であり、各紙とも米独両国の動向に注意を払っている。

当面の方策は、清朝、革命軍双方に対して中立をアピールし、そのいずれをも敵に回さないことであった[★47]。政府も清朝との公式な接触に加え、革命軍にも非公式ルートで好意的中立の方針を伝えていた[★48]。この段階では、政府の対応とメディアの論調は、ほぼ軌を一にしていたといえるだろう。

3 講和交渉の進展と中華民国の成立

革命の進展は、武力鎮圧の準備と、民主化・政治改革の進行という二つの潮流を北京政府にもたらした。とりわけ、一〇月二五日に資政院が責任内閣制樹立、国会早期開会を骨子とした弾劾上奏案を提出、さらに鎮圧部隊の師団長からもこれを後押しする上奏がなされると、事態は立憲君主制をもって収拾する方向へと急速に展開した。一一月一日に袁世凱が総理大臣に任命されたとの報が伝わると、袁による安定創出の期待が広がった[★49]。袁が皇族を排してほぼ漢人で内閣を組み上げると、各紙はこれを革命の果実として評価した[★50]。もちろん、それは民主化の進展ではなく、事態の収束を賞賛するものであった。

こうした民主化基調による安定は、清朝の限界を露呈したものとして受け止められた。同月四日に発せられた庶政更新の上諭と袁内閣の発足は、事実上の漢人政権の発足、すなわち満洲王朝の終焉と捉えられ[★51]、北京政府における漢人の勢力伸長は廃帝に至るまで止まらないとの見通しが持たれた［★52］。事態の進展を後追いする形で清朝が上諭を乱発していったことも、統治能力を喪失したという評価に繋がっていった［★53］。

それゆえに、袁内閣さえも長期安定政権たりえずと見られていた。北京政府が漢人政権へと変貌する一方で、革命軍も長江下流域へと勢力範囲を広げており、南北分裂の可能性が指摘された［★54］。政府における革命が進んだにも関わらず南北の講和は停滞していた。その原因は革命軍が袁に対する強い不信感を持っていることに求められ、北京政府内における反袁勢力の跳梁、革命軍と結んだ反袁運動の展開が報じられた［★55］。在留邦人も北京周辺の者は清朝、長江流域にある者は革命軍にと、その職業、所在によって得られる情報も心情もまったく二つに分裂する状況であった［★56］。情勢は未だ混迷のなかにあった。

ところが、一二月一日、日本国内の情勢観測に反して、政府・革命軍間の休戦が成立する。早期安定を望んだ日本にとって、待望の講和交渉開始である。しかし、和平への期待は意外にも低い。両軍の勢力が拮抗し、各州で清朝からの独立宣言が相次いでいる状況に鑑みれば、そうした分析は冷静で、妥当なものであった［★57］。革命軍には全体的な統一が欠けていたから、たとえ代表間における講和が成立したとしても各地の反乱は継続するだろうから［★58］、いまだ全国的な安定が生まれる状態にはないという理解が一般的であった。清朝、革命軍いずれによる安定も得難しとする日本側の議論は、革命の膠着によるものであることはもちろん、同時代の日本における中国イメージを反映した理解でもあった。今の中国に統一政権を構築する土壌なし、というのである。

蜂起以来、革命軍の旗幟となった満漢対立論に対し、日本側の識者、新聞雑誌は常に疑問を示してきた。たとえ異民族支配であってもそれが善政であるうちは受容するのが中国の伝統的な政治思想、統治観であり、革命軍が掲げる民族的スローガンは広く人々の共感を得ることはできないと考えられたのである［★59］。そうした見立ては中国人の気質からも説明された。中国人は平和を好み、政治運動に同情せず[★60]、具体的な利得によってしか動かないとの指摘である。近代日本において中国人は、自ら行動するよりは形勢に順応する、雷同型の人々と考えられていたのである[★61]。

同国人による自力収拾が不可能となれば、それは列強の力に委ねるべきとの議論が台頭するのが当然の成り行きである。政府・革命軍間の講和交渉が停滞を見せると、領土保全の論理から日英を軸とした調停への期待が高まった[★62]。同年末、それが実現されると各紙はこぞって歓迎した[★63]。蜂起から三カ月近くを経て、事態はようやく収拾に向かい始めていた。

ところが、一九一二(明治四五)年は、中華民国発足・孫文の臨時大総統選出という知らせで幕を開けた。隣国における共和政体の発足は日本を動揺させ、賛否両論が展開される。

賛成論の基調は、革命を貫徹することにより中国が長期的に安定すること望むものであった。それは当然にして日本産業の市場、天然資源の供給源として華南地域の確保を目的としていた[★64]。そのためには中華民国政府に対して強い影響力を確保することが必要であり、彼らは早期に中華民国を承認し、その自立にむけて官民ともに積極的な支援を行うべきと主張した[★65]。政府も、宋教仁をはじめ日本側との接触を図ろうとする勢力の動向に期待を含めた関心を持ちつつ情勢を分析している[★66]。

しかし、中華民国の発足を歓迎する論調は限定的であり、共和政の導入によって中国はさらなる混乱に陥るという否定的、悲観的な見方が主流であった[★67]。政体の選択は中国が自主的に行うべきものという姿勢を取りながらも、本心では急進的傾向の感じられる共和政よりも、漸進的な立憲君主制による安定の創出に期待を寄せているのがこの段階における日本側の一般的な論調であった[★68]。これは日本政府の意向とも一致していた[★69]。

政体をめぐる議論は、中国で共和政が実現できるのか、それに適う政治的土壌があるのかという点に収斂していく。否定論者は、共和政には節制ある民主主義が必要であるとして、功利主義・個人主義的傾向のある中国では実現できないと断じた[★70]。これに対し賛成派は、易姓革命の歴史や民衆の平和志向を挙げて、共和政はむしろ中国の伝統に合致するものであると論じている[★71]。情勢判断や是非論を越えて、東洋で初めての共和政樹立を歓迎するものもあった[★72]。

議論の是非はおくとして、隣国中国の政体に関する議論がこれだけ盛り上がりを見せたのは、単なる関心を越えた日本側の危機感を表している。隣国が共和政体となり、清朝が崩壊するとなれば、共和思想が日本にも波及し、結果、皇室に累が及ぶのではないかという危惧が持たれたのは当然であった[★73]。まして前年には明治天皇暗殺を計画したとされる大逆事件が起こったばかりである。危機感は杞憂ではなかった。辛亥革命は日本には波及しないという論調が各紙にあげられたことは、翻って同時代における共和政への危機感をよく表している。

4 清朝の滅亡と日中関係の彷徨

年末から続いた袁内閣・民国政府間の交渉は、二月一二日、宣統帝の廃位、すなわち清朝の運命を犠牲にすることで決着を見た。ここに四世紀にわたる清朝の時代は終わった。両者の交渉が皇帝退位の方向で進んでいることはすでに連日報じられており、退位そのものは織り込み済みであった[★74]。袁政権によって体制が継続することを受け、日本国内に一定の安堵感が広がった。

関心は、財政、軍事、外交といった課題を抱えるなかで、袁政権がどのように体制を組み上げて統治を進めていくのか[★75]、清朝滅亡という共通目標を失った袁政権と革命軍が今後どのような関係になっていくのかという「戦後経営」に移っていた[★76]。

その関心の本質が、安定創出の成否にあったことはいうまでもない。立憲政体の前提となる集権体制の構築、財政・軍事権の統一といった未来志向の課題が多数示されていることは、中国の新政権に対する日本側の期待をうかがわせる[★77]。

とりわけ期待を寄せたのは貿易関係者である。革命勃発前に較べて総額四割減という大きな打撃を受けていた日中貿易は、清帝退位を契機として回復が見込まれ、対中貿易関係株が早くも大幅な上昇を見せていた[★78]。旧態依然としていた中国経済が革命によって活性化し、産業革命が起こることで資本、知識、技術、材料などの大規模な需要が生まれることが期待された。地理的文化的な好条件を有する日本はその恩恵を最も多く蒙ることができるという楽観的な見立てがなされ、期待は増幅した[★79]。以後、国内の経済誌は出先機関の設置、日中合弁企業の設立、在中金融機関の整備から民間への投資と、積極的な経済進出論を展開していく[★80]。

清朝の終焉、新政権の発足という状況の変化は、これまで領土保全と不干渉政策に固執していた論調を、好意的なものへと大きく変えていった。政治、経済両面においてさらに結びつきを強めることで双方が発展を遂げる。新しい日中関係が像を結びはじめていた。

そうしたなか、革命軍が突如として北上をはじめ、日本が特殊権益を有する南満州に接近した。各紙は既得権益擁護のために直接行動を起こすことを政府に要求していく。政府も座視していたわけではなく、山県有朋、田中義一を中心として情勢を注視しつつ出兵計画が進められていた[★81]。

一月二四日、『東京朝日新聞』によって出兵計画が報じられると、積極論が勢いを得ていく。帝国議会でも論戦が展開され、従来の静観論、派兵慎重論は吹き飛び、高揚した論調が出兵を後押しした[★82]。二月末に北京兵乱が勃発すると、さらなる増兵が主張された[★83]。

積極的関与の主張が台頭した背景には、列強が協調して進めていた領土保全策が機能していないのではないか、その結果、日本は不利な立場に立たされているのではないかとの疑念があった。特に警戒されたのは、列強協調の軸となるロシア、イギリスがそれぞれモンゴル、チベットに進出する気配を強めていることであった[★84]。くわえて、日本政府の中立姿勢が、かえって政府・革命軍双方からの不信を招いていると見られ、主体的行動を要求する声が高まっていった[★85]。世論の硬化に後押しされる形で、日本政府は派兵、増派、借款団への参加要求と積極策に転じていくこととなる。

三月一〇日、袁世凱が臨時大総統に就任すると、革命がひとまず安着したものと理解された[★86]。とはいえ、南北対立をはじめとする不安定要因はいずれも解決されていないのが現実であり、事態は依然として袁の政権運営にかかっていると見られていた[★87]。

形式的であるにせよ、南北が統一されたことにより、列強の対中政策は政権安定に向けた支援に移っていく。政策の主軸は、前年末に鉄道建設の名目で立ち上げられた英米独仏による四国借款を財政全般の支援に拡大して行うものであったが(いわゆる改革借款)、各紙はその延長線上には利権の獲得が見え隠れしていると警戒感を示した[★88]。中国が莫大な借款を受け入れることは、その主権を列強に売却することと同じであるとする借款悪玉論が展開される[★89]。日本を排除した借款に対する危機感は強まり、たとえ日露戦争の外債処理に手一杯であっても、この借款に参加すべきとの議論が強まった。六月にはロシアも含めた六国借款団が結成される。

大規模借款の進展は、政府・世論が支持してきた領土保全政策の事実上の失敗であり、日本の対中政策の挫折を意味した。この失策によって第二次西園寺公望内閣は強い批判を受けることとなる[★90]。日本は辛亥革命という好機を失したばかりでなく[★91]、中国をめぐる列強外交のなかで、深い利権を有し慎重な姿勢をとり続けたがために取り残され、対中外交は彷徨の時代を迎える。

5　近代日本と「崛起する中国」

辛亥革命という対中外交の分水嶺に直面して、日本国内の論調は、崛起する中国に対する複雑な認識と感情を顕わにした。

革命そのものに対して、日本側の論調は一貫して早期収拾を期待した。日本経済が大きく依拠している対清貿易への悪影響は最小限に留めたい。中国に有している既得権益が脅かされることは避けなければならない。困難を極めた日露戦後経営において、できうる限り変化要因はないようにしたいという思いがあった。そのためには現状維持が一番であり、革命軍の勢力がいかに拡大しても清朝政府に同情的な議論が主流を占めた。革命軍については、整然とした軍規、外国人への対応の充実が賞賛される一方で、統治の主体として考察されることはほとんどなかった。

革命軍に対する低い評価は、日本の中国認識と密接に結びついていた。功利主義、個人主義、雷同性という中国人に対する日本側のステレオタイプが、古代からの歴史、清朝政治家の行動を事例に論じられ、政治的自覚の未発達な状態において、高度な政治参加を要する共和政は実現しえないと見られたのである。革命を賞賛し、中国人の資質を再評価すべきとの論陣を張ったのは、浮田和民らごくわずかな思想家たちに留まった[★92]。

そうした中国認識の背景には、明治維新、自由民権運動、立憲政治と堅調な歩みを重ねてきた日本人の自負が見え隠れする。今日、辛亥革命は明治維新と重ねて論じられることが多いが、同時代においてはむしろその差異が強調されていたことは特筆したい[★93]。清朝による憲法調査以来、実際の立憲過程においても日本は中国の模範であった[★94]。なにより、中国人の憲法に対する無理解を挙げ、民意の充実なくして立憲政治なしとする論調が多く見られることは、東洋における最初の立憲主義国家としての自負はもちろんのこと、それに並ばれることに対する危機感と拒否反応が感じられる。

しかし、そうした日本の国民性にも変化が生じていた。日清、日露戦争の際に沸き起こった国策議論と民衆運動は、このころ、いくぶん影を潜めていた[★95]。日露戦争後の日本のプレゼンスと政治外交上の安定は、人心を満足させる一方で民主化の潮流を弛緩させていた。その意味において、翌一九一三(大正二)年における憲政擁護運動の勃発、全国化の要因のひとつに辛亥革命の影響が指摘されることは、一定の妥当性があるといえるだろう。

また、革命を契機に国内に多数の中国研究団体が設立されたことは[★96]、メディアにおける議論の活性化と合わせて、対中理解の一定の進歩として評価できるだろう。吉野作造や石橋湛山といった対中世論形成の先導者たちが盛んに中国を論じるようになっていくのもこれ以後のことである[★97]。辛亥革命は、対中世論形成の画期であったといえよう。

他方、辛亥革命という中国の崛起に対し、日本は日露戦争からの回復期という状況に拘束されて現状維持に固執し、積極的な打開策の検討を行うことができなかった。革命対応は後手に回り、時流に乗り遅れることとなる。

日本は逸した好機、出遅れたプレゼンスをいかにして取り戻すかに躍起とならざるを得ない。借款問題に主体的に参加できないなかで、注目を集めていくのは軍事力を用いた影響力保持であった[★98]。このことは国内政治の混沌とあいまって、年末に起こる陸軍の二個師団増設要求、さらには対華二十一ヵ条要求に至る伏線となった。近代日本は、日露戦後の岐路にあって「崛起する中国」に際会し、あてどのない彷徨をはじめたのである。

註

★1――革命に対する日本政府の対応については、特筆しない限り北岡伸一『日本陸軍の大陸政策』、波多野勝『近代東アジアの変動と日本外交』、小林道彦『日本の大陸政策』、川島真・千葉功「中国をめぐる国際秩序再編と日中対立の形成」、櫻井良樹『辛亥革命と日本政治の変動』によった。

★2――紙幅の関係から詳細は略すが、論調の分析を行なった先駆的研究である曽村保信「辛亥革命と日本の輿論」、野沢豊「辛亥革命と大正政変」、非政府アクターの動向を追った山根幸夫『近代日本と中国』、黄自進「辛亥革命と日本」、同「辛亥革命に対する日本人の反応」、趙軍「辛亥革命期における日本の対中国民間外交」、李廷江「辛亥革命と日本の反応」、個別メディアの分析を行った後藤孝夫『辛亥革命から満洲事変へ――大阪朝日新聞と近代中国』、佐藤美奈子「辛亥革命をめぐる日本の世論――『日本及日本人』を題材に」、銭昕怡「雑誌『新日本』に現れた中国革命論」などがある。

★3――一九一二年時点での発行部数(括弧内は販売価格)は、『大阪朝日新聞』が二〇万、『東京朝日新聞』が一二万部(三七銭)であり、『時事新報』は八〜九万(五〇銭)、『東京日日新聞』は四〜五万(四〇銭)、『読売新聞』は四万(三五銭)と推計されている(有山輝雄『近代日本ジャーナリズムの構造』東京出版、一九九五年、一四、五頁。同『近代日本のメディアと地域社会』吉川弘文館、二〇〇九年、一二七頁)。

★4――調査に際しては、この他に『国際法外交雑誌』『実業の世界』『新公論』『清国時報』『東方時論』『東洋』も参照した。

★5――「支那流の革命運動」(『読売新聞』一九一一年一〇月一五日)、「楽観と悲観」(『時事新報』同年一〇月一九日)。『時事新報』は、革命勃発以来ほぼ連日、社説で清国情勢を論じている。

★6――曽田三郎『立憲国家中国への始動―明治憲政と近代中国』一一三頁。

★7――「清国の内乱を評す」(『中央公論』二六年一一号、同年一一月)。

★8――「慎重の態度」(『読売新聞』同年一〇月一七日)、「我国の対清態度」(『時事新報』同年一〇月一八日)。

★9――「乙秘第八三号　渡清者ノ談」外交史料館蔵「外務省記録」一門政治・三類宣伝・一類帝国・「新聞雑誌出版物等取締関係雑件」第二巻所収)。内地―北京間の電報料金(一語九五銭)で換算すると、この新聞社は実に一日に二〇〇〇語もの情報を受け取っていたことになる。新聞一部の価格は平均して三〇～三五銭ほど、大手の新聞でも発行部数が一〇万部以下であったことを考えると、この支出は新聞各社にとって大きな負担であった。

★10――「動乱と紡績界」(『読売新聞』同年一〇月二七日)、「清国の騒乱と我株式界の影響」(『東洋経済新報』五七七号、同年一一月五日)。

★11――飯島渉「辛亥革命と日本」。

★12――「清国の暴動」(『時事新報』同年一〇月一三日)、大隈重信「清国革命論」(『新日本』一巻九号、同年一一月一日)。革命勃発の六日後に外相に就任した内田康哉は、同日のうちに清国政府に好意を示すよう訓令している(千葉功『旧外交の形成』二三〇頁)。

★13――王暁秋『アヘン戦争から辛亥革命』第六章。

★14――「清国動乱事件ニ際シ各新聞雑誌ノ国交ニ関スル記事取締ノ件」(前掲、外交史料館蔵「新聞雑誌出版物等取締関係雑件」第二巻所収)。この訓令は同年一〇月二一日に都府県知事、北海道庁長官、警視総監、朝鮮総督、関東都督のほか、中国各地の総領事に発せられている。同訓令については、知事などによる諭示の事実が確認されるものの、具体的な禁止事例は付されていない。今回分析対象とした四紙十誌においても発行中止などの重大処分の形跡は見られず、注61に示したように検閲の厳格な実施を求める声もあることから、辛亥革命に関する報道はそれほど厳格なものではなかったといえよう。

★15――根津一「清国財政の現状」(『新日本』一巻一〇号、同年一二月一日)、加藤正雄『最近清国革命動乱史』(同年一二月刊行)第一章。

★16——「清国の革命反乱」(『日本及日本人』五六九号、同年一一月一日)、某支那通「擾乱裡に在る清国の時局」(『太陽』一七巻一六号、同年一二月一日)。

★17——岩壁義光、廣瀬順晧編『影印原敬日記』七、一九一一年五月一日条。

★18——「清国借款の前途」(『読売新聞』同年一〇月三一日)、有賀長雄「中清動乱に対する我官民の態度」(『外交時報』一六八号、同年一一月一日)。

★19——根津一「擾乱裡に在る清国の時局」(前掲『太陽』一七巻一六号)。

★20——大隈重信「支那の動乱に対する日本の態度」(『実業之日本』一四巻二四号、同年一一月一日)。そうした議論のなか、『大阪朝日新聞』は革命に対する嫌悪感から清朝支持に固執した(前掲、後藤『辛亥革命から満洲事変』第一章)。

★21——わずかに小川平吉「清国革命軍に就て」(『政友』一三五号、同年一一月二〇日)が見られる程度である。

★22——前掲、大隈「清国革命論(一)」。

★23——青柳篤恒「支那の革命的動乱は如何に成行くべきか」(『実業之日本』一四巻一三号、同年一一月一日)。

★24——章清「近代的学科の形成」貴志・谷垣・深町編『模索する近代日中関係』。

★25——白鳥庫吉「支那歴代の人種問題を論じて今回の大革命の真因に及ぶ」(『中央公論』二六年一二号、同年一二月)。前掲、小川「清国革命軍に就て」。

★26——李暁東「近代中国における日本留学と日本の教育者たち」大里・孫編『中国人日本留学史研究の現段階』三三頁。

★27——稲葉君山「反清朝の思想」(『日本及日本人』五六九号、同年一一月一日)、根津一「支那の革命党と秘密結社」(『中央公論』二六年一一号、同年一一月)。

★28——前掲「清国の革命反乱」。前掲、加藤『最近清国革命動乱史』。

★29——「清国争乱の前途」(『時事新報』同年一〇月一八日)、服部宇之吉「種族的僻見は漢民族の精神に反す」(前掲『新日本』一巻一〇号)。

★30——市村瓚次郎「支那の革命問題」(前掲『日本及日本人』五七〇号)。

★31――樋口秀夫「漢民族の心理」(『新日本』二巻二号、一九一二年二月一日)。

★32――前掲「清国の内乱を評す」。

★33――福本日南「お出なさつた」(『中央公論』二六年一一号、一九一一年一一月)。穂積八束は、議院内閣制を採用した清国憲法は勢いで出来たものであり、早晩変更されるだろうと否定的見解を示している(穂積「清国の新憲法」『日本及日本人』五七〇号、同年一一月一五日)。

★34――宮崎駿児「支那人の革命思想と列国の暗闘」(『東京経済雑誌』一六一九号、同年一一月四日)、関清瀾『清国革命戦実記』(同年一一月刊行)、第一九章。

★35――樋口秀夫「清国革命乱の将来」(前掲『新日本』一巻一〇号)。

★36――大隈重信「清国革命論(再び)」(同上)。

★37――平田康治「イギリス対華政策と中国政治の相互作用」。

★38――稲垣伸太郎「清国の政変と袁世凱」(前掲『日本及日本人』五七〇号)。

★39――「清国政変如何」(『時事新報』同年一一月二日)、浮田和民「青年支那党の運命如何」(前掲『太陽』一七巻一六号)。

★40――「人民の中に往け」(『読売新聞』同年一〇月二二日)、「叛乱と資政院」(『時事新報』同年一〇月二七日)。

★41――前掲、根津「支那の革命党と秘密結社」。

★42――「重要なる地位」(『時事新報』同年一一月一一日)、荘田秋村「支那革命及其借款を論す」(前掲『東京経済雑誌』一六一九号)。こうした中『日本及日本人』は、青年に積極的な中国進出を呼びかけている(「大動乱を傍観するか」前掲、同誌五七〇号。「小韓信小張良小蕭何」同誌五七一号、同年一二月一日)。陸軍参謀本部も、清朝、革命軍双方への工作を展開していた(前掲、千葉『旧外交の形成』二三〇頁)。

★43――「擾乱と領土保全」(『時事新報』同年一〇月二五日)、大隈重信「支那の革命乱に対する日本の態度」(『実業之日本』一四巻一四号、同年一一月一五日)。

★44――前掲、白鳥「支那歴代の人種問題を論じて今回の大革命の真因に及ぶ」。

★45――尾崎行雄「我国の対清方針」(前掲『中央公論』二六年一二号)、前掲「重要なる地位」。

★46――「清国借款」(『時事新報』同年一〇月二八日)。

★47——具体的には、清朝に対する軍備貸与の否定論や(前掲、荘田「支那革命及其借款を論す」)、革命軍の背後に日本政府があるとする流言に対する敏感な否定と批判(「清国人の疑念」(『時事新報』同年一〇月二二日)に見ることができる。
★48——岩壁義光、廣瀬順晧編『影印原敬日記』八、一九一一年一二月二四日条。
★49——「大命袁に下る」(『時事新報』同年一一月三日)、白岩龍平「支那革命乱の発展と其前途」(『東洋経済新報』五七八号、同年一一月一五日)。
★50——「袁内閣の顔触」(『時事新報』同年一一月一八日)、稲垣伸太郎「支那国民の雷同性」(前掲『日本及日本人』五七一号)。
★51——「帝国政府健在?」(『読売新聞』同年一一月三日)、「四百州の紛乱混乱」(前掲『日本及日本人』五七〇号)。
★52——「清国政変如何」(『時事新報』同年一一月二日)、「支那の新政体如何(第二)」(『東京経済雑誌』一六二二号、同年一一月二五日)。
★53——伴直之助「支那は立憲君主国たるべき乎、将た共和政体たるべき乎、抑或は分割に終らん乎(其一)」(『東京経済雑誌』一六二三号、同年一二月二日)。
★54——笹川潔「革命後の支那は一層弱邦とならん」(前掲『日本及日本人』五七一号)、浮田和民「支那青年党の運命如何」(前掲『太陽』一七巻一六号)。笹川の議論については、前掲、佐藤「辛亥革命をめぐる日本の世論」に詳しい。
★55——「北京政局の推移」(『時事新報』同年一一月二二日)、「新に成立せる袁内閣」(前掲『日本及日本人』五七一号)。
★56——小幡酉吉伝記刊行会編『小幡酉吉』五九頁。
★57——「両軍の勢力」(『時事新報』同年一二月六日)。
★58——「講和如何」(『時事新報』同年一二月三日)、「革命変乱の一転化と講和」(『日本及日本人』五七二号、同年一二月一五日)。
★59——大隈重信「支那の革命乱に対する日本の態度」(『実業之日本』一四巻二四号、同年一一月一五日)。
★60——福本日南「支那革命の容易に成らざる所以」(『外交時報』一七一号、同年一二月一五日)。
★61——前掲、稲垣「支那国民の雷同性」。

★62――「講和談判の前途」(『時事新報』同年一二月一五日)。
★63――「支那動乱の講和」(『東京経済雑誌』一六二五号、同年一二月一六日)、「日英両国愈々調停に決す」(『時事新報』同年一二月一七日)。
★64――ニッシュ、イアン『日本の外交政策　一八六九―一九四二』。
★65――小久保喜七「支那の国民性」(『政友』一三六号、同年一二月二〇日)、「速に革命政府を承認すべし」(『東京経済雑誌』一六二九号、一九一二年一月一三日)。
★66――前掲「乙秘第八五号　渡清者ノ談」同年一月二四日付。同電報は、各紙の報道競争が激化し、国交上不利益となる情報(具体的には、高田商会による革命軍軍旗の引き渡し)が報じられていることに懸念を呈し、領事、軍司令官による検閲の必要性を主張している。
★67――中村進午「支那革命管見」(『太陽』一八巻一号、同年一月一日)、大隈重信「支那共和政体の前途」(『東京経済雑誌』一六三三号、同年二月一〇日)。
★68――山本唯三郎「支那革命の成功」(『東京経済雑誌』一六二八号、同年一月六日)。
★69――前掲、岩壁・廣瀬編『影印原敬日記』八、一九一一年一二月二六日条。
★70――前掲、樋口「漢民族の心理」。荘田秋村「支那人は共和政治に適せず」(『東京経済雑誌』一六二七号、一九一一年一二月三〇日)。
★71――根津一「擾乱裡に在る清国の時局」(前掲『太陽』一七巻一六号)。前掲、伴「支那は立憲君主国たるべき乎、将た共和政体たるべき乎、抑或は分割に終らん乎(其一)」。
★72――浮田和民「東洋最初の共和国」(『太陽』一八巻二号、同年二月一日)。
★73――「支那革命の我国に及ぼす影響」(『日本及日本人』五七五号、一九一二年二月一日)。井上哲次郎「支那の過去及将来」(同)。朝鮮総督の任にあった寺内正毅も同様の危惧を示している(前掲、千葉『旧外交の形成』二三四頁)。
★74――「清帝退位の上諭」(『東京朝日新聞』同年二月一四日)、「清帝退位」(『時事新報』同日)。
★75――「支那の財政と我帝国」(『読売新聞』同年二月一六日)、「袁氏大総統当選」(『時事新報』同年二月一七日)。
★76――「支那の前途」(『東京朝日新聞』同年二月一五日)、前掲「袁氏大総統当選」。

★77──福本日南「支那再造論（十四）」（『東京日日新聞』同年一月一一日）。

★78──「清国事変の影響」（『東京経済雑誌』一六三一号、同年一月二七日）、「支那の前途」（『東京朝日新聞』同年二月一五日）。

★79──「支那革命の日本経済に及ぼす永遠甚大の利益」（『東洋経済新報』五八三号、同年一月二五日）。

★80──「経済的対清準備」（『時事新報』同年一月二五日）、渋沢栄一「好機逸する勿れ」（『日本及日本人』五七七号、同年三月一日）。

★81──前掲、千葉『旧外交の形成』二三九頁。

★82──「満洲の安危」（『時事新報』同年二月五日）、「南満並南清出兵論」（『中央公論』二七年三号、同年三月）。

★83──「北京の暴動」（『時事新報』同年三月二日）、「同胞の保護」（『東京日日新聞』同年三月七日）。

★84──「清国の時局」（『東京日日新聞』同年一月一三日）、前掲「支那革命の我国に及ぼす影響」。

★85──「失敗せる対清外交」（『東京日日新聞』同年一月二八日）、「対清外交問答」（『東京朝日新聞』同年一月二九日）。

★86──「支那変乱一段落」（『東京朝日新聞』同年三月一三日）。

★87──「袁世凱就任後の支那」（『日本及日本人』五七九号、同年四月一日）、佐々木安五郎「革命後の支那」（『太陽』一八巻五号、同日）。前掲、後藤『辛亥革命から満洲事変へ』一章。

★88──「政治借款」（『時事新報』同年三月九日）、「清国の大借款」（『読売新聞』同年三月二一日）。

★89──「支那の今後」（『読売新聞』同年三月二七日）。

★90──前掲「清国の大借款」。前首相の桂太郎も、政友会が革命を「隣ノ火事視」して有効な対策を取らないことを強く批判していた（前掲、小林『日本の大陸政策』二七〇頁）。

★91──某外交通「支那時局観」（前掲『太陽』一八巻四号）。

★92──前掲、浮田「青年支那党の運命如何」、「東洋最初の共和国」、「支那の根本改革」（前掲『太陽』一八巻四号）。

★93──「清末と幕末との異同」（前掲『日本及日本人』五七一号）。

★94──一九〇五年末、清朝政府は載澤ら五人の大臣を海外に派遣し、その結果、日本、イギリス、ドイツの立憲政治が重視されることとなったが、その後さらなる調査が重ねられた結果、特に日本を模倣する形態が採用されることとなった（李細珠「体制改革における選択」貴志・谷垣・深町編『模索する近代日中関係』）。

★95――「国民の意気」(『読売新聞』一九一二年二月二五日)。
★96――前掲、王『アヘン戦争から辛亥革命』第六章。
★97――明治三〇年代初頭から同時代中国論を展開してきた内藤湖南にしても、このテーマでの単著は『清朝衰亡論』(一九一二年)が初めてであろう。
★98――「支那問題を閑却する勿れ」(『中央公論』二七年六号、同年六月)。

参考文献

アジア史研究会中国近代史部会編『中国近代化の社会構造―辛亥革命の史的位置』教育書籍、一九六〇年
有山輝雄『近代日本のメディアと地域社会』吉川弘文館、二〇〇九年
――『近代日本ジャーナリズムの構造』東京出版、一九九五年
飯島渉「辛亥革命と日本」『辛亥革命研究』七号、一九八七年
王暁秋『アヘン戦争から辛亥革命』東方書店、一九九一年
大畑篤四郎「辛亥革命と日本の対応」『日本歴史』四一四号、一九八二年
大里浩秋、孫安石編『中国人日本留学史研究の現段階』お茶の水書房、二〇〇二年
小幡酉吉伝記刊行会編刊『小幡酉吉』一九五七年
外務省編『日本外交文書　清国事変(辛亥革命)』日本国際連合協会、一九六一年
加藤正雄『最近清国革命動乱史』矢尾弘文堂、一九一一年
川島真・千葉功「中国をめぐる国際秩序再編と日中対立の形成」川島・服部龍二編『東アジア国際政治史』名古屋大学出版会、二〇〇七年
北岡伸一『日本陸軍の大陸政策』東京大学出版会、一九七八年
貴志俊彦・谷垣真理子・深町英夫編『模索する近代日中関係』東京大学出版会、二〇〇九年
黒沢文貴ほか編『国際環境のなかの近代日本』芙蓉書房、二〇〇一年
黄自進「辛亥革命と日本」『日本・中国・朝鮮間の相互認識と誤解の表象』京都大学人文科学研究所

――「辛亥革命に対する日本人の反応」孫文研究会編『辛亥革命の多元構造』汲古書院、二〇〇三年
後藤孝夫『辛亥革命から満洲事変へ』みすず書房、一九八七年
小林道彦『日本の大陸政策1895―1914』南窓社、一九九六年
櫻井良樹『辛亥革命と日本政治の変動』岩波書店、二〇〇九年
尚友倶楽部編刊『伊集院彦吉関係文書』一、一九九六年
佐藤美奈子「辛亥革命をめぐる日本の世論」『思想史研究』一号、二〇〇一年
銭昕怡「雑誌『新日本』に現れた中国革命論」『同志社法学』五四巻一号、二〇〇二年
曽田三郎『立憲国家中国への始動―明治憲政と近代中国』思文閣出版、二〇〇九年
曽村保信「辛亥革命と日本の輿論」『法学新報』六三巻九号、一九五六年
孫文研究会編『辛亥革命の多元構造』汲古書院、二〇〇三年
千葉功『旧外交の形成―日本外交一九〇〇～一九一九』勁草書房、二〇〇八年
趙軍「辛亥革命期における日本の対中国民間外交」『千葉商大論叢』四一巻三号、二〇〇三年
内藤湖南『清朝衰亡論』弘道館、一九一二年
ニッシュ、イアン『日本の外交政策』ミネルヴァ書房、一九九四年
野沢豊「辛亥革命と大正政変」（前掲、『中国近代化の社会構造―辛亥革命の史的位置』所収）
波多野勝『近代東アジアの変動と日本外交　一八六九―一九四二』慶應通信、一九九五年
平田康治「イギリス対華政策と中国政治の相互作用」『国家学会雑誌』一二三巻一・二号、二〇一〇年
山根幸夫『近代日本と中国』山川出版社、一九八六年
横山英・曽田三郎編『中国の近代化と政治的統合』溪水社、一九九二年
兪辛焞『辛亥革命期の中日外交史研究』東方書店、二〇〇二年
李廷江「辛亥革命と日本の反応」『国際関係紀要』八巻一号、一九九八年
劉傑、三谷博、楊大慶編『国境を越える歴史認識』東京大学出版会、二〇〇六年
『大阪朝日新聞』『大阪日日新聞』『時事新報』『東京朝日新聞』『東京日日新聞』『読売新聞』

『外交時報』『国際法外交雑誌』『国家学会雑誌』『実業の世界』『実業之日本』『新公論』『清国時報』『新日本』『政友』『太陽』『東京経済雑誌』『東方時論』『東洋』『東洋経済新報』『中央公論』『日本及日本人』

第3章 加藤高明と二十一ヵ条要求
——第五号をめぐって

奈良岡聰智
NARAOKA Sochi

1 日本外交の転機としての二十一ヵ条要求

一九一五年に日本が中国に提出したいわゆる二十一ヵ条要求[★1]は、日中関係の転換点として知られている。日本は、この要求を中国に受諾させることによって、日露戦争で獲得した満州権益を確固たるものにすると共に、第一次世界大戦勃発後にドイツから獲得した山東半島にも経済進出の足場を築いた[★2]。これに対して、中国は外交交渉の過程で強く抵抗し、要求を受諾した五月九日が「国恥記念日」と称されるなど、中国ナショナリズムと反日感情が高揚した[★3]。欧米列強も日本に強い不信感を抱き、アメリカはブライアン国務長官の名で「不承認」声明を発して、日本の中国進出を容認しない姿勢を明確にした。二十一ヵ条要求は、日中関係のみならず、日本と欧米の関係を悪化させたという意味でも、日本外交の大きな転機となった[★4]。

二十一ヵ条要求をめぐる交渉が紛糾した原因は、第一に、日本の要求内容が過大だったためである。

二十一ヵ条要求のうち、満州権益の租借期限延長などを規定した第一号から第四号は、当時の列強の外交慣行に照らせば、常識的なものであった。しかし、日中警察の合同などを規定した第五号は、内政干渉に近く、欧米の既得権とも抵触するという点で、大いに問題であった。第五号については、日本はいわば「やり過ぎた」のである。

交渉紛糾の第二の原因は、その第五号を日本が欧米列強に秘匿しようとしたためである。日本は、交渉開始当初、同盟国イギリスを含む欧米列強に第五号の存在を秘匿し、中国にもその存在を洩らさないよう要求した。しかし、その存在はまもなく中国側によって暴露され、世界中の知るところとなった。これにより欧米各国は日本への不信感を募らせた。また、欧米からの批判は日本国内に環流し、時の大隈重信内閣は、国内の諸政治勢力やメディアからの批判にもさらされた。最終的に大隈内閣は、第五号を削除して最後通牒を発し、中国政府に受諾させた。二十一ヵ条要求の根幹部分を受諾させたという点で、日本は所期の目的を達したが、欧米の対日不信感を煽り、第五号の削除に成功したという点では、中国側も一定の成果を挙げたと言いうる。

それでは、日本はなぜこのように問題の多い第五号を要求中に盛り込んだのだろうか。日本の外交責任者たる加藤高明外相は、第五号をどのように捉えていたのだろうか。二十一ヵ条要求に関する研究は少なくないが[★5]、これらの問題に対する明快な回答はいまだに与えられていない。この小論では、先行研究で十分な検討がなされていない第五号の作成過程に注目し、加藤高明外相の意図について筆者の仮説を提示したい。

中国による抵抗の原動力となったのが、欧米のジャーナリストやメディアに対する働きかけであった。二十一ヵ条要求をめぐる外交交渉を眺めると、それが「外交戦」であると同時に「情報戦」でもあり、中国は前者での力不足を後者で補い、巧みに日本に対抗したことが分かる。これに対して日本は、中国から第五号の存在を暴露され、その後も欧米からの批判に有効な反論をなし得なかったという点で、「情報戦」では中国側に先んじられていたように見える。一体第五号は、どのような経路をたどって暴露されたのだろうか。また、欧米はこの条項を、どのように受け止めたのだろうか。本稿では、第五号の発覚によって日本が追いつめられていった様子を検討し、それが同盟国イギリスの強い対日不信を招いたことを明らかにする[★6]。

2 第五号はいかにして提出されたのか

一九一五年一月一八日、日本の日置益駐華公使は、中華民国の袁世凱大総統、曹汝霖外交次長と面会し、二十一ヵ条要求を提出した。袁はこの席上で何ら所見を述べなかったが、翌日面会に訪れた坂西利八郎陸軍大佐(袁の軍事顧問)に対して、日本は中国を「何故に常に豚狗の如く奴隷の如く取扱はんとするか」と述べ、怒りを露わにした[★7]。

二十一ヵ条要求は、第一号から四号までの「要求条項」と第五号の「希望条項」に大別されていた。第一号は山東省に関するもので、ドイツが持っていた山東省の権益を日本が継承することを要求していた。第二号は満州に関するもので、遼東半島や南満州鉄道の租借期限を九九ヵ年に延長することなどを要求していた。第三号は漢冶萍公司の日中合弁化を、第四号は中国沿岸部の不割譲を求めていた。以上の「要求事項」は、全部で十四ヵ条あった。これに対して第五号は、以上と「全然別個の問題」として「此際支那に其の実行を勧告致度事項」とされており[★8]。中国政府への日本人顧問の招聘(一)、日中警察の一部合同(三)、日本への鉄道敷設権の供与(五)、中国における日本人の布教権の承認(七)など、雑多な七項目から成っていた。

日本は中国に対し、第五号の存在を他国に洩らさないよう厳重に申し入れている。

日本がこれらの要求を提出したのは、ドイツが領有する山東半島を前年一一月に占領したことが直接のきっかけであった。すなわち日本は、同半島の帰属を決定するにあたって、主権を有する中国と二国間交渉を行う必要があったのである。加藤外相は、日中交渉にあたって、辛亥革命の頃から深刻視されていた満州権益の租借期限延長(満州権益の返還期限は、最も早いもので一九二三年に迫っていた)、漢冶萍公司の合弁化[★9]など従来からの諸懸案をも一挙に解決することを目指し、それらを一括して議論の俎上に載せることにした。加藤がとりわけ重視していたのは、満州権益の問題である。よく知られているとおり、加藤は一九一三年一月にイギリスから帰任した際、グレイ外相と会談を行い、租借期限延長について原則的な合意を取り付けるという布石を既に打っていた[★10]。

これらを盛り込んだ「要求条項」は、概ね日本の既得権を基礎としていたものの、いずれも日本の権益を一方的に拡張する内容であり、全てを中国側に受諾させるのは容易ではないと予想された。それゆえ加藤外相は、第一号において譲歩を行う心積もりであった。すなわち加藤は、日本が近い将来山東権益を中国に返還することを約束し、それと引き替えに残る「要求条項」のほとんどを認めさせようと考えていた[★11]。山東権益の返還は、加藤にとって「実際上殆ど唯一の代償条件」で、いわば交渉上の切り札だと認識されており、この方針は日置公使に対しても再三伝えられた[★12]。日本国内では、山東半島の中国返還を無用とする強硬論も根強かったが[★13]、加藤はこれに与さなかった。加藤外相の「要求条項」に対する態度は、要求提出前からかなり一貫したものであった。

他方で加藤は、「希望条項」とされた第五号の具体的取り扱い方針については事前に日置公使に指示しておらず、その位置づけを曖昧にしたままであった。第五号の各項は、「要求条項」と異なり、基礎となる日本の既得権がほとんどなく、中国の主権や欧米の既得権と抵触する可能性が高かった。北岡伸一氏は、加藤がこのように強硬な内容を敢えて要求中に盛り込んだのは、第五号を交渉上の「取引材料」と考えていたからではないかという説を提起している[★14]。筆者も、まずこれら強硬な案で中国側を威圧した後、より重要な要求を通すために、交渉過程で一部を削ぎ落としていくというシナリオを、加藤がある程度は想定していたものと考える。実際加藤は、二月一六日に閣議決定した修正案では、第五号の中で最重視していた鉄道権益の獲得(五)を除けば、いずれも主義上の取り決めや中国側の声明程度に止めても差し支えないという方針を示し、日中警察の合同(三)に至っては早くも撤回を決断している[★15]。もっとも、島田洋一氏が論証しているとおり、加藤は第五号を「取引材料」だと割り切っていたわけではなく、その後の交渉過程では、一部だけでも認めさせることにかなり固執した[★16]。加藤は、第五号の取り扱いについては明確な見通しを持っておらず、中国側の出方に応じて対応していこうという曖昧な態度であったと考えられる。

3 第五号の作成過程

なぜ加藤は、このように曖昧な態度を取ったのだろうか。その答えの鍵は、第五号の作成過程に隠されているように思われる。そもそも第五号は、国内諸勢力からの様々な要求が外務省に持ち込まれた結果できた条項であった[★17]。各方面からの要求は開戦当初から次々に持ち込まれ、小池張造政務局長のもとで整理された後[★18]、一九一四年一一月一一日(日本が青島をドイツから正式接収した翌日)の臨時閣議の場で日置公使に与えるべき対支訓令案として附議され、全閣僚の同意が得られた。この対支訓令案では、中国に提出すべき要求事項は全部で十七ヵ条とされ、「要求事項」「希望事項」という区別はなかった。加藤外相は、月末にかけて元老の山県有朋、井上馨らを訪問してこの訓令案を内示し、一応の諒解を得ると共に[★19]、陸海軍その他各方面との調整を進めた[★20]。

元来加藤は、第五号に含まれていたような内容を中国に要求することに積極的ではなかったため[★21]、要求事項の整理には相当苦慮した。加藤が一一月一四日にある政府高官に宛てた書翰の中で、次のように真情を吐露しているのは注目される。

「是より外交上に関し種々の注文有之。之れに応じ切れざるは申す迄も無之、万々心痛罷在候」[★22]

各方面からの要求を厳しく仕分けることは、大隈内閣の政権基盤が弱く、与党内に対外硬派が多数存在していたことからしても[★23]、至難の業であった。

加藤が予想したとおり、外務省と各方面の間で行われた調整は非常に厳しいものだったようである。前述の対支訓令案で示された十七ヵ条の要求事項のうち、「満蒙開埠地を増設すること」「三都澳を九十九年間日本に貸与すること」といった条項が削除される一方で、新たな要求が追加されたため、要求は全部で二十一ヵ条に膨れあがった。外務省はこの過程で、政府外から送られてきた多くの要求案を退けている。例えば、神田正雄(東京朝日新聞社北京特派員)が提案した日支実業銀行の設立、小川平吉(政友会代議士)や黒竜会が求めた日中協約の締結などがそれに当たる[★24]。もっとも、彼らの提案は多岐にわたっており、日中合同の兵器工場の設立、日本人顧問の招聘など、実際に出された第五号と合致している部分も多かった。

とりわけ困難なのは、陸軍との折衝であった[★25]。断片的に残されている史料からは、加藤・外務省が陸軍内の強硬な案を緩和するため、苦心していた形跡が窺われる。参謀本部では、明石元二郎参謀次長が「行政軍事の改善を帝国に委任する事」「支那の利権を外国に譲与し若くは外国借款を起すに方り予め帝国政府に同意を求むる事」などを中国に要求し、一部を「密約」として締結するという案を開戦直後に岡市之助陸相に送付するなど、強硬論者が多かった[★26]。加藤・外務省はこれらの要求案を緩和しようとし、前述の対支訓令案では、山東省と福建省に限って日本人顧問を招聘し、外国に権益を供与する前に日本の同意を求めるという内容にした[★27]。しかし、参謀本部はこの訓令案に納得しなかったものと思われ、その後の修正を経て、最終的に提出された第五号には、「中央政府に政治及軍事顧問として有力なる日本人を傭聘すること」(一)「(前略)福建省に於ける鉄道、鉱山、港湾の設備(造船所を含む)に関し外資を要する場合には先ず日本国に協議すべきこと」(七)というより強圧的な条項が盛り込まれることになった。陸軍からは大島健一(陸軍次官)、福田雅太郎(参謀本部第二部長)、中村覚(関東都督)などからも外務省に意見書が送られており[★28]、第五号の最終案は、加藤外相・外務省と陸軍側が折衝を重ねた結果、ようやくまとめられたものと考えられる。

このように二十一ヵ条要求提出の背景には、陸軍をはじめとする日本国内の諸勢力からの巨大な「対外進出圧力」があった。第五号は、加藤外相・外務省がそれらを十分に抑制できなかった結果、各種の要求を苦し紛れに雑然と盛り込んだ結果できたものであった。「希望条項」とされたのは、加藤外相が「要求事項」との質的相違を認識し、中国や欧米列強に認めさせるのが相当困難だと認識していたからであろう。加藤外相としては、それでも陸軍などから出された広汎かつ強硬な案をそれなりに緩和していたし、むしろ交渉の際の取引材料ともなり得るので、それほど大きな問題にならないものと期待し、あとは交渉の中で検討していこうとしていたのだと推定される。

4 第五号の秘匿

それでは、加藤はなぜ第五号を、同盟国イギリスを含む欧米列強に秘匿したのだろうか。加藤は中国に第五号の存在を洩らさないよう要請したが、中国が欧米列強に漏洩するとは考えなかったのだろうか。

加藤は、中国があたかも「夷を以て夷を制する」かのように、欧米列強の力を借りて日本に抵抗する可能性を、認識していたはずである。日清戦争後の下関会議の際、清国の李鴻章全権は日本から講和条件を示されると、干渉を誘うためにそれを列強の公使に示すよう本国に打電した。日本はこれを暗号解読によって察知し、清国の機先を制して講和条件を各国の駐日公使に内示した。当時駐英公使だった加藤は、イギリス政府はもとより、新聞にまで講和条件の内容を流して世論からの支持調達に努め、イギリスが三国干渉に加わるのを阻止している［★29］。また、一九〇〇年、ロシアが義和団事変後に満州への駐留継続を正当化するために（第二次）露清密約を締結したが、これは間もなく『タイムズ』特派員のジョージ・モリソンによってすっぱ抜かれ、大々的に報道された。加藤はこの時外相としてロシアに厳重抗議を行い、満州からの撤兵を約束させている［★30］。このように、加藤は帝国主義外交の最前線で、清国のしたたかさを知る経験を十分に持っていたのである。

他方で、日本が目論見通りに中国と外交交渉を進めた直近の先例も存在した。それは、一九〇五年の満州に関する日清条約である。この条約は、日露戦後に満州を占領した日本と清国の間で締結されたもので、日本はこれによってロシアが持っていた満州権益を獲得（継承）した。条約締結のため、小村寿太郎、慶親王らを全権として約一カ月にわたった会議は、日本の要求通り秘密厳守で行われ、その内容はほとんど外に漏れなかった。会議後に条約および附属協約が調印されたが、この他に両国の話し合いによって会議録に秘密事項が記載されることになり、鉄道、電信線、鉱山など日本の獲得権益に関する詳細が定められた。秘密交渉、早期決着、列強の承認というのが、二十一ヵ条要求提出時に加藤が目指したところであったが、日清条約はまさにその模範となる形で締結された条約であった。しかも、この時の清国全権の一人は、袁世凱であった[★31]。

おそらく加藤は、日清条約と同じような形で秘密裡に交渉を進め、第五号については、議事録への記載や中国側による声明発表という形で妥結することも視野に入れていたのではないだろうか[★32]。日清条約という成功例があったため、中国側による情報漏洩はそれほど深刻に考えていなかったのであろう。イギリスに対しては、中国側からの情報漏洩がないことを前提として、最終的に決定した内容のみを事後通知すれば足りると判断していたと思われる。しかしながら、第五号が日清条約よりもはるかに重大な内容を含んでいたこと、辛亥革命を経て中国でナショナリズムが非常に強まっていたこと、中国でメディアが急速に発達していたことを考えると、加藤外相の見通しはきわめて甘かったと言わざるを得ない。そのことは、二十一ヵ条要求が提出されると、すぐに明らかになっていった。

5 第五号はいかなる波紋を及ぼしたのか——袁世凱政権の抵抗

一九一五年一月一八日に日本から二十一ヵ条要求を受け取った袁世凱は、翌日に孫寶琦(外交総長)、曹汝霖(外交次長)、梁士詒(秘書長)らを召集した。曹汝霖の回顧によれば、袁世凱は、日本が「わが国を制圧しようとしている」という見通しを示して、「第五条の如きは、わが国を朝鮮視せんとするもので、絶対に交渉すべきものでない」と言明し、数日後に袁から曹に手渡された書類にも、第五号は「絶対に討議してはいけない。銘記せよ。銘記せよ」と記されていたという[★33]。当時『東京朝日新聞』特派員として北京に駐在し、袁世凱政権の高官と頻繁に接触していた神田正雄記者は、「機略縦横なる」袁はさっそく対抗策を練り、その胸中には既に「交渉に関する成算が歴々として立って居たものと思われる」と後に振り返っている[★34]。事実、袁世凱は直ちに巧みな対抗手段を取った[★35]。

その第一は、交渉の遷延であった。袁世凱は、一月二七日に孫外交総長を更迭して、ヨーロッパ駐在が長く、外交経験が豊富な陸徴祥(大統領府の外交最高顧問、元外交総長)を後任に据えた。この人事は体調不良を理由としていたが[★36]、交渉を遷延する効果を持ち、陸外交総長が就任早々であることを理由としてなかなか交渉開始に応じなかったため、日置公使は苛立ちを隠さなかった[★37]。この遷延策が功を奏して、第一回会議の開催は二月二日までずれこんだ。交渉の長期化は、この後日本に決定的に不利に作用していくことになる。

第二は、国内の反日世論の醸成であった。中国のメディアは、一月二七日頃から日本の要求に関する各種の風説を掲げるようになった。日本の外務省が把握していた情報によれば、同日付の『亜細亜日報』が、二十一ヵ条要求に対する本格的論評を掲げた初めての中国紙であった。同紙は、要求の詳細は記さなかったものの、日本の要求は「我が主権を侵害すること甚しく絶対に談判の余地なきもの」と断じた。その後第一回会議が開催されるまでに、『民視報』『ペキン・デイリー・ニュース』『ペキン・ガゼット』などが次々と日本の要求を批判した[★38]。これらの報道の背後に、中国政府からの情報提供があったのは確実で、一月二八日付の『申報』は、早くも日本側の要求が全部で二十一ヵ条から成ることを正確に報じていた[★39]。

袁世凱自身、ジャーナリスト梁啓超と直接会見を行った。梁は会見後に『ペキン・ガゼット』をはじめ中国の新聞各紙に日本批判の論説を発表し、「我国を第二の朝鮮なりと誤認するなかれ」などと警告を発した[★40]。二月二日には、段祺瑞、馮国璋ら一九将軍から日本の要求に絶対反対を唱える電報が袁総統宛に送られ、新聞紙上で報道されたが、これも実は袁世凱自身が馮に作成させたものだったらしい[★41]。これらの動きは日本の新聞からの中国批判を招き[★42]、この後日本の世論は急速に硬化していくことになる。

6　海外メディアの反応

第三は、海外の反日世論の醸成であった。袁世凱政権は、日本側が要望した交渉内容の秘匿を厳守する気などさらさらなかった。神田正雄は、後に次のように述べている[★43]。

「秘密厳守の約束位いで治まるものと思って居たのは、何にしても余程おめでたかったといふより他は無い。利害を唯だ外交上の秘密といふ言葉だけで抑へることは出来ない。支那の伝統から見ても秘密が洩れるのは当然の事である。」

それでは、要求内容はどのように漏洩したのだろうか。袁世凱政権は、中国人記者のみならず、外国人記者にもさっそく要求内容を洩らした。これを如実に示すのが、一月二三日に東京・大阪の両『朝日新聞』が号外として出したスクープであった。この号外は、神田が入手した情報に基づいており、日本が提出した要求が、満蒙問題の解決、山東問題の解決、支那全国に亘る要求に大別され、「右の外、全国に亘るものは尚他の要求に含めるが以上の交渉は、或る時機まで之を交渉せずと云ふにあり」と報じられていた[★44]。要求が全部で二十一ヵ条であることには触れられていなかったが、神田は早くもこの時点で、少なくとも要求の概略は把握していたのである。

当時大隈重信内閣は、外交交渉に関して厳しい報道規制を行っていた。加藤外相は、日本の主要新聞の主幹に交渉事項の大要を「極内密の含迄として」内話し、交渉に関する記事論評をできるだけ見合わせるよう要請し、彼らの了承を得たという[★45]。そのため新聞各紙は、一月十八日の要求提出、二月二日の会議開始など事実経過は大々的に報じたものの、要求内容に踏み込んだ報道はあまり行わなかった。このような中で、朝日新聞の号外は外務省から問題視され、この号外は「日支交渉の内容に少しく事実相違ある故全部取消す」という告知と共に、取り消されることになった[★46]。

これより以前には、一月二二日に『時事新報』の北京特派員亀井陸良から、日置公使が「二十四ヵ条」の懸案を提出したという電報が東京に送られ、外務省からの要請によって紙上掲載が見合わせられるという一幕もあった。これを受けて、加藤外相は要求内容が「或は支那側より洩れたるものなるかとも察せらるる」と疑い、日置公使に注意を促していた。中国側の情報漏洩は、さっそく日本に波紋を及ぼしたのであった[★47]。

欧米のメディアにおいても、大きな波紋が起こっていた。一月二七日付の『ニューヨーク・タイムズ』には、日本公使から中国政府に「二十一の項目から成る要求」が出されたと、正確な報道がなされた[★48]。日本が揚子江流域や福建省に権益の拡張を図っているらしいという噂は、『アソシエイティド・プレス』のフレデリック・ムーアら欧米各紙の中国特派員によって、この頃から他の新聞でも報じられ始めた[★49]。しかし、日本の要求は領土保全、門戸開放、機会均等の方針に反するものではないと報じるものもあり、それらが日本の新聞で次々に紹介されるという錯綜した事態になった[★50]。このような中で、日置公使は欧米の新聞記者に対し秘密主義を貫き、取材にほとんど応じなかったため、欧米の記者は日本の外交官に「アイ・ドント・ノー」というあだ名をつけていたという[★51]。日本の欧米メディアに対する対策は、まことに拙かった。

イギリスの高級紙『タイムズ』は、一月一八日の交渉開始については簡単に報じたのみであった[★52]。『タイムズ』は、イギリス外務省と密接な関係を持ち、日本政府や加藤外相との関係も良好であったことから[★53]、同盟国日本を信頼し、しばらく交渉の行方を静観する態度を取ったと言える。この頃中国には、元『タイムズ』中国特派員で、一九一二年にタイムズ社を退職した後、中華民国総統府政治顧問をしていたモリソンがいた。袁世凱は一月二〇日にモリソンと会見し、満州問題や日英関係について話し合ったものの、二十一ヵ条要求については何も相談しなかった[★54]。『タイムズ』紙上で中国に不利な報道が行われたり、同紙から日本政府に情報漏洩の事実が伝わったりすることを恐れたのであろう。

しかしモリソンは、中国を全力で支援する考えであった。かつて彼は、ロシアに対抗するため日英同盟締結の論陣を張ったが、日露戦後になると日本の大陸進出を警戒し、辛亥革命以降は反日親中的なスタンスを取るようになっていた[★55]。モリソンは、一月二八日、親しく交際していた蔡廷幹（総統府礼官、元海軍中将、アメリカ留学経験者）に「日本の（要求を記した）通牒の正確な条項について、新聞が報道するのを許可した方が良いと思う」などと記した覚書を送り、日本の要求の全文入手を依頼した。モリソンは、この時点ではまだ要求の正確な内容を把握しておらず、「自分は市井の人と変わらないぐらい全く無知である」と自嘲するほどであった[★56]。

二月四日、蔡廷幹はモリソンを訪問し、「極内密に」日本の要求内容を知らせた。モリソンは、全文を入手することはできなかったが、ここで日本の要求が二十一ヵ条から成ることを初めて知った。モリソンの日記には、要求の概要と共に「二十一ヵ条（21 Demands）」と記され、その下に傍線が引かれており、衝撃のほどが窺える[★57]。翌日、モリソンは蔡を通じて袁世凱に呼び出され、会見を行った[★58]。袁世凱は、日本から出された要求が二十一ヵ条から成ること、日置公使から要求が提出された時の様子、会議の進行状況などについて語った。当日付のモリソンの覚書には、次のように記されている。

「総統は次のように私に示唆している。日本が要求を秘匿するよう強く求めたのは、万が一交渉が失敗に終わった場合に、要求が極めて厳しい性質のものであることを打ち消したいという願望からであろうが、交渉は失敗に終わるであろうと。」[★59]

この後、モリソンの動きが、『タイムズ』やイギリス政府にも大きな影響を与えることになる。

7 イギリスの反応

袁世凱の第四の、そして最大の対抗策は、欧米列強からの干渉を招くことであった。袁世凱は、日本に対抗するためには、列強の干渉に頼るしかないと見定めていた。イギリスは日本の同盟国で、ロシア、フランスはヨーロッパの戦局に多忙であったため、最も頼りになる国はアメリカであった。袁は、早くも一月二二日に、アメリカのラインシュ公使に二十一ヵ条要求の内容を知らせており、以後ラインシュは、公使としての職責を越えて中国支援に奔走した[★60]。

同日、イギリスでは、日本の井上勝之助大使がグレイ外相に二十一ヵ条要求の概要を極秘に内報し、要求の英訳も手交した。ただし、よく知られているとおり、この時第五号の存在は井上大使にすら伏せられており、イギリスには全く伝えられることがなかった。そのためグレイ外相は、漢冶萍公司など詳細を承知していない問題についての回答は留保しつつも、二年前の加藤との満州権益の租借期限延長をめぐる合意に言及し、「大体に於て至極妥当の措置にして、英国利害の関する限り何等異議を入るべき所なかるべき様存ぜらる」と好意的に応じた[★61]。

一月二五日には、加藤外相がイギリスのグリーン駐日大使に要求の概要を伝えた。グリーンも、第四号までの英訳を手渡され、山東権益は中国に返還する予定であることを含め、各号について一通りの説明を受けた。グレイ外相に送られた電報によれば、グリーンは、「要求はそれほど広範でない」「だいぶ前から彼〔加藤外相〕によって練られていた計画の履行である」と見た[★62]。

日置公使からイギリスのジョーダン駐華公使に対する説明は、一月二九日に行われた。流暢な中国語を話し、袁世凱政権と深いつながりを持つジョーダン[★63]を警戒したのであろう、文書の手交はなされず、説明は口頭のみでなされた。ジョーダンは、「要求はイギリスが中国に持っている権益に深刻な影響はない。これは、近年の成行の不可避の結果である。」と評価し、漢冶萍公司の日中合弁化についても、「反対する理由はない」とした。交渉の行方については、「中国側は反発するだろうがやがて受諾するだろう」「現政権は動揺するかもしれないが、日本が山東半島を返還するならば解決は難しくない」と予測した[★64]。

こうしてみると、イギリスの外交当局者は、二十一ヵ条要求の第一号から四号については、ほとんど問題視していなかったことが判明する[★65]。ロシアも、満州および内蒙古の問題以外は二十一ヵ条要求に強い関心を示さず[★66]、二月五日に第五号以外の要求内容を内示されたマレフスキー駐日大使は、「日本の要求は合理的だと思う」と評した[★67]。誤解を恐れずに言えば、二十一ヵ条要求は、第五号さえなければ「洗練された帝国主義外交」であり[★68]、イギリスをはじめとする欧米列強からも異議なく承認されたものと思われる。繰り返しになるが、第五号こそが二十一ヵ条要求をめぐる交渉を困難にした根本問題だったのである。

イギリスの外交当局者で最も早く第五号の情報に接したのは、ジョーダン公使であった。実はジョーダンは、一月二九日付で、前述の日置公使との会見情報の他に、もう一つの電報をグレイ外相に送っていた。それは、彼がロシアのクルペンスキー駐華公使から入手した情報で、日本の要求には、「中国全土への顧問採用」「満州以外での権益拡張」を求める条項が存在するというものであった。この明らかに第五号の存在を示す情報は、すぐにロシア本国にも報告された。二月三日、ロシアのサゾーノフ外相は、イギリスのブキャナン大使に、北京のロシア公使が「秘密の情報筋」から得た情報として、日本が中国に広範な要求を提出したことを伝え、意見を求めた[★69]。これに対してグレイ外相は、ロシアが入手した情報は「誇張され過ぎていると思う」と判断した[★70]。

ところが、存在しないはずの第五号の情報は、その後より具体的な形でイギリスに入ってきた。二月六日、イギリスのスプリング・ライス駐米大使は、ブライアン国務長官と会見し、日本の要求に「日中警察の合同」「中国政府への日本人顧問採用」などが含まれているとするラインシュ駐華公使からの電報を個人的に見せてもらったことを、グレイ外相に報告した[★71]。さらに同日、ジョーダン駐華公使は、日本の要求が全部で「二十一ヵ条」であるという情報をモリソンから入手したことを、グレイ外相に報じた。モリソンからの情報提供は、袁世凱の依頼に基づくもので、「揚子江流域の鉄道権益」「中国政府に財政、軍事顧問を採用する前に必ず日本に相談すること」といった第五号の具体的内容が報知されると共に、「イギリス政府は要求を是認していないだろうと確信している」旨が表明された[★72]。

しかし同日、日本では加藤外相がグリーン駐日大使を呼び、昨五日にフランス、ロシアの駐日大使に日本の要求を内示したという説明を行っていた[★73]。加藤外相は、グリーン大使に対し、「仏露両大使に対しては本件に関し談話せらるるも差支なし」と述べ[★74]、海外では日本の要求内容に関して誤った報道がなされていると説明した[★75]。グリーン大使は、さっそくフランス、ロシアの駐日大使と会談し、日本の要求内容を確認したが、両国に手渡された日本の覚書は、既にイギリスに渡されていたものと同一であった[★76]。八日には、日置駐華公使からジョーダン公使に対して覚書が手交され、日本の要求は前に内示されたとおり、満州、山東半島を中心とするものであるという説明がなされた[★77]。グレイ外相は、日本側による一連の説明を受け入れ、二月八日に、スプリング・ライス駐米大使に対して「アメリカの情報は誇張されている」「国務長官は日本から直接情報を入手すべきである」と伝えた[★78]。

このように、イギリス政府は基本的に同盟国日本からの情報を信頼し、それに基づいて行動しようとしていた。しかし、加藤外相による説明は第五号の存在を秘匿した明白な嘘であり、まもなくそれは露呈する運命にあった。

8 暗礁に乗り上げた交渉

二十一ヵ条要求に関する日中交渉は二月二日に開始され、五日には第二回会議が行われていたが、会議日程や議論の方法をめぐって日中の主張が鋭く対立し、交渉はなかなか進展しなかった。

このような中で中国政府は、国内外の反日世論を醸成し、列強の干渉を招来するため、さらなる攻勢に出た。二月九日、中国の若手外交官・顧維鈞(外交部参事、コロンビア大学で博士号を取得)がジョーダン公使を訪問し、日本は列強に要求の全文を伝えていないと考えられると語った。顧維鈞が「非公式に」伝えたところによれば、日本の要求は五部に分かれ、二十一ヵ条から成り、「揚子江の鉄道権益」「日中警察の合同」「武器の共同購入」といった内容が含まれるとされた。顧は、この情報が日本から提出された文書に基づくと言明した。ジョーダンはこの情報を鵜呑みにしなかったものの、前のモリソンやロシア公使の情報と併せ、留意せざるを得なかった[★79]。

第五号の内容が徐々に漏洩していることは、日本政府も察知していた。本野一郎駐露大使は、中国からロシアに「種々の風説」が伝えられているということを、二月二日に加藤外相に報じていた〔★80〕。井上駐英大使は、日本が「支那に於ける顧問官及鉱山採掘権独占」といった広範な要求を提出したという「誤報」がイギリス外務省に存在していることを、五日に加藤外相に報告していた〔★81〕。二月八日には日置駐華公使が、各種の情報を総合すれば、ジョーダン公使は既に薄々第五号の存在に気づいているのではないかと指摘し、加藤外相に注意を促した。日置は同日に亀井陸良と面会し、『タイムズ』や『デイリー・テレグラフ』の特派員が、日本の要求に強硬な反対意見を表明しようとしているという情報も入手し、加藤外相に伝えている〔★82〕。従来日本に好意的だった『タイムズ』にまで日本批判の動きが広まっているという知らせは、加藤にとって大きな痛手となったことであろう。

事ここに至り、加藤外相は第五号の存在を自ら列強に通知する必要があると覚悟を決めた。二月九日、加藤外相は『タイムズ』の中国特派員フレイザーと面会し、ついに第五号の存在を明かした。フレイザーはこれを直ちにグリーン大使に伝えた。グリーンは驚愕し、翌日加藤外相を訪問し、やや興奮した態度で、内示を受けた以外の条項があったため「本使は甚だ具合悪しき地位に立てり」と抗議した。しかしもはや引くに引けない状態になっていた加藤は、「要求」と「希望」は異なる、「何等貴国の権利利益に関係することに非ざる故特に御話せざりし迄のことなり」と冷淡な説明に終始した〔★83〕。失望したグリーンは、グレイ外相に以下のように報告した〔★84〕。

「彼〔加藤〕は、日本が中国に要求している権益について、イギリスが同じような状況にいれば日本に相談するのと同様に説明する義務があるとは感じていない」。

日本の要求に関する様々な噂を打ち消してきたグリーン大使からすれば、まさに裏切られた気分であっただろう。加藤は、ロシアのマレフスキー大使にも説明を行ったが、それは「可なり明瞭を欠くもの」と受け止められた[★85]。

『タイムズ』の中国および日本特派員の中には、日本の要求を「希望条項」を含めて正確に報じようという動きがあった。しかし、まだ第五号の正確な内容が不明だったためであろう、『タイムズ』本社は中国特派員から送られた原稿の中から第五号に関連する部分を削除し[★86]、日本の要求を支持する記事を二月一三日に掲載した[★87]。中国では、この記事を見て激しい反発が起こった。ジョーダン公使やモリソンも、この記事に批判の目を向けた[★88]。他方で、日本の新聞各紙は『タイムズ』の記事を大々的に掲げ、日本側の要求の正当性を喧伝した[★89]。

ここで袁世凱は、さらなる手を打った。蔡廷幹を通してモリソンに二十一ヵ要求全文の翻訳を渡したのである[★90]。モリソンはすぐさまこれをジョーダン公使に伝え、ジョーダンも直ちにグレイ外相に報告した[★91]。グレイ外相は第五号の存在を確認すると、それが存在しないことを前提としてきたそれまでの対応を見直し、日本の要求が日英同盟の目的と矛盾しないよう求めていくことにした。この後イギリスからの牽制は、日本の動きを縛る一つの要因となり、欧米とりわけアメリカの対日批判に力を得た中国は、要求への抵抗を粘り強く継続していった[★92]。こうして、日本の要求提出後ちょうど一カ月を経て、加藤外相が当初思い描いていた秘密交渉、早期決着、列強の承認というシナリオは全て崩れ、日中交渉は新たな局面に入ることになった。以後加藤は、国内外からの様々な批判にさらされながら、交渉決裂という最悪の事態を回避することに重点を置きつつ交渉を続け、最終的には第五号を削除した上で、最後通牒によって辛うじて要求の主要部分を受諾させることになるのである。

9 二十一ヵ条要求への新視点

ここまで、二十一ヵ条要求をめぐる加藤高明外相の外交指導について検討してきた。加藤外相の外交指導は、いかにも拙劣であった。とりわけ、過大な要求を第五号として盛り込んだこと、第五号の取り扱い方針に一貫性を欠いたこと、第五号を秘匿し、欧米からの強い不信感を招いたことが大きな問題であった。二十一ヵ条要求の問題点について、当時北京公使館書記官として実際に外交交渉に従事した出淵勝次は、後に以下のように振り返っている[★93]。至当な評価であろう。

「一言にして云へば小間物屋の様に大小二十一箇条の要求を竝べ、交渉上重点を置くべきものと然らざるものとを区別することなく、且つ各国への内示方法及び宣伝方法を誤ったことは、二十一箇条問題失敗の基であって、如何にひいき眼に見るも、外務省の用意足らざる所あったと云はなければならぬ」

本稿では、加藤外相の外交指導を検討するにあたり、従来重視されてこなかった新しい視点を設定した。第一に、第五号の作成過程をはじめとする日本国内の動きに注目した。二十一ヵ条要求に第五号が盛り込まれた背景には、日本国内の諸勢力からの巨大な「対外進出圧力」があった。要求提出前には、陸軍などから実に様々な要求が外務省に持ち込まれており、政治基盤が弱体な大隈内閣、加藤外相がそれをさばくのは困難であった。陸軍を抑える政治力を持っていたのは山県有朋、井上馨ら元老であったが、加藤外相は外交一元化に固執して元老と積極的にコミュニケーションを取ろうとせず、元老の側も、最後通牒提出の直前こそ第五号削除に動いたものの、それ以前には自ら進んで動こうとはしなかった。また、加藤外相が議会やメディアから強い批判を浴びたことはよく知られているが、その批判にはより強硬な措置を求めるものが少なくなく、良識ある政治学者の吉野作造でさえ、第五号の削除を「遺憾」と評していた[★94]。二十一ヵ条要求をめぐる加藤外相の過誤の背景として、このような国内の政治状況があったことは、銘記されるべきである。

第二に、二十一ヵ条要求に対する袁世凱政権の主体的対応に着目した。加藤外相は、一九〇五年の日清条約締結の先例を念頭に置いて、秘密交渉、早期解決を目指したが、辛亥革命を経て、ナショナリズムが強まっていた中国は、もはや日本や列強の進出に対して受け身の存在ではなかった。袁世凱政権は、交渉を遷延しつつ、陸徵祥、顧維鈞、蔡廷幹といった欧米への留学・駐在経験者を活用して、中国内外の反日世論を醸成した。列強からの干渉を誘引するという目標こそ達成できなかったものの、袁世凱政権は、アメリカからブライアン声明を引き出すなど、欧米の対日批判を煽ることに成功し、それが第五号の削除という一定の外交成果につながった。先行研究では強調されてこなかったことであるが、二十一ヵ条要求に対する袁世凱政権の抵抗策はかなり巧みなものであったと評価できよう。

第三に、二十一ヵ条要求をめぐる外交交渉を「外交戦」であると同時に「情報戦」でもあったと捉え、メディアやジャーナリストの動向を分析した。日本は、二十一ヵ条要求の提出後に厳しい報道規制を行い、国内メディアからの批判を封じた。他方で中国政府は、日本政府が秘匿を求めた第五号の情報を含め、同要求の情報を中国国内のメディアに積極的に流し、ジャーナリスト梁啓超に働きかけるなど、反日世論を醸成した。また、モリソン、ムーアや中国に好意を寄せる欧米のジャーナリストに情報を漏洩して、欧米メディアの日本批判をも醸成した。『タイムズ』など一部のメディアは日本に好意的な報道を行ったが、日本の欧米メディアに対する対処は概して不十分で、有効な反論をなし得なかった。海外メディアからの日本批判は、やがて中国批判や大隈内閣批判という形で、日本のメディアに環流していくことになる。

本稿では、第五号の存在が明らかになった後、交渉が妥結に至った過程については触れ得なかった。新聞各紙の論調の変化、知識人の反応など、論じ残した点も少なくない。これらについては、稿を改めて論じることにしたい。

註

★1——二十一ヵ条要求という名称は、中国が日本の要求の過大さを喧伝する中で定着していったものであり、正式名称ではない。本稿の問題関心からすると、この名称の変遷自体も検討対象とすべきところであるが、紙幅の都合により、検討は別稿に譲る。

★2——本庄比佐子編『日本の青島占領と山東の社会経済1914-22年』財団法人東洋文庫、二〇〇六年。

★3——川島真「関係緊密化と対立の原型——日清戦争後から二十一カ条要求まで」劉傑、三谷博、楊大慶編『国境を越える歴史認識』東京大学出版会、二〇〇六年。

★4——もっとも、日本は二十一ヵ条要求以後一貫して大陸への膨張に突き進んだ訳ではない。日本は、一九二〇年代には対英米協調と大陸進出の抑制に努め、ワシントン体制と称される比較的安定した国際秩序が形成されたのであり、二十一ヵ条要求が「日中関係の転換点」となったという評価には、一定の留保が必要である。この点については、服部龍二「日本の大陸拡張政策と中国国民革命運動」『第一期「日中共同歴史研究」報告書』二〇一〇年、http://www.mofa.go.jp/mofaj/area/china/rekishi_kk.htmlを参照。

★5——二十一ヵ条要求に関する古典的研究としては、外交交渉を包括的に検討した堀川武夫『極東国際政治史序説』有斐閣、一九五八年、日中関係史の文脈で検討した臼井勝美『日本と中国』原書房、一九七二年、日英関係史の文脈で検討したPeter Lowe, *Great Britain and Japan*, Macmillan, 1969、概説としては、イアン・ニッシュ（宮本盛太郎監訳）『日本の外交政策1869-1942』ミネルヴァ書房、一九九四年、第五章、島田洋一「対華二十一ヵ条要求問題」大久保利謙他編『第一次世界大戦と政党内閣』山川出版社、一九九七年、拙稿「加藤高明親英派外交家の栄光と挫折」佐道明広他編『人物で読む近代日本外交史』吉川弘文館、二〇〇九年が挙げられる。

★6――二十一ヵ条要求に対するイギリス政府の反応については、既にピーター・ロウ氏の研究によって詳細に明らかにされている(Peter Lowe, *Great Britain and Japan*)。本稿は、同氏の研究に多くを負いつつ、同氏が活用していない日本側の史料、「モリソン文書」などによって、従来十分に解明されていない第五号の漏洩過程やメディアの動向を明らかにすると共に、それを交渉全体の中に位置づけるものである。

★7――一九一五年一月二〇日付加藤外相宛日置公使電報(『日本外交文書』大正四年第三冊上巻)。

★8――一九一四年一二月三日付日置公使宛加藤外相公信(『日本外交文書』大正三年第三冊)。

★9――漢冶萍公司の合弁化は、第二次西園寺内閣時に一度日中間で合意に達したにもかかわらず、中国側によって撤回された経緯があり、日本側が再び資本参加を模索する状況にあった(前掲、臼井勝美『日本と中国』一一一-一五頁)。

★10――伊藤正徳編『加藤高明』下巻、加藤高明伯伝記編纂委員会、一九二九年、一三二-一四七頁。

★11――もっとも、返還後には山東半島を開放し、日本の専管居留地を設けることが絶対条件とされていた。

★12――一九一五年一月一一日、二月一六日付付加藤外相宛日置公使電報(『日本外交文書』大正四年第三冊上巻)。

★13――例えば、東亜同志会「我国が中国より獲得するを要する権利に関する意見書」、在北京町田陸軍中将「欧州大戦に当り我国が中国に於て獲得すべき事項に関する意見書」、対支聯合会「対支根本政策に関する意見書」(『日本外交文書』大正三年第二冊)、松本忠雄『大正四年日支交渉録』増補三版、清水書店、一九二一年、増補四四-四八頁を参照。

★14――北岡伸一「二十一ヵ条再考――日米外交の相互作用」『年報近代日本研究』七号、一九八五年。

★15――一九一五年二月一六日付日置公使宛加藤外相電報(『日本外交文書』大正三年第三冊)。

★16――島田洋一「対華二十一ヵ条要求」『政治経済史学』二五九、二六〇号、一九八七年一一、一二月。

★17――前掲、伊藤正徳編『加藤高明』下巻、二〇五~二〇七頁、「男爵若槻礼次郎談話速記」広瀬順晧編『政治談話速記録』八巻、ゆまに書房、一九九九年、二五七-二六一頁。

★18――二十一カ条要求案の取りまとめに際しては、小池が中心的な役割を果たしたことが知られているが、小池が加藤外相の意図を外れて行動したとは考えにくい。小池は、加藤の駐英公使・大使時代の部下で、第四次伊藤博文内閣で外相秘書官に抜擢されるほど、加藤から信頼されていた。小池は一九一六年に退官したが、その後も加藤との親交は途絶えておらず、小池が一九二一年に四九才の若さで死去すると、加藤はその墓碑文を書いている（東亜同文会編『対支回顧録』下巻、対支功労者伝記編纂会、一九三六年、一二六八－一二七〇頁）。

★19―島田洋一「「二十一ヵ条要求」と山県有朋」『法学論叢』一一七巻六号、一九八五年九月。

★20―小幡酉吉伝記刊行会『小幡酉吉』小幡酉吉伝記刊行会、一九五七年、九五－九六頁。

★21―拙著『加藤高明と政党政治』山川出版社、二〇〇六年、三八－三九頁、七〇－七一頁、七七頁、八三－八四頁。

★22―一九一四年（推定）一一月一三日付川上親晴（警視総監）宛加藤高明書翰（小原騮馬編『西南秘史　川上親晴翁伝』鹿児島県加治木町史談会、一九四二年、二七四頁）。

★23―前掲、拙著『加藤高明と政党政治』第三章、櫻井良樹『辛亥革命と日本政治の変動』岩波書店、二〇〇九年、第三部。

★24―神田正雄「欧洲大戦の時局に際し我方の執るべき対支政策に関する意見」、黒竜会「対支問題解決意見」、小川平吉「対支外交東洋平和根本策」など（『日本外交文書』大正三年第二冊）。

★25―二十一ヵ条要求と陸軍の関わりについては、山本四郎「参戦・二十一ヵ条要求」『史林』五七巻四号、一九七四年五月、小林道彦「世界大戦と大陸政策の変容――一九一四～一六年」『歴史学研究』六五六号、一九九四年三月を参照。

★26―一九一四年八月一六日付岡市之助宛明石元二郎書翰（「岡市之助関係文書」国立国会図書館憲政資料室所蔵）。

★27―前掲、小幡酉吉伝記刊行会『小幡酉吉』九六頁。

★28―福田雅太郎陸軍少将「日支協約案要領」（一九一四年八月七日付）、大島健一「欧洲戦乱の帰趨と我対華政策に関する件」（一九一四年八月二四日）、一九一四年一一月五日付加藤外相宛中村関東都督電信（『日本外交文書』大正三年第二冊）。

★29―中塚明『日清戦争の研究』青木書店、一九六八年、二八六－二八七頁、伊藤正徳編『加藤高明』上巻、加藤高明伯伝記編纂委員会、一九二九年、二四六－二四九頁。

★30―ウッドハウス暎子『日露戦争を演出した男モリソン』上、東洋経済新報社、一九八八年、四～四七頁、前掲、伊藤正徳編『加藤高明』上巻、四〇二－四四七頁。

★31——外務省編『小村外交史』原書房、一九六六年、第八章第九節。

★32——前述の二月一六日に閣議決定した修正案は、そのことを示唆している(前掲、一九一五年二月一六日付日置公使宛加藤外相電報)。

★33——曹汝霖(曹汝霖回想録刊行会編訳)『一生之回憶』鹿島研究所出版会、一九六七年、七一－七三頁。

★34——神田正雄「日支交渉側面観」(二)(『東京朝日新聞』一九一五年四月二五日)。

★35——袁世凱政権の二十一ヵ条要求に対する抵抗が巧妙なものであったということは、アーネスト・ヤング氏も指摘している(アーネスト・P・ヤング[藤岡喜久男訳]『袁世凱総統「開発独裁」の先駆』光風社出版、一九九四年、二四一－二四九頁)。

★36——曹汝霖によれば、この解任は、孫の交渉方法に対する袁の不信任が原因であった(前掲、曹汝霖『一生之回憶』七四頁)。

★37——一九一五年一月二九日、二月三日付加藤外相宛日置公使電報(『日本外交文書』大正四年第三冊上巻)。陸徴祥については、馮青「陸徴祥と民初の外政機構改革(一九一二～一六)」『史艸』四三号、二〇〇二年一一月を参照。

★38——一九一五年一月二九日付加藤外相宛有吉明上海総領事電報、二月一日付加藤外相宛日置公使電報(『日本外交文書』大正四年第三冊上巻)。

★39——『申報』一九一五年一月二八日。

★40——『大阪朝日新聞』一九一五年二月四日、五日。神田正雄「大正四年日支交渉資料」慶應義塾望月基金支那研究会編『支那研究』岩波書店、一九三〇年、二〇六－二〇七頁。梁啓超が二十一ヵ条要求受諾後に行った日本批判については、陳立新『梁啓超とジャーナリズム』(芙蓉書房出版、二〇〇九年)二四五－二四八頁を参照。

★41——同右、一九一五年二月五日付加藤外相宛日置公使電報(『日本外交文書』大正四年第三冊上巻)、神田正雄「日支交渉側面観」(五)(『東京朝日新聞』一九一五年四月二八日)。

★42——社説「梁氏の対日論を評す」(『大阪朝日新聞』一九一五年二月五日)、社説「支那人の冷静を要す」(『東京日日新聞』同日)。

★43——前掲、神田正雄「大正四年日支交渉資料」二〇五頁。

★44——『東京朝日新聞』『大阪朝日新聞』一九一五年一月二三日(号外)。

★45――一九一五年一月二三日付日置公使宛加藤外相電報（『日本外交文書』大正四年第三冊上巻）。

★46――山本忠士氏は、朝日新聞社は取り消しを予想しながら、確信犯的にこの号外を出した可能性があると指摘している（同「大正期日本の海外特派員報道――「21か条要求」交渉と東京朝日新聞を中心に」『日本大学大学院総合社会情報研究科紀要』四号、二〇〇三年、八九―九〇頁）。なお、朝日新聞社は二十一ヵ条要求に関しては一貫して強硬論で、この後、要求貫徹の論陣を張っていった（後藤孝夫『辛亥革命から満州事変へ 大阪毎日新聞と近代中国』みすず書房、一九八七年、八七―九九頁）。

★47――前掲、一九一五年一月二三日付日置公使宛加藤外相電報。

★48――*New York Times*, 1915.1.27

★49――出淵勝次氏述「二十一箇條問題」（昭和十四年十月）広瀬順皓編『近代外交回顧録』第四巻、ゆまに書房、二〇〇〇年六月、二〇二―二〇三頁、前掲、神田正雄「大正四年日支交渉資料」二一〇―二一二頁。

★50――『大阪朝日新聞』一九一五年一月二九日、二月三日、四日、『東京日日新聞』同年一月二十九日、二月七日。

★51――前掲、神田正雄「大正四年日支交渉資料」二一〇頁。

★52――*Times*, 1915.1.30

★53――加藤外相は、駐英公使・大使時代に『タイムズ』に親日的報道を積極的に働きかけ、成功を収めていた（前掲、拙著『加藤高明と政党政治』四二―四三頁、八一―八二頁、拙稿「アーネスト・サトウの日本政治観――一八九五―一九〇〇年」『法学論叢』一五六巻三・四号、二〇〇五年一月、拙稿「チャールズ・エリオットと第一次大戦後の日本政治――一九一八～一九二六年」『法学論叢』一五八巻五・六巻、二〇〇六年三月、拙稿「イギリスから見た伊藤博文統監と韓国統治」伊藤之雄・李成煥編著『伊藤博文と韓国統治』ミネルヴァ書房、二〇〇九年）。

★54――Cyril Pearl, *Morrison of Peking*, Penguin Books, 1970, p307.

★55――Woodhouse Eiko, *The Chinese Hsinhan Revolution*, RoutledgeCurzon, 2004. 第一次大戦期のモリソンの活動については、Ian Nish, "Dr. Morrison and China's Entry into the World War, 1915-1917" in R. Hatton and M.S.Anderson eds. *Studies in Diplomatic History*, Archon Books, 1970も参照。

★56――Memorandum by Geoge Morrison, 1915.1.28, Morrison Papers, Mitchell Library, State library of New South Wales,

Sydney.

★57——Morrison's Diary, 1915.2.4, Morrison Papers.

★58——A letter from Tsai Ting-Kan (蔡廷幹) to Morrison, 1915.2.5, Morrison Papers.

★59——Memorandum by Geoge Morrison, 1915.2.5, Morrison Papers.

★60——Paul Samuel Reinsch, *An American Diplomat in China*, Doubleday, Page & co., 1922, pp.129-149.

★61——一九一五年一月二二日付加藤外相宛井上大使電報(『日本外交文書』大正四年第三冊上巻)。

★62——Greene to Grey, 1915.1.25, FO371/2322, The National Archives, London.

★63——Chan Lau Kit-Ching, *Anglo-Chinese Diplomacy 1906-1920*, Hong Kong University Press, 1978.

★64——Jordan to Grey, 1915.1.29, FO371/2322.

★65——この点については、Peter Lowe, *Great Britain and Japan*, pp.229-230も参照。

★66——バールィシェフ・エドワルド『日露同盟の時代　1914〜1917年——「例外的な友好」の真相』花書院、二〇〇七年、一〇六–一二六頁。

★67——Greene to Grey, 1915.2.8, FO371/2322.

★68——北岡伸一氏は、二十一ヵ条要求を「古典的帝国主義外交の秘術を尽くした外交であった」と評価している(前掲、北岡伸一「二十一ヵ条再考」)。しかし、以下で見ていくように、第五号にはイギリス、ロシアも反発を示しており、「古典外交」の基準に照らしても是認し得ないものであった。

★69——Buchaman to Grey, 1915.2.3, FO371/2322. サゾーノフ外相は、フランスの駐露大使にも同様のことを伝えている。

★70——Grey to Greene, 1915.2.4, FO371/2322.

★71——Spring-Rice to Grey, 1915.2.4, FO371/2322.

★72——Jordan to Grey, 1915.2.6, FO371/2322.

★73——アメリカの駐日大使に対する説明は、国務長官が旅行中という事情のため、二月九日になされた。

★74——一九一五年二月六日、加藤外務大臣在本邦英国大使会談(『日本外交文書』大正四年第三冊上巻)。

★75——Greene to Grey, 1915.2.6, FO371/2322.

★76—Greene to Grey, 1915.2.7, 2.8, FO371/2322.

★77—Jordan to Grey, 1915.2.8, FO371/2322.

★78—Grey to Spring-Rice, 1915.2.6, FO371/2322.

★79—Jordan to Alston, 1915.2.10, FO371/2322. 顧維鈞と第一次大戦の関わりについては、Stephen G. Craft, *V.K.Wellington Koo and the Emergence of Modern China*, The University Press of Kentucky, PP.30-60を参照。

★80—一九一五年二月二日付加藤外相宛本野大使電報（『日本外交文書』大正四年第三冊上巻）。

★81—一九一五年二月六日付加藤外相宛井上大使電報（『日本外交文書』大正四年第三冊上巻）。

★82—一九一五年二月八日付加藤外相宛日置公使電報（『日本外交文書』大正四年第三冊上巻）。

★83—一九一五年二月一〇日、加藤外務大臣在本邦英国大使会談（『日本外交文書』大正四年第三冊上巻）。

★84—Greene to Grey, 1915.2.10, FO371/2322.

★85—吉村道男『増補　日本とロシア』日本経済評論社、一九九一年、一八八頁。

★86—一九一五年二月一三日付加藤外相宛井上大使電報（『日本外交文書』大正四年第三冊上巻）。本多熊太郎（当時駐英大使館参事官）は、『タイムズ』主筆が本多の私宅を訪れ、第五号が存在するという北京からの電報の真否を尋ねてきたので、明白に否定したという談話を残しているが、これは二月一〇～一二日頃のことであろう。この一件のため、井上駐英大使と本多はイギリスに対して大いに面目を失うことになった（井上馨侯伝記編纂会『世外井上公伝』第五巻、内外書籍、一九三三年、附録二一六－二一七頁）。

★87—Times, 1915.2.13. 同日には、フランスの高級紙『ル・タン』も日本を擁護する論調の記事を掲げた（Bertie to Grey, 1915.2.13, FO371/2322）。

★88—Jordan to Grey, 1915.2.16, FO371/2322, A letter from Morrison to Tsai Ting-Kan（蔡廷幹）, 1915.2.16, Morrison Papers.

★89—『大阪朝日新聞』『東京日日新聞』一九一五年

★90—Morrison's diary, 1915.2.15, A letter from Morrison to Tsai Ting-Kan（蔡廷幹）, 1915.2.15.

★91—Jordan to Grey, 1915.2.16, FO371/2322, Jordan to Grey, 1915.2.16, FO371/2323.

★92—アメリカからの批判については、前掲、北岡伸一「二十一ヵ条再考」、高原秀介『ウィルソン外交と日本　理想と現実の間　1913‐1921』創文社、二〇〇六年、第一章を参照。

★93――前掲、出淵勝次氏述「二十一箇條問題」二一六‐二一七頁。

★94――この点については、拙稿「吉野作造と二十一ヵ条要求」(『吉野作造研究』六号、二〇一〇年六月)を参照。

参考文献

伊藤正徳編『加藤高明』下巻、加藤高明伯伝記編纂委員会、一九二九年

井上馨侯伝記編纂会『世外井上公伝』第五巻、内外書籍、一九三三年

臼井勝美『日本と中国』原書房、一九七二年

ウッドハウス暎子『日露戦争を演出した男モリソン』上、東洋経済新報社、一九八八年

エドワルド、バールィシェフ『日露同盟の時代　1914～1917年――「例外的な友好」の真相』花書院、二〇〇七年

小幡西吉伝記刊行会『小幡西吉』小幡西吉伝記刊行会、一九五七年

外務省編『小村外交史』原書房、一九六六年

川島真「関係緊密化と対立の原型――日清戦争後から二十一ヵ条要求まで」劉傑、三谷博、楊大慶編『国境を越える歴史認識』東京大学出版会、二〇〇六年

神田正雄「大正四年日支交渉資料」慶應義塾望月基金支那研究会編『支那研究』岩波書店、一九三〇年

北岡伸一「二十一ヵ条再考――日米外交の相互作用」『年報近代日本研究』七号、一九八五年

後藤孝夫『辛亥革命から満州事変へ　大阪毎日新聞と近代中国』みすず書房、一九八七年

小林道彦「世界大戦と大陸政策の変容――一九一四～一六年」『歴史学研究』六五六号、一九九四年三月

小原騮馬編『西南秘史　川上親晴翁伝』鹿児島県加治木町史談会、一九四二年

櫻井良樹『辛亥革命と日本政治の変動』岩波書店、二〇〇九年

島田洋一「『二十一ヵ条要求』と山県有朋」『法学論叢』一一七巻六号、一九八五年九月

――「対華二十一ヵ条要求」『政治経済史学』二五九、二六〇号、一九八七年一一、一二月

――「対華二十一ヵ条要求問題」大久保利謙他編『第一次世界大戦と政党内閣』山川出版社、一九九七年
曹汝霖（曹汝霖回想録刊行会編訳）『一生之回憶』鹿島研究所出版会、一九六七年
高原秀介『ウィルソン外交と日本　理想と現実の間　1913－1921』創文社、二〇〇六年
陳立新『梁啓超とジャーナリズム』芙蓉書房出版、二〇〇九年
出淵勝次氏述「二十一箇條問題」（昭和十四年十月）広瀬順晧『近代外交回顧録』第四巻、ゆまに書房、二〇〇〇年六月
東亜同文会編『対支回顧録』下巻、対支功労者伝記編纂会、一九三六年
中塚明『日清戦争の研究』青木書店、一九六八年
奈良岡聰智『加藤高明と政党政治』山川出版社、二〇〇六年
――「アーネスト・サトウの日本政治観――一八九五～一九〇〇年」『法学論叢』一五六巻三・四号、二〇〇五年一月
――「チャールズ・エリオットと第一次大戦後の日本政治――一九一八～一九二六年」『法学論叢』一五八巻五・六巻、二〇〇六年三月
――「イギリスから見た伊藤博文統監と韓国統治」伊藤之雄・李成煥編著『伊藤博文と韓国統治』ミネルヴァ書房、二〇〇九年
――「加藤高明　親英派外交家の栄光と挫折」佐道明広他編『人物で読む近代日本外交史』吉川弘文館、二〇〇九年
――「吉野作造と二十一カ条要求」『吉野作造研究』六号、二〇一〇年六月
ニッシュ、イアン（宮本盛太郎監訳）『日本の外交政策1869－1942』ミネルヴァ書房、一九九四年
服部龍二「日本の大陸拡張政策と中国国民革命運動」『第一期「日中共同歴史研究」報告書』二〇一〇年、http://www.mofa.go.jp/mofaj/area/china/rekishi_kk.html
馮青「陸徴祥と民初の外政機構改革（一九一二～一六）」『史艸』四三号、二〇〇二年一一月
広瀬順晧編『近代外交回顧録』第四巻、ゆまに書房、二〇〇〇年六月
――『政治談話速記録』八巻、ゆまに書房、一九九九年
堀川武夫『極東国際政治史序説』有斐閣、一九五八年
本庄比佐子編『日本の青島占領と山東の社会経済1914－22年』財団法人東洋文庫、二〇〇六年

松本忠雄『大正四年日支交渉録』増補三版、清水書店、一九二一年
山本四郎「参戦・二一ヵ条要求」『史林』五七巻四号、一九七四年五月
山本忠士「大正期日本の海外特派員報道――「21か条要求」交渉と東京朝日新聞を中心に」『日本大学大学院総合社会情報研究科紀要』四号、二〇〇三年
ヤング、アーネスト（藤岡喜久男訳）『袁世凱総統「開発独裁」の先駆』光風社出版、一九九四年
吉村道男『増補　日本とロシア』日本経済評論社、一九九一年
『日本外交文書』大正三〜四年、外務省、一九六五年
『大阪朝日新聞』『東京朝日新聞』『東京日日新聞』『申報』
Chan Lau Kit-Ching, *Anglo-Chinese Diplomacy 1906-1920*, Hong Kong University Press, 1978
Stephen G. Craft, *V.K. Wellington Koo and the Emergence of Modern China*, The University Press of Kentucky
Peter Lowe, *Great Britain and Japan*, Macmillan, 1969
Ian Nish, "Dr. Morrison and China's Entry into the World War, 1915-1917" in R. Hatton and M.S.Anderson eds. *Studies in Diplomatic History*, Archon Books, 1970
Cyril Pearl, *Morrison of Peking*, Penguin Books, 1970
Woodhouse Eiko, *The Chinese Hsinhan Revolution*, RoutledgeCurzon, 2004
New York Times, *Times*

第4章

第一次世界大戦後の中国をめぐる日米英関係

——大国間協調の変容

中谷直司 NAKATANI Tadashi

1 大戦の終結と日中関係の決裂

一九一八年一一月の第一次世界大戦の終結は、主戦場から遠くはなれた東アジアの国際政治にとっても転換点となった。ヨーロッパ大国の勢力が大戦によって後退したことによる「力の真空」としての日本の「天佑」(井上馨)[★1]は終わりを告げ、アメリカやイギリスが日本との戦時協力の必要性から解放されたことで、大戦中の中国での日本の拡張政策の「成果」とその正当性は、厳しい批判にさらされるようになる。一九一九年のパリ講和会議、一九一九—一九二〇年の新四国借款団の結成交渉、そして一九二一—二二年のワシントン海軍軍縮会議と、大戦後の東アジア・太平洋地域の国際秩序を形づくった主要な国際交渉で、つねに最大の争点となったのは中国をめぐる「日本問題」であった。

こうした大戦後の東アジア国際政治の展開を主に準備したのは「新外交」を掲げるアメリカである。ウッドロウ・ウィルソン大統領は、一九一九年一月から始まるパリ講和会議を——ドイツとの終戦処理に限定することを望んでいた日本政府とは対照的に――自身の新しい外交理念に基づき国際政治を大きく改革するためのメインステージと位置づけ、みずからヨーロッパ外交の中心地に乗り込んだのである。

このウィルソンの「新外交」に東アジアで最も強く共鳴したのが中国外交である。ウィルソンが講和の原則として一九一八年一月に発表した「十四ヵ条」では、「民族自決の原則、経済障壁の撤去、軍備縮小、国際紛争の平和的解決」などがうたわれていたが[★2]、こうした「原則」を援用して、日本が大戦勃発直後に占領していた山東半島の旧ドイツ権益を「ドイツから中国へ」直接返還させることはもとより、租借地の返還や関税自主権の回復など、広範な要求を講和会議で行う意思を中国全権団は固めていた。またアメリカ代表団の有力者や極東専門家が、こうした中国側の姿勢を盛んに励ましていた[★3]。ウィルソン自身も中国全権のリーダー格であった顧維鈞駐米公使に対して、中国の援助に最善をつくすと述べている[★4]。国内では「十四ヵ条」演説の翻訳がベストセラーになるなど、中国社会のウィルソンへの期待は限りなく高まっていた[★5]。対して日本政府の主張は、いったん講和会議で「ドイツから日本へ」の無条件譲渡が認められたのちに、山東鉄道の日中合弁事業や専管居留地の設置などの経済的権益を日本の手元に残した上で、膠州湾租借地などの「政治的」権益は中国に返還する「間接還附」案であった。

段祺瑞や曹汝霖など北京政府の有力者は日本との対決を回避して、一般的な不平等条約の修正のみを提起すべきだと考えており、パリへの途上に日本に立ち寄った首席全権の陸徴祥外交総長も、このときは内田康哉外相から提案された日中「協調」行動に合意したようである。中国全権のあいだにも、ウィルソンに大幅に依存することに批判的な意見が存在した[★6]。だが、中国世論の高揚した期待感とアメリカ代表団のきわめて好意的な対中態度は、日本との全面対決を中国全権に選択させる。講和会議で顧維鈞らは、山東権益の「ドイツから日本へ」の無条件譲渡を認めている一九一五年の日中条約（二十一ヵ条交渉のすえ締結）は「強制と脅迫によるもの」であったとその有効性を事実上否定し、「ドイツから中国へ」の直接返還を主張したのである[★7]。しかし、その結果中国の全権と世論が目にしたのは、山東権益の日本への無条件譲渡を明記した講和条約であった。

一九一五年の日中条約を否定する中国全権の講和会議戦術は、それがどれほど正当なものであれ、日本側の一方的な譲歩あるいは「外交的敗北」がない限り達成不可能なものであった。条約中では、日本にとって山東よりもはるかに重要性が高い南満州権益の租借期限の延長も約されていたからである。膠州湾租借地の中国への返還がすでに日本政府によって宣言されていたこと、また牧野伸顕を中心とする日本全権がウィルソンの求めに応じて中国への「間接還附」の条件を中国に有利な形で相当限定したことを考えると、大戦中の大陸政策の成果を事実上すべて放棄することを日本に要求する顧維鈞らのあまりに高い目標は、実際以上に中国外交の敗北感を強める結果を招いてしまった[★8]。五・四運動として爆発した強烈な中国世論の「支持」を背景に、日本の要求を形式上はそのまま認めた講和条約への調印を中国全権が拒んだのは、そのハイライトである[★9]。

さらに、日本との交渉の可能性をはじめから排除したことは、休戦の約一カ月前に発足した原敬内閣による日本外交の変化を認識する機会を、中国外交から少なからず奪うことになる。対米協調を重視する原は、大戦中のアメリカとの関係悪化の最大の原因であった中国政策の見直しを組閣直後から始めていた[★10]。しかし、一九一九年六月の講和条約成立後、山東権益の「日本から中国へ」の間接還附のために日中が直接交渉を持つのは、一九二一年一一月に始まるワシントン会議まで待たねばならない。そのあいだ中国側は、日本政府からの幾度かの要請にかかわらず、日本との直接交渉を回避し続けるのである。

もちろんこうした厳しい対日態度を中国外交にとらせた原因の多くは、大戦中の日本の中国政策にあった。中国国民のナショナル・アイデンティティの形成に第一次大戦が非常に大きな影響を及ぼしたことを論じた中国近現代史家のシュ・グゥオチは、日本が山東半島を占領した当初（一九一四年一一月）は限られたエリート層のアイディアにとどまっていた、①山東に関する日中直接交渉の回避と、②講和会議への参加による中国の国際的地位の向上という二つの政策構想が、二十一ヵ条要求（一九一五年一月）を契機として広く政府内と知識人層に広まり、中国外交のいわばフレームワーク——本章では、外交政策上の基本的な目標や価値観、問題意識という意味で用いる——となったことを指摘している。こうした政策方針は大戦中の中国政府（一九一七年九月の南北分裂以降は北京政府）の存続が日本の借款や軍事援助に大幅に依存していたため、すぐに顕在化することはなかった（段祺瑞らの日中「協調」の指示は、その延長線上にあったといえよう）。しかしシュの議論にたてば、日本を主要な標的として、中国の国際的地位の向上をはかるという大戦後の中国外交の基本方針は、アメリカの「新外交」攻勢やパリでの「外交的敗北」への突発的な反応というだけでなく、日本による二十一ヵ条の心理的衝撃をいわば焦点としてすでに大戦初期に形成されていたことになる[★11]。

また、顧維鈞らの講和会議方針やその後の直接交渉の回避が一層の「間接還附」条件の緩和と日本の中国政策の変化をもたらした効果も無視できない。北京政府の指導者たちが重視した日中「協調」策が実施されていた場合、東アジア政治での中国の不平等状態あるいは「従属性」がより強化されていた可能性も当然ある[★12]。

ただし、本章の議論にとってここで重要なことは、パリ講和会議での日中外交の決裂と、中国外交の「敗北」に目を奪われるあまり大戦後の中国をめぐる大国間関係の質的な変化を見落とさないことである。もちろん、二十一ヵ条からパリ講和会議までの日中関係の展開が、その後の両国の二国間関係と東アジアの国際政治に与えた影響は、中国外交史家の川島真が鋭く指摘するようにきわめて深刻なものがあった。川島によれば、現代の教科書問題や排日デモにまでつながる日中の「敵対関係」は、まさにこの時期に形成されたのである[★13]。本章では、こうした発達が著しい日中関係史・中国外交史の研究成果と、筆者がこれまで行ってきた当該期の日米関係史研究をふまえて、大戦の終結によって中国の不平等状態を強く規定していた大国間の関係[★14]が同時に大きく変化した事実とその意義を論じる。この大国間関係の変容が、東アジア国際政治での中国の「従属性」の意味を——おそらく中国をはじめとした関係諸国の外交当局者が認識した以上に——変化させたと考えるからであり、この両者の関係を明らかにすることが本章の目的である。

2 日米関係の変化——パリ講和会議

最初に変化が訪れたのは日米関係であり、日中外交の対立が決定的となったパリ講和会議がその出発点となった。大戦終結後のウィルソン政権の東アジア政策の基本的な目標は、大きく三つあった。①大戦中にみられた日本の単独主義的な中国進出を抑制すること、②一九一七年一一月の石井・ランシング協定のような態度の「表明」だけに終始する状態から脱却し、アメリカ外交の具体的な「行動」によって「姉妹共和国」中国の不平等状態を改善して、中国に対する影響力を確保すること、そして③各大国が中国で設定した「勢力範囲」[★15]に基づく大国間の「勢力圏外交」そのものを変革することである。本来、アメリカ外交にとってこの三つの目標は同時に追求されるべきものであり(あるいは同時追求が可能であり)、講和会議当初のアメリカ代表団のきわめて好意的な対中態度と厳しい対日姿勢は、その表れであった。山東問題の交渉が本格的に始まる直前に顧維鈞と会談したウィルソンは、日本側の詳細な説明を受けていないにもかかわらず、顧維鈞の説明でこの問題に関する原則についてははっきりと理解できたので、「これ以上両国から意見を聴取する必要があるとは思わない」と述べていた[★16]。

以上の三つの政策目標と直前までの対中・対日姿勢を考えれば、山東権益の日本への無条件譲渡を認めたウィルソンの行動は、アメリカ外交の全面的な敗北であったといえる。実際に中国全権はもちろんのこと、アメリカ代表団や国務省の政策担当者・外交官のほとんどがそのように考えて、ウィルソンを厳しく非難したのである。しかし、ウィルソンにとって、パリでの対日妥結は、三つの基本目標の放棄ではなく、あくまでもその達成のための苦心に満ちた「政治的決断」であった。

この決断の理由として最も重要であったのはもちろん国際連盟構想の防衛である。日本全権が「断言」していたわけではないが、その要求拒否が日本の講和条約（連盟規約）への不調印にいたることをウィルソンはひどく恐れていた。当時、アドリア海沿岸の都市・フィウメの帰属をめぐってイタリア全権団が講和会議から一時的に脱退しており、もしそこに日本が続けば、連盟構想にとって致命傷となりかねなかった。なお、どこまで本気であったか分からないが――あるいは対日譲歩の正当性を自らに言い聞かせるためだったのか――主治医との私的な会話の中でウィルソンは、日本の調印拒否が、その同盟国イギリスの講和会議脱退にいたる可能性にまで言及している[★17]。

ただしウィルソンの「政治的決断」にとってトレードオフの関係にあったのは、連盟の成立と東アジアへの「新外交」理念の適用ではない。ウィルソンが苦悩したのは、日本の拡張政策の抑制と中国をめぐる「勢力圏外交」の変革に望みを繋ぐために、大戦中の日本の中国政策の成果を全面的に見直すことを求める中国全権の主張を退けることであった。つまりウィルソンは、東アジアへの「新外交」理念の導入を確保するために、東アジア政策の三つの基本目標を同時に追求することをあきらめたのである。

ウィルソンにこの苦しい判断を余儀なくさせたのは、なによりも無条件譲渡の明記をまったく譲ろうとしない日本側の強硬姿勢であった。しかし同時に牧野ら日本全権が、①声明とはいえ山東権益の中国への還附条件を明らかにしたこと、そして②交渉のなかでたびたびウィルソンの「新外交」理念への賛同を表明し、中国における治外法権の撤廃や勢力範囲の廃止に、関係大国の一致を前提として前向きな発言を行ったことは、ウィルソンの「対日譲歩」にとって重要な意味を持った。講和会議での交渉を通じて、中国の不平等状態の「原因」が、日本の拡張政策だけでなく、主要大国すべてからなる国際システムとしての勢力圏外交にあるとの考えを強めていたウィルソンは、最大の障害であるはずの日本の全権が「新外交」への賛同を表明したことで、連盟下での大国間協調を通じた中国問題への取り組みに可能性を見いだしたのである[★18]。「鎖から中国を解放する」ためには「日本だけでなく、イギリス、ロシア、フランスそしてアメリカ」が一致して中国政策を改める必要があった[★19]。

このウィルソンの「政治的決断」を可能にした日本全権の「新外交」への賛同が、そのまま日本外交の「新外交」理念への共鳴・接近を意味したわけではない。また「勢力範囲の廃止」といっても、そこから日本の満州権益が除外されるのは当然の前提であった。だが、単なるリップサービス・交渉戦術だったわけでもなく、講和会議での日本の「新外交」呼応策は、日本外交のフレームワークに本質的な変化が始まりつつあることを示していた。

ウィルソンの「新外交」への対処が日本外交にとってとりわけ困難であったのは、大戦中の中国政策からの転換を迫られたからではない(原内閣による中国政策の転換はすでに始まっていた)。勢力圏外交の原則を否定するウィルソン政権の政治的主張に応えるためには、勢力範囲の相互尊重を基本理念としてきた日本のこれまでの「国際協調」のあり方を否定する必要があったからである。

もちろん、二十一ヵ条や西原借款にみられるように、大戦中の日本外交がこの伝統的な大国間協調の基準に忠実だったわけではない。しかし、その「逸脱」はたびたび外交政策上の大きな争点となり、大戦中から幾度か大国間の「協調主義」への回帰が試みられていた。一九一七年一一月のロシア一〇月革命による「準同盟国」の喪失に衝撃を受けて、西原借款による中国との特殊関係の性急な構築に走るまでの寺内正毅内閣の基本方針が、二十一ヵ条要求や袁世凱打倒工作の反省にたって、「日中親善」と「欧米与国との協調」を掲げていたのはその表れである。大戦による力の真空化は日本外交にとって「千載一遇の大局」(同じく井上馨)となったが、それは決して日本の中国政策にフリーハンドが与えられたことを意味しなかった。そして、このことを井上を含む日本の多くの政治指導者や外政家・外交官は強く意識していた[★20]。

「力の真空」の中にあって、日本の中国政策に対する抑制要因として強く働いたのは、一つにはもちろん大戦半ばまで中立を維持したアメリカの存在である。ただし、それと同時に重要であったのは、大戦後の中国をめぐる勢力圏外交の復活を予想する多くの政治指導者や外交当局者の「フレームワーク」であった。大戦の勝敗の行方を五分五分と考えて、同盟網の多角化のために日露同盟の締結を主張した元老の山県有朋から、日英同盟を基軸とする外務省の首脳陣、そしてアメリカの台頭をいち早く認識していた原敬まで、その内容にはいくつかの無視できない違いがあった。だが、いまだ解消されない日本の国際競争力の「劣位」を厳しく認識した上で、大戦後の欧米勢力の中国再進出に備える必要性が共有されていたことは重要である。こうしたことから、二十一ヵ条要求が中国との関係悪化と国際的な疑念を招いて以降の政府内の政策論争の内容を考えると、日本外交の指導者たちのフレームワークは、同盟国イギリスをはじめとした関係大国との「協調」を重視する、力の真空化以前の「原型」を維持し続けていたと主張することも可能である。少なくとも大戦前の「大国間協調」への回帰を促す契機は、日本外交の中から失われなかった[★21]。

よって勢力圏外交を否定するアメリカの「新外交」に呼応するのであれば、長らく日本外交の基軸であった日英の同盟関係は、形式的に存続したとしても、実質的な機能を大幅に低下させることになる。事実、アメリカの「新外交」に賛意を表明した日本全権の言動は、当時の日本外交の意思決定機関とされていた「臨時外交調査委員会」で、対英協調を定めた政府訓令からの逸脱だと厳しく非難されたのである[★22]。日英同盟にとってロシア帝国の崩壊は主要敵の喪失をたしかに意味していたが、同時に大戦後の中国をめぐる大国間競争の「復活」を考えた場合、日本の少なくとも一部の外交指導者にとってはその価値をむしろ高めるものであった。

しかし、大戦後の日本の「国際協調」外交がその基本路線として選択したのは、アメリカの主張に合わせて「勢力圏外交」の枠組みを否定すると同時に、安全保障上の意味が大きい満州の権益については、おもに経済的な権益からなるイギリスなど他の大国の勢力範囲とは異なる「特殊権益」だとしてその存在を正当化することであった。

3 日英関係の変化――新四国借款団の結成交渉

大戦後に進んだ日本外交のフレームワークの変化は、パリ講和会議につづく日米英仏を対象とする新四国借款団の結成交渉をみれば一層明らかとなる。この国際交渉で最も問題となったのは、これまでの対華国際借款団では管轄外であった実業借款(中国政府の鉄道建設などが対象)をその共同事業に包含することであった。そのためには各国が条約上あるいは慣行上、中国の各地域で保有もしくは主張していた実業借款の優先権を新借款団に譲渡する必要があり、それはすなわち勢力範囲の事実上の撤廃を意味すると考えられたからである。

新四国借款団については、南満州と東内蒙古（満蒙）の取り扱いをめぐって日米が激しく対立したことから、筆者を含め、これまでもっぱら日米関係の観点から研究がなされてきた［★23］。しかし、日英関係にも重要な展開が現れている。

このころイギリスの対日政策は、戦時協力の必要性から解放されたことと、アメリカとの協調を最重視していたことから、かなり厳しい姿勢を見せはじめていた。満蒙を新借款団の対象から除外するように求める日本政府に対して、当時のイギリスの外交当局者はすこぶる批判的であった。とくにジョージ・N・カーゾン外相代理（のちに外相）は大戦中からの日本の中国政策をやり玉に挙げて珍田捨己駐英大使に強く抗議し、国際政治の潮流が大きく変わったことを日本政府が理解して、無条件で新借款団に参加するように「説教」していた［★24］。

ただしイギリスの極東政策の関心は、アメリカに協力してウィルソンの外交理念を中国問題に本格的に導入することではなく、長年をかけて中国で築き上げながら、大戦で大きく傷ついた自国優位の大国間協調のシステムを、アメリカの「新外交」と中国のナショナリズムに対応する形で「修復」することにあった。カーゾンらは、山東権益の還附に関する日中交渉がなかなか始まらないのは、日本が山東半島の勢力範囲化を狙っているためと強く疑っており、新借款団からの満蒙の除外要求の背後にも、交渉の長期化による山東での借款優先権の維持が隠されていると考えていた。そして山東や東内蒙古は認められないが、日本の「伝統的な勢力範囲」である南満州については考慮の余地があることを日本にはほのめかし、アメリカにははっきりと「提案」している（勢力範囲の存在を前提とするこの案を、アメリカ側が受け入れることは絶対に不可能であった）［★25］。また当時イギリス側で盛んに検討されていた中国鉄道の国際管理案では、その枢要ポストをこれまでの実績（勢力範囲）を根拠にイギリス人が多数を占める内容となっていた［★26］。

以上のイギリス外交の関心を考えれば、日英が新借款団の結成交渉を変質させ、南満州と揚子江流域のそれぞれの勢力範囲の実質的な保持を取引することで伝統的な「勢力圏外交」の枠組みを維持する可能性は残されていた。実際、アメリカ国務省の首脳陣はこうした事態の発生に恐怖している。講和条約の批准難航でウィルソンの外交指導力は著しく低下しており、アメリカ銀行団の協力体制も十分とはいえなかったからである。このため、具体的な条件でかなり譲歩してでも、日英の接近や日本の単独行動をなんとか押さえ込むために新四国借款団の結成を急いでいた。日本全権団の「新外交」への賛同を前提に、パリで「対日譲歩」を決断したウィルソンとは違って、国務省の政策担当者や外交官の日本認識は基本的には大戦中のまま か、むしろ悪化していた(このことがかえって、アメリカの対日政策を抑制的にしていたのは皮肉である)。

しかし日本外交は、こうした状況に従来の勢力圏外交の枠組みでは対処しようとしなかった。まず外交調査会委員の伊東巳代治が指摘したように、イギリスの抗議をそのまま受け取れば、「大国間協調」と「勢力範囲としての満州権益の維持」を政策として両立することは困難になっていた。相互尊重の最たる(そしてこの時点ではおそらく唯一の)パートナーである同盟国イギリスの支持が失われたからである。だが、カーゾンの抗議(一九一九年七月)のあとも満蒙の除外を求める日本政府の方針は、アメリカの国際金融家トーマス・W・ラモントと日本銀行総裁の井上準之助のあいだで行われた日米直接交渉(一九二〇年三月)まで基本的には変わらなかった[★27]。しかも同時に、山東をふくめた中国「本土」(関内)の勢力範囲を等しく開放することが日本政府のほぼ一貫した基本方針であった。満蒙を特別視するその主張の「正当性」は当然問われるべきだが、勢力圏外交の枠組みによる日英協調は、実施に移されるどころか、その可能性でさえも(伊東などごく一部の例外を除いて)ほとんど考慮されなかったのである。

くわえて日米交渉は、「満蒙」には「日本ノ緊切ナル利益」が存在することをアメリカ政府が事実上認めることと引き替えに、日本銀行団が「日本政府ノ訓令ニ基ヅ」いて、米英仏の各銀行団と「同一ノ条件」(つまり無条件)で加入することで最終的に決着した。たしかにそれとは別に、日米銀行団間の往復書簡で南満州の日本の鉄道利権が列挙されて適用除外が保障された。しかしこれはあくまでも既成の事業を対象外とする新借款団規約を拡大解釈したものであって、山東はもちろん「満蒙」の包括的な借款優先権もすべて新四国借款団に提供されたのである[★28]。よって、南満州の日本の既存の権益はほとんど無傷で維持されたといえるが、その代償として日本は、これまで南満州の「勢力範囲」としての国際的な正当性を担保してきた「勢力圏外交」の枠組みを失うことになった。それはつまり、ロシア帝国の崩壊とドイツの敗退、そしてフランスの影響力を考え合わせれば、中国をめぐる国際政治から勢力範囲の相互尊重を基本的な枠組みとする大国間協調のシステムが事実上失われたことを意味する。

4 「ワシントン体制」の成立と中国をめぐる国際政治の変容

第一次世界大戦の勃発と講和会議が自らの国際的地位の向上にとっての絶好の契機となることを強く願った中国ナショナリズムの熱望[★29]は、二十一ヵ条要求やパリ講和会議での日米「妥結」に見られるように基本的にはかなえられなかった。日米英を中心とした関係大国が、中国の不平等状態の改善に協調して取り組むことに合意したワシントン会議においても、租借地をはじめとした大国の既存の権益は事実上不問に付されたのである[★30]。日中の関係をみても、両国の関係悪化はもとより、東アジア・西太平洋地域の旧ドイツ権益の多くを継承し、「五大国」の一つにまで数えられるようになった日本と、引き続き東アジア政治での「従属的地位」に甘んじねばならなかった中国を比較すれば、第一次大戦期は両国の国際的なステータスが最も開いた時期であったといえる。

ただし大戦の勃発とその後の国際政治の変化は、中国の国際的地位の向上にとってきわめて重要な出発点ともなった。日本の拡張政策による中国の苦境は、強い対日不信感とあいまって、国際社会での対等のメンバーシップを求める中国外交の主張に国際的な関心あるいは「同情」を集めることにも繋がった。とくに秘密条約や勢力均衡外交を否定する「新外交」を掲げたウィルソン政権にとって、中国問題は極東政策のセンターピースとなり、パリ講和会議では、その実質的な利益や権益から考えれば過剰なほどに山東問題に力を注いだのである。

結局、ウィルソンは国際的な取り決めという形では何ら具体的な成果を中国問題で達成できなかったが、彼が東アジア政治に本格的に持ち込んだ「勢力圏外交の否定」という新たな外交理念は、それがどれほど本来の「理想」とかけ離れていたにせよ、大戦後の東アジア政治の主要な争点となり、とくに日本外交のフレームワークの変化を促すことで、中国をめぐる大国間関係の性質を変えていった。

この大戦後の中国をめぐる大国間関係の変化を、大規模な海軍の軍縮条約と組み合わせることで、東アジアの「新しい国際政治システム」として公式に確認したのが一九二一―二二年のワシントン会議であった[★31]。東アジア・太平洋地域の戦後国際秩序の条件について協議するために、アメリカの首都につどった米英日の三大国をはじめとする関係諸国は、①史上初の実効的な軍縮条約(ワシントン海軍軍縮条約)を締結して、互いの直接戦争の機会を大きく減じるとともに、②東アジアの「旧外交」を象徴する存在であった日英同盟を廃棄し、それに代わるものとして、太平洋の現状維持を定めた日米英仏の協調協定(四国条約)を締結した。そして、この二つの取り決めを前提に、③大戦中の日本が行ったような排他的な勢力の拡張を自制し、将来共同で中国の不平等状態を改善することを約束したのである(九国条約)。パリ講和会議から途絶えていた山東問題に関する日中の直接交渉も実現し、一応の解決をみた[★32]。

ただし、ワシントン会議を経ても、大戦後の中国をめぐる大国間政治の変化は、とくに画期的な成果を収めた海軍軍縮問題[★33]と比較した場合、必ずしも明確であったわけではない。まず、新四国借款団の結成交渉での日本の「満蒙」除外要求やイギリスの「勢力圏外交」の主張に示されているように、ウィルソンが克服を目指した「旧外交」の要素――なかでも中国のナショナリズムを犠牲にした排他的・差別的な権益の設定――と、その結果としての中国の「従属性」は、ワシントン会議でさらに緩和されたものの、その後も東アジア政治に根強く残り続けた。

くわえて、講和会議での「外交的敗北」に対する強い失望感と、一九一七年にはじまり一九二八年の北伐(国民革命)の一応の完成まで続く南北内戦による国内政治の混乱状態が、中国外交のパフォーマンスを大きく制約した。第一次大戦は、顧維鈞や王正廷、あるいは梁啓超や陳独秀など政府の南北と内外を問わず、新しい政治的・社会的な思潮を体現する新たな世代が台頭する絶好の機会となった[★34]。しかし、こうした変化を、統一された対外政策に十分にまとめ上げることができる安定した政治機構を中国外交が同時に持つことはできなかったのである[★35]。当然、ほとんどの大国の外交指導者や外交官は、このような中国を対等のパートナーとはとても認めることができなかった。大戦中に日本の拡張政策の圧力に直接さらされた英米それぞれの駐華公使――ジョン・N・ジョーダンとポール・S・ラインシュ――は、中国の「ナショナル・インタレスト」の最たる擁護者であったが、そんな彼らにとっても、最も現実的な中国の地位向上策は、大国共同による中国の「国際管理」であった[★36]。近代的な外交機構の整備を進め、中小国との条約改正交渉でも一定の成果をあげるなど、北京政府の外交政策が無為無策だったわけではない[★37]。だが、「軍閥支配による腐敗と非効率」というイメージが染みついていた北京政府に対する評価は、とくにこの時期、地に落ちており、かといって南部の革命勢力に実効的な統治能力があるとも思われず、こうした中国政治に対する関係大国の根深い不信感は、「ワシントン体制」成立後も不平等条約の改正がなかなか進まない原因、あるいは「口実」の一つとなる。

しかし、中国の不平等状態が解消されなかったからといって、大戦後の東アジア政治の展開を、大戦前の旧秩序への「復帰」やその「連続」として理解することはきわめて困難である［★38］。

まず大戦中にみられた排他的・単独主義的な日本の大陸拡張政策の流れは、日本政府の政策としてはひとまず断ち切られた。「新外交」への呼応によってパリ講和会議で日米の一応の「妥結」を可能にした日本外交は、つづく新四国借款団の結成交渉で、満蒙に存在する日本の「緊切ナル利益」を尊重するという米英の「一般的保障」と引き替えに、満蒙の概括除外（留保）要求を最終的に撤回した。こうすることで日本政府は、満蒙に対する「特殊関係」の主張自体は決して放棄しなかったものの、それを敷衍・拡大して中国全土で優越的な地位を追求する意思がないことをはじめて具体的に示してみせたのである。この結果、個別の権益拡張はともかく、西原借款のような中国の貨幣・金融システムを日本の実質的な支配下に置きかねない大規模な借款供与は、事実上不可能となった。そして、この事実を確認するようにワシントン会議で幣原喜重郎らの日本全権は、「友好国ノ安寧ニ害アル行動ヲ是認スルコトヲ差控フル」とのさらに曖昧な文言（九国条約中の「安寧条項」）で本国を説得し、「満蒙特殊権益」の明文化を求めなかったのである［★39］。

以上の政策転換は同時に、大戦後の新たな国際情勢に対処するにあたって、「勢力範囲の相互尊重」を基本原則とする大戦前の大国間協調への回帰を、日本外交がついに選択しなかったことを意味していた。そして大戦中の「力の真空」のなかでも見られなかったこの日本外交のフレームワークの変化によって、大戦後の中国をめぐる大国間関係の変化は決定的となった。イギリス外交史の研究者を中心に「新秩序としての

「ワシントン体制」の成立に懐疑的な議論も存在するが[★40]、当時のイギリス側の認識がどうであれ、もはや「勢力範囲の相互尊重」を外交の基本原則とする大国によって、東アジアの国際秩序がふたたび形成されることは不可能となったのである。

よって、中国の「従属的地位」が継続したとはいっても、その意味合いは大きく変化を遂げた。たしかに「ワシントン体制」成立後も、日本の南満州権益をはじめとした租借地や租界などの大国の権益はほぼそのまま残り続け、その維持はとくに日本とイギリスの二大国にとって大きな外交上の関心事であった。このため、新四国借款団の成立や日英同盟の廃棄によって正当性は大きく損なわれたものの、「勢力範囲」やその維持を目的とした「政策としての勢力圏外交」の明確な終焉を宣言することはできない。だが、こうした各大国の有形の権益に安定した地位を保障していた無形の大国間政治の枠組みまでは、大戦をまたいで存続しなかった。

以上のように、大戦後の東アジア政治では、大戦中の日本の拡張政策の「正当性」をめぐる日中や日米の激しい「対立」だけが直線的に展開したのではなく、ウィルソンの「新外交」に呼応した日本外交のフレームワークの変化と、それにともなう中国をめぐる大国間関係の変容も同時に進行した。それは大国の既得権益の解消にはいたらず、また二十一ヵ条と講和会議での日中決裂が日中関係にあたえたダメージを十分に解消することができなかったという意味でも、「完全」な変化ではなかった。しかし、このプロセスを通じて東アジアの国際政治は、日本の拡張政策への対抗や宥和を主たる争点とする二十一ヵ条以来の構図からようやく抜け出しただけでなく、大戦以前から中国の「従属性」を強く規定していた「大国間協調のシステムとしての勢力圏外交」を過去のものとしたのである。

＊本章の草稿に対しては麻田貞雄同志社大学名誉教授から懇切丁寧なコメントをいただいた。記して深く感謝申し上げる。

註

★1――井上馨侯伝記編纂会編『世外井上公伝』第五巻（原書房、一九六八年）三六七頁。「力の真空」の表現は、三谷太一郎『増補 日本政党政治の形成――原敬の政治指導の展開』（東京大学出版会、一九九五年）二七八頁。

★2――麻田貞雄『両大戦間の日米関係――海軍と政策決定過程』（東京大学出版会、一九九二年）九六頁。An Address to a Joint Session of Congress, 8 January 1918, Arthur S. Link (ed.), *The Papers of Woodrow Wilson*, Vol. 45 (Princeton, NJ: Princeton University Press, 1984), 534-539. 以下、*PWW*と略記。

★3――Bruce A. Elleman, *Wilson and China: A Revised History of Shandong Question* (Armonk, NY & London: M.E.Sharpe, 2002), 36-40; Xu Guoqi, *China and the Great War: China's Pursuit for a New National Identity and Internationalization* (New York: Cambridge University Press, 2005), 251.

★4――Memorandum by Vi Kyuin Wellington Koo［顧維鈞］, 26 November 1918, *PWW*, Vol. 57, 634-635. ウィルソン政権の極東政策に関する最新の成果は、高原秀介『ウィルソン外交と日本――理想と現実の間 一九一三―一九二一』（創文社、二〇〇六年）。

★5――Xu, *op. cit.*, 244-258.

★6――Stephen G. Craft, *V.K. Wellington Koo and the Emergence of Modern China* (Lexington, KY: The University Press of Kentucky, 2004), 52-54. 内田と陸の合意は、中谷「ウィルソンと日本――パリ講和会議における山東問題」『同志社法学』第五六巻第二号、二〇〇四年七月、一〇〇頁。

★7――Hankey's Notes of Two Meetings of the Council of Ten, 28 January 1919, *PWW*, Vol. 54, 317-318; Xu, *op. cit.*, 249.

★8――*Ibid.*, 258-277; Elleman, *op. cit.*, 135-151. ただし、中国の道義的勝利という評価も中国の内外で主張された。Xu, *op. cit.*, 272-273. 吉澤誠一郎「公理と強権――民国8年の国際関係論」貴志俊彦、谷垣真理子、深町英夫編

『模索する近代日中関係――対話と共存の時代』(東京大学出版会、二〇〇九年)一五四頁。

★9――川島真『近代中国外交の形成』(名古屋大学出版会、二〇〇四年)二五一―二五九頁。

★10――川田稔『原敬 転換期の構想――国際社会と日本』(未來社、一九九五年)一三〇―一五六頁。

★11――Xu, *op. cit.*, 93-100.「フレームワーク」は筆者の表現。吉澤、前掲論文も参照。

★12――「ワシントン体制」成立後も継続した中国の「従属的地位」を論じた代表的な研究は、細谷千博『両大戦間の日本外交』(岩波書店、一九八八年)第三章。ただし細谷は「新しい国際政治システム」の形成を強調する。

★13――川島真「関係緊密化と対立の原型――日清戦争から二十一ヶ条要求まで」劉傑、三谷博、楊大慶編『国境を越える歴史認識――日中対話の試み』(東京大学出版会、二〇〇六年)四六―四八頁。

★14――David Scott, *China and the International System. 1840-1949: Power, Presence, and Perception in a Century of Humiliation* (New York: State University of New York Press, 2008), 10-11.

★15――「勢力範囲」は、通常、租借地や条約上の投資優先権、鉄道事業などにより構成されるが、不割譲約定を除いて確かな条約上の根拠がない場合もある。川島真「領域と記憶――租界・租借地・勢力範囲をめぐる言説と制度」貴志ほか編、前掲書、一七〇―一七四頁も参照。

★16――Memorandum By Vi Kyuin Wellington Koo, 24 March 1919, *PWW*, Vol. 57, 637.

★17――From the Diary of Dr. Grayson, 25 April 1919, *PWW*, Vol. 58, 112-113.

★18――中谷、前掲「ウィルソンと日本」一〇二―一三一頁。中谷「対列強協調から対米協調へ――日本外務省の政策構想の変容一九一六―一九一九」『同志社法学』第五八巻第四号、二〇〇六年九月、二七一―二七四頁。

★19――From the Diary of Ray Stannard Baker, 30 April 1919, *PWW*, Vol. 58, 270.

★20――前掲『世外井上公傳』三六七頁。ロシア革命による中国政策の変化は、北岡伸一『日本陸軍と大陸政策一九〇六―一九一八』(東京大学出版会、一九七八年)二二五―二三二頁。

★21――寺内内閣期の政策論争は、中谷、前掲「対列強協調から対米協調へ」二三〇―二五四頁。大戦前の大国間協調の特徴は、以下の研究を参照。入江昭『極東新秩序の模索』(原書房、一九六八年)五―六頁。飯倉章『イエロー・ペリルの神話――帝国日本と「黄禍」の逆説』(彩流社、二〇〇四年)第一章。千葉功『旧外交」の形成――日本外交一九〇〇―一九一九』(勁草書房、二〇〇八年)第Ⅲ部。櫻井良樹『辛亥革命と日本政治の変動』(岩波書店、二〇〇九年）第四章。

★22——中谷、前掲「ウィルソンと日本」一〇六-一〇七頁、一三四-一三五頁。

★23——代表的な研究は、Sadao Asada, "Japan and the United States, 1915-25" (Ph. D. dissertation, Yale University, 1962), 83-109. 三谷太一郎『ウォール・ストリートと極東——政治における国際金融資本』（東京大学出版会、二〇〇九年）第三章。酒井一臣『近代日本外交とアジア太平洋秩序』（昭和堂、二〇〇九年）第八・九章。筆者の研究は、中谷「勢力圏外交秩序の溶解——新四国借款団設立交渉（一九一九-一九二〇）と中国をめぐる列強間関係の変容」『同志社法学』第五九巻第四号、二〇〇七年一一月。

★24——George N. Curzon to Beilby F. Alston, 18 July 1919, Anne Trotter (ed.), *British Documents on Foreign Affairs: Reports and Papers from the Foreign Office Confidential Print, Part II, Series E, 1914-1939*, Vol. 2 (Bethesda?: University Publications of America, 1991), 288-291. 以下、*BDFA*と略記。イギリス外務省の極東政策については、Clarence B. Davis, *Partners and Rivals: Britain's Imperial Diplomacy Concerning the United States and Japan in China, 1915-1922* (New York & London: Garland Publishing, Inc., 1987)が有益。

★25——Curzon to Alston, 22 July 1919, *BDFA*, *Series E*, Vol. 2, 305-308; John W. Davis to Robert Lansing, 2 October 1919, U.S. Department of State (ed.), *Papers Relating to the Foreign Relations of the United States, 1919*, Vol. 1 (Washington D.C.: U.S. Government Printing Office, 1942), 491-492; Lansing to Davis, 11 October 1919, *ibid*., 493-496. 中谷、前掲「勢力圏外交秩序の溶解」一一九-一二三頁。

★26——中谷、前掲「勢力圏外交秩序の溶解」一〇九-一一二頁。

★27——井上は満蒙の除外にきわめて批判的であった。小林道彦「高橋是清『東亜経済力樹立ニ関スル意見』と井上準之助」『北九州市立大学法政論集』第二九巻一・二合併号、二〇〇一年一〇月、一一八-一一九頁。

★28——中谷、前掲「勢力圏外交秩序の溶解」一三六-一五八頁。

★29——Xu, *op. cit*., 81-101, 244-258.

★30——ワシントン会議の展開は、麻田、前掲書、第三章。服部龍二『東アジア国際環境の変動と日本外交 一九一八-一九三一』（有斐閣、二〇〇一年）第二章も参照。

★31——註12を参照。

★32―麻田貞雄「ワシントン体制」外務省外交史料館、日本外交史事典編纂員会編『新版 日本外交史事典』(山川出版社、一九九二年)一〇九八―一一〇二頁。註30も参照。

★33―最新の研究は、Sadao Asada, *From Mahan to Pearl Harbor: The Imperial Japanese Navy and the United States* (Annapolis, MD: Naval Institute Press, 2006), Chapter 3-4.

★34―Xu, *op. cit.*, Chapter 2 & 3. 川島、前掲書、二五一頁。吉澤、前掲論文、一四一―一五六頁。

★35―Xu, *op. cit.*, 11-13 & Chapter 6.

★36―John N. Jordan to Curzon, 26 August 1919, E. L. Woodward & Rohan Butler (eds.), *Documents on British Foreign Policy, 1919-1939*, Vol. VI (London: Her Majesty's Office, 1956), 688. 中谷、前掲「ウィルソンと日本」一一一頁。ワシントン会議前後の中国の「国際管理」については、酒井、前掲書、第七章が詳しい。

★37―川島、前掲書参照。

★38―代表的な研究は、服部、前掲書。櫻井、前掲書や酒井、前掲書も、大戦をはさんだ日本外交と東アジア政治の継続性を強調する。

★39―麻田、前掲書、一二八―一三二頁。

★40―日英関係史家のイアン・ニッシュと日米関係史家の麻田貞雄の論争を参照。同右、一四一―一四二頁の註21。後藤春美『上海をめぐる日英関係 一九二五―一九三二年――日英同盟後の協調と対抗』(東京大学出版会、二〇〇六年)六頁、二五―三三頁も参照。

参考文献

麻田貞雄『両大戦間の日米関係――海軍と政策決定過程』東京大学出版会、一九九二年

入江昭『極東新秩序の模索』原書房、一九六八年

川島真『近代中国外交の形成』名古屋大学出版会、二〇〇四年

川田稔『原敬 転換期の構想――国際社会と日本』未來社、一九九五年

北岡伸一『日本陸軍と大陸政策 一九〇六―一九一八年』東京大学出版会、一九七八年

小林道彦「高橋是清『東亜経済力樹立ニ関スル意見』と井上準之助」『北九州市立大学法政論集』第二九巻一・二合併号、二〇〇一年一〇月

酒井一臣『近代日本外交とアジア太平洋秩序』昭和堂、二〇〇九年
櫻井良樹『辛亥革命と日本政治の変動』岩波書店、二〇〇九年
高原秀介『ウィルソン外交と日本――理想と現実の間 一九一三－一九二一』創文社、二〇〇六年
服部龍二『東アジア国際環境の変動と日本外交 一九一八－一九三一』有斐閣、二〇〇一年
細谷千博『両大戦間の日本外交』岩波書店、一九八八年
三谷太一郎『増補 日本政党政治の形成――原敬の政治指導の展開』東京大学出版会、一九九五年
Xu Guoqi, *China and the Great War: China's Pursuit for a New National Identity and Internationalization* (New York: Cambridge University Press, 2005)

＊本章で参照した『同志社法学』掲載の筆者の三論文は、「同志社大学学術レポジトリ」(http://elib.doshisha.ac.jp/)から全文ダウンロード可能。

第5章 王正廷の外交思想

高文勝
Gao Wensheng

一九二〇年代の中国外交を語る際、王正廷(一八八二―一九六一)を避けて通ることはできない。王正廷は、一九二〇年代から一九三〇年代初頭にかけて北京政府の外交総長や南京国民政府の外交部長を歴任したのみならず、パリ講和会議・山東還付交渉・中ソ国交交渉・北京関税特別会議に参加し、国民政府による不平等条約撤廃運動の先頭に立った中国外交の当事者である。しかし、日本や欧米では、従来、王正廷に対する評価は一般に低く、その反日的な側面が過度に強調されがちであった[★1]。

筆者は近年、王正廷研究の再検討を進め、反日的とは異なった王正廷像を提示してきた[★2]。ただ、これまでの見直し作業では、主に王正廷がどんな政策をとったか、そしてどのような対外交渉を行ったのか、という二点に焦点をあてており、王正廷の国際認識と外交観およびそれらを生み出し、性格づける政治文明を分析する視点は希薄であった。そこで本章では、政治文明論的アプローチを用い、文明の連続性と融合性という視点から王正廷の外交思想を検証していきたい。

まず文明の連続性という視点に立つと、中国外交における「朝貢外交」の伝統が容易に想起される。だが、いわゆる「中華秩序」に基づいた「朝貢外交」で一九二〇年代の中国外交を説明することはできない。なぜなら「中華秩序」はすでに一九世紀半ばに西洋の国民国家体系に敗北し、崩壊していたからである。さらに言えば、実際、中国において、より古く、より典型的な文明観は大同思想であり、王道主義である。列強によって不平等な地位に置かれていた中国人に、古くからの憧れである大同思想、王道主義が想起され、これを求めるに至るのははるかに自然なことであったろう。

他文明との融合の視点からは、一九世紀において典型的に形成されたパワー・ポリティックスのインパクトとその受容が認められる。一八四〇年（アヘン戦争）以後の屈辱の歴史から逃れるため、さらに富国強兵を実現するため、中国は主権、独立、平等、内政不干渉という欧米流の価値観を逆援用してきた。また、これを中国春秋戦国時代の「合縦連衡」術と結びつけ、「夷を以て夷を制す」といった列強分化の策を講じたのである。

1　王正廷の文明観

一九二三年一二月、関東大震災下に発生した中国人虐殺事件の調査団長として訪日した王正廷は、東京・大阪『朝日新聞』に「王道と覇道」[★3]と題する論文を発表した。その中で、王正廷は東洋を王道、西洋を覇道と規定し、次のように分析している。従来、西洋の主義は東洋と異なり、侵略主義を執り、常に武力に訴えて国際平和を撹乱したものであった。東洋はそれと異なり、できるだけ平和を保持し人類の幸せを増進しようと努めた。「要するに、東洋の主義は王道であり、西洋の主義は覇道である」。

東洋文化と西洋文化の違いについて、王正廷は「王道に於ては強者と弱者との間に於てもお互に礼を以て相見ゆるに反し、覇道に於ては出来るだけ弱者を虐遇し、之を弄び消滅せしめてしまふ」と説明している。東洋人は王道を貴び、弱いものがあったならばこれを助け、いかに自立させるか、いかに発展させるかを考えてきた。しかし西洋人は侵略主義・覇道を採ってきた。覇道では弱者を虐待し消滅させる。相手が強ければ衝突し、戦争が起こる。このため、覇道を採った国は一時的に強大であっても、時間が経てば戦争に直面する。戦争の結果は巨額の国費と数百万の人命を喪失するのであり、国力の疲弊と国家の運命に危機をもたらす、と王正廷はいう。さらに、王正廷は近代以前の中国と近代以降のヨーロッパを分析し、「王道を行ふものは衰へず覇道を行ふものは衰滅に陥る」という行く末を提示する。つまり、王道をとるか覇道をとるかということは一国の運命を左右する、と説いたのである。

では、それまで本質的に対立してきた東洋の王道と西洋の覇道はどう向き合えばよいのか。王正廷は、その解決方法を中国の伝統的な王道に求め、王道による西洋への教化、換言すれば文明間の対話を念頭に置いた。そして、それは可能であると王正廷は考えていた。なぜなら、中国が古来より有していた王道、すなわち平和主義が時代の潮流になりつつあったからである。第一次世界大戦の結果、侵略主義は人類の平和を確保するものではなく、平和を保持し人類の幸せを増進しようとする東洋の王道に従わなければならないことを、世界は痛感した。また、侵略主義をとり、世界の平和を攪乱してきた西洋自身も過去の非を悟り、人類の幸せのため、国際間の平和のためには覇権を用いるべきではなく、平和主義の王道に従わなければならないことを知るに至った。国際連盟の成立や世界平和が主張されるのにはそうした背景があるが、それは東洋文化の中に数千年以前より主張されている大同主義であり、孔子と孟子との教えにも現れている。

王正廷は、さらに筆を進めた。「東洋人は尚自ら進んで王道を以て西洋人を感化納得せしめなければならぬと思ふ。我東洋人の使命は西洋人が武を尚び文を尚ばず即ち尚武の精神のみ旺盛なるに対し、東洋人は武を尚ぶと共に文をも並び尚ぶ、言ひ換ふれば尚文尚武を以て西洋人の侵略主義を放棄せしむるにある。〔中略〕両国は協力して出来得る限り東洋文化を西洋に宣伝し、彼をして孔孟の教へを諒解せしめ、且之を採用せしむるに努むる」。「東方の文明を発展し東方の文化を西洋人にまでも普及し、教化せしむることは実に吾々東洋人の責務である」。このように王正廷は、東洋である日中両国が、自ら進んで東洋の尚文尚武の王道文化を西洋に宣伝し、西洋人をして侵略主義を放棄させ、孔子と孟子の教えを理解・採用するよう働きかけなくてはならない、と西洋に向き合うことを主張したのである。

2 王正廷の国際認識

王道主義、平和主義への強い憧れとそれを世界に普及する自信と使命感を持ちながら、実際には西洋の侵略主義を受けてきた現実に直面する王正廷の、一九二〇年代の国際社会とりわけ中国をめぐる国際情勢に対する認識はきわめて厳しかった。パリ講和会議、ワシントン会議では平和の兆しも見えたが、現実の国際社会は依然として生存競争、弱肉強食の強権社会であった。王正廷が「対等なれば公理を言ひ、対等ならざれば、強権を用ふと。平和会議なるものは戦争の法規を定むるにすぎず。国際公法なるものは、依然文明を飾るの仮面なり。双方同意の仮託あれば、仲裁も無用なり、自働行動の辞を強うす可きあり、而して公理を奪ふ可きなり。〔中略〕国際法の法を為さず、僅かに強国の利用する所となる」[★4]と著作に記したように、国際社会における平等、公理というのは、列強に属するものであり、国際法も強国のため強国に利用されるものであった。

パリ講和会議、ワシントン会議以降も、中国が「列強競争激烈の時に立つ」、「列国競争集矢点の地位岌々乎として日を終う可らざるの局勢に立つ」」、「我国八十万方里の大陸を以て、尽く列強漩渦の中に投ず」」状況は変わらず、依然として亡国の危機に直面している。王正廷によれば、列強は皆中国の領土と独立とを保全すると言うが、「我の領土の独立は他国の力を待ちてそれを保全す、則ち保全の一方には、即我を分割すべく、我を滅亡すべきは疑なきなり」という状況であった[★5]。

王正廷は列強の対中国政策を次のように分析している。列強は「平和を保つ」ことと「均勢維持」と言っているが、その「平和」とは中国の平和ではなく、中国の権利と利益を争う列強間の「平和」であり、その「均勢」も中国と列強との間の均勢ではなく、中国の権利と利益を争う列強間の「均勢」である。列強の対中国政策の実質はどの国も中国における優勢を争い、各々の権益拡大を狙い、しかしどの国も自力で独占することはできないというものである[★6]。したがって、中国にとって外交成功のカギは外交政略の確立とその適切な運用にある。具体的に言えば、中国は列強の対立点と弱点を巧みに利用し、その協調体制を打破しお互いを衝突・離反させるという「夷を以て夷を制す」列強分離政策をとるべきである[★7]。王正廷が思い描いたのは、対日、対米の親善を図ることで、帝国主義をとる日本を欧米列強から、米国を列強から、それぞれ切り離して列強の協調体制を崩すことであった。

日本については、日中両国が親善すべきであり、またそれが可能であると王正廷は考えている。「王道と覇道」において、王正廷は日中が親善すべき理由を次のように説明している。第一に、両国は共に東洋文化に属し、「同文同種」の関係にあり、歴史的・地理的に関係深く、風俗習慣も相似たものがある。第二に、何よりも経済面において両国は相互補完関係にあるからである。工業国である日本と原料供給国・市場である中国は「相互に信頼し、其産業の発達を促し両国を利益する一致点を見出すのは極めて容易なことである」。したがって両国が「現在及将来に亘り相互の経済関係を益々密接ならしめ、各種の事業に対して両国の協力融和を考へなければならぬ立場に置かれて居る」。第三に、「覇道を行ふものは衰滅に陥る」からである。そのため、西洋の衰滅の轍を踏まないようために、さらに日本の永遠の発展のために、日本は西洋の覇道と侵略主義をやめ、中国と協力して日中親善を図るべきである。第四に、世界を覇道より王道へと導いていくのは、同じ王道の歴史と伝統を有する中国と日本の使命や責務であり、またそれは中国と日本しかできないからである。したがって世界平和に貢献するためにも、日中両国は相互提携し、親善を図らなければならない。

日中親善が可能な背景として、まず王正廷が挙げたのは、前述した第一次世界大戦後、世界平和が主張され、覇道より王道に向かっている状況である。日本が王道の本質と歴史を有することも、日中親善が可能なもう一つの理由とされた。王正廷によれば、近代において日本は西洋に倣って侵略を行ったが、それは本来の道からの一時の逸脱であり、したがって、世界が平和に向かいつつある現在、日本が古くから有した王道に立ち返り、その道を歩んでいくことは可能である[★8]、という。第三に、日本の政党政治の発展は日中親善に新たな可能性をもたらしたと王正廷は見ていた。ワシントン会議の結果、日本は国際的孤立状態に陥ることになり、それは日本の国内政治に変化をもたらした。すなわち、依然として対中国侵略政策は主張されているが、他方では逆にこれを排除する対中国不干渉政策も漸次主張されるようになり、日中親善への期待に弾みをつけていたのである[★9]。

米国については、王正廷は次のような認識を示している。米国外交は、他国が米国の権利・権益を侵害しない限り、他国に干渉しない、いわゆるモンロー主義であり、それは強大な経済力に基づく通商貿易主義を特徴とするものである。また、対外貿易を発展させるために、他国の利益や国際協調を無視して単独主義に走りやすい。米国は中国に領土的野心を有せず、その対中国政策は中米関係を良好にすることにより、中国における貿易の発展をはかるものである。したがって、中国は米国の権益を侵害しないかぎり、中米関係の改善が可能である。ただし、その政策の範囲を超え、米国をして中国の敵国に対抗させるのは不可能である[★10]。

このような認識に基づき、王正廷は米国との交渉を優先的に推進し、米国を突破口に、条約改正への列強の固い壁を崩そうとしたのである。王正廷の努力は一九二八年七月、中米関税条約の締結へと結実した。それを契機に、中国との不平等条約撤廃に対する列強の協調体制は崩壊していった。

3 王正廷の外交観

王道主義を行い、それを西洋に普及するには、それなりの力を持たなければならない。王正廷は「自分はそれだけの力を備へて居れば王道は自から行はるる。王道に従って事を行はんとするも人に聴かせるだけの能力がなければ如何に理想の王道と雖も、人は決して聴従するものではない」[★11]と述べている。なぜなら、「本来、外交を行うのは完全に国民の実力に頼るべき」であり、「実力なしに外交を語るのは容易なことではない」からである。したがって、「ただ理想だけを持って実力を持たないならば、せいぜい主張するだけで終わってしまい、目的を達成することはできない」[★12]、という。

外交は戦争と同じで、国力を後ろ盾とするものであり、充実した国力を有しない限り、外交目標は容易に達成できない。この点についても、王正廷は次のように述べている。「夫れ外交とは、兵力の先声にして、兵力なるものは、外交の後盾なり。兵力を有せずして、而して外交を言ふは、猶跛犬を駆りて狡兎を追はしめ、瞽猫を放ちて黠鼠を捕へしむるが如し。幾何か敗辱する所とならざらんや」[★13]。このような認識に基づき、王正廷は自国の国力を超える外交に反対し、「国力に適する外交」である「上手な外交（巧妙的外交）を主張する[★14]。それだけに、十分な国力を持たない中国が不平等条約撤廃を図ろうとするには、慎重に対処しなければならなかった。

そこで、王正廷は不平等条約の撤廃と平等条約の締結を中国外交の究極の目標としながら、困難な問題を後回しにし、関税自主権の回復のような解決可能な問題、すなわち部分的な条約改正から、不平等条約撤廃を段階的、漸進的に図ろうとする自身の外交構想、いわば「順序ある外交」[★15]を打ち出した。「順序ある外交」とは、不平等条約撤廃までの期間を、五期に分けて順番に実現しようとするものであり、第一期には関税自主権を回復、第二期には治外法権を撤廃、第三期には租界を回収、第四期には租借地を回収、第五期には鉄道利権と内河航行権および沿岸貿易権を回収というプログラムであった。

王正廷は実力外交を打ち出したが、単純に軍事力に頼るべきではないこともわきまえていた。軍事力は国の総合力の一方面に過ぎず、軍事力以外にも重要なものがある。それは「民意と公道の主張」である。したがって、外交を行うには、中国は「国民の意図と思想に依」り、「公理を以て強権に打ち勝つ」べきである[★16]、と王正廷は強調した。

「凡そ事の成敗利鈍は皆その環境と密接な関係を持つのである。外交の勝利を求めようとすれば、まず内政を整理することが肝心である。『物腐りて虫生ず』との古来の名訓があり、これは至言と言うべきである」[★17]。「内乱を速やかに平定して共に外侮に拮抗するのは、国の前途が頼っているところである」[★18]。要するに、不平等条約撤廃を国是とする中国にとって、内紛の停止、国家の統一、国力の建設は、不平等条約撤廃を実現するための前提条件であった。

「外交を決せんと欲せば、先づ内治を求めよ」、すなわち、国内問題の解決を対外問題の処理に優先すべきだという王正廷の考えは、ある意味、国民政府成立以来の中国政府の共通認識でもあるといえよう。一九二八年の済南事件後、蒋介石率いる国民革命軍が日本軍に抵抗せず、済南を撤退し、迂回して北伐を続行するのは、北伐による全国統一を優先するためであった。満州事変後、国民政府のとった「安内攘外」政策も同じ内政優先の発想に基づいたものである。この、内政を優先させる政策は、経済建設に専念するため、国内の安定を最優先している現在の中国政府にも引き継がれていると考えられる。対外問題の処理にあたって中国政府の採用する政策の内実や運用のアプローチと手法は変わろうとも、内政が優先される原則に大きな変わりはないのである。

4　王正廷と不平等条約撤廃

一九二〇年代は中国にとってナショナリズムと国民革命高揚の時代であった。その対外的な基本要求こそ不平等条約の撤廃であった。パリ講和会議において不平等条約撤廃の主張が掲げられて以来、「帝国主義打倒」「不平等条約撤廃」は中国国民革命の基本理念となり、当時、左右を問わず、すべての党派は競って不平等条約撤廃に対する態度や方針を示すことになった［★19］。

不平等条約撤廃について、王正廷は民衆運動による漢口・九江英租界回収のような手段と方法に反対し、「革命外交」は「鉄拳の上にゴムを被せる」べきであると主張する［★20］。王正廷は不平等条約撤廃に対する列強の執拗な反対態度と外交手法、および中国と列強との国力の格段の差を熟知し、国際会議での多国間交渉、または中国政府の一方的な廃約宣言による不平等条約の即時全面撤廃が不可能であることを認識していた。中国が不平等条約撤廃を図ろうとするならば、正当な手続きに基づき、各国との柔軟性のある個別交渉によって漸進的に行うべきだというのが王正廷の考えである[★21]。これが「順序ある外交」の意図である。不平等条約撤廃を実現するには、中国の努力はもとより、列国の同情・理解や協力も不可欠であると考える王正廷は、列国に不平等条約撤廃の必要性を次のように説いている。

不平等条約を撤廃すべき理由としては、なによりも前述の国民的要求が挙げられる。さらに王正廷は、中国における不平等条約撤廃は単に中国国内の問題にとどまらず、世界の平和と安定にかかわる問題でもあると指摘する。パリ講和会議において、王正廷も参加していた中国全権代表団は、勢力範囲の廃棄、領事裁判権の廃止、租界・租借地の返還、関税自主権など不平等条約撤廃と中国主権の回復を要求した。王正廷によれば、中国代表団が講和会議に上記の提案を提出した理由は以下のように説明される。「これらの問題が、今回の世界大戦によって発生したわけではないことを知らないわけではないが、しかし講和会議の目的は、もとより僅かに敵国との和約を締結するだけではなく、その上まさに新世界を建設し、平等の原則と主権の尊重を基礎としようとしている。国際連合会議の盟約に照らしていけば、それは一層明白になるであろう。もし今回提出された各問題が速やかに解決されなければ、必ず他日国際間の紛争の原因になり、世界の平和を攪乱することになるであろう」。すなわち、中国における不平等条約撤廃は時代の潮流となりつつあった平等の原則と主権の尊重に合致するのである。ゆえに、不平等条約を早急に改正または撤廃すべきである。そうしなければ、中国問題はいつかかならず国際紛争を引き起こし、結局、世界平和を破綻させるであろう[★22]。

不平等条約を撤廃すべきもう一つの理由は、協定関税と治外法権の存在は「経済潮流」に逆らうからである。本来ならば、各国は関税自主権を有し、その関税は、財政関税の機能と保護関税の機能を同時にもつべきである。だが、関税自主権を有しない中国の税関は、輸入税率増加により国内産業の発展を保護できないばかりか、財政難から、「国民の経済発展を顧みず」すべての国内輸出品に輸出税を課すことにした。また、同じ財政上の理由で、商人を苦しめる釐金《りきん》と常関税を、中国はなかなか撤廃しない。これらはまさに「経済潮流に逆」行するものである[★23]。

治外法権の存在も同様である。王正廷は、治外法権は単に司法問題、政治問題だけではなく、経済問題でもある、という。なぜなら、治外法権により中国にいる外国人とその会社が免税特権を享有しているからである。すなわち、中国での外国人とその会社が特殊な場合を除き、所得税、営業税、鉱区税などの中国税法の適用を免れているのである。そのため、外国資本と競争する中国資本はきわめて不利な状況に置かれることになった[★24]。ゆえに、不平等条約である協定関税と治外法権を撤廃するのは「経済潮流」に合致する。

不平等条約撤廃は単に中国ナショナリズムの一致した要求のみではなく、関係諸国国民の切望するものでもある。なぜなら、不平等条約の撤廃により「中国と外国間に満足たる関係の基礎を成立結合し、之により て親善関係を発生せしむる事は、乃ち希望置かざる所の者である」[★25]。「中国挙国人民は［中略］其友邦の親善の美しき好意を感激することは多大なるものがある。［中略］人民は挙国自行以て政府を促し全国を開放して外人の貿易居住に俾し、斯くすれば将来国際間の商務発達は自由自在である。此れ最も中外人の共に切望する所である」[★26]とあるように、不平等条約撤廃は関係諸国の利益になるからである。

不平等条約撤廃とはいえ、すべての条約そのものの廃棄を求めていたわけではない。廃棄または改正するのは条約中の不平等のものだけであり、それはすなわち、関税自主権の欠如、領事裁判権、外国軍隊の駐留権、外国船舶の内河航行権、租界・租借地などであった。

国民政府による不平等条約撤廃は、決して特定の国の政府と国民に悪意を有するのでなく、排外的でもない。中国が求めるのはただ平等な地位であり、したがって、友誼の態度を以てビジネスに従事する来華した各国人民を大いに歓迎する[★27]、と王正廷は繰り返して表明する。「中国国民は決して排外的に非ず、只公理に根據して列国が中国に於て不合理な特権を継続する事に反対するのみである。中国国民は欧米文明が東洋に貢献せるもののうち就中、外国資本及科学文明、精巧の各種機械が與へたる賛助に対しては、自ら相当の理解を有して居る」[★28]と示したように、中国は決して西洋文明そのものに反対するわけではなく、中国が反対するのは西洋文明のなかの覇道と侵略主義であり、西洋の物質文明について、むしろ中国は歓迎するのである。

5 王正廷の対日構想

日中が親善すべきであり、それが可能であると考える王正廷は、日中親善を実現するための行動原則を提示している。それは、まず日本が両国親善を妨げる原因を取り除き、中国侵略政策を放棄し、その上で両国が相互主義に基づき、共に行動するというものである。具体的には、中国側が経済問題で日本に好意を示し、そのかわりに日本が列国をリードして中国の不平等条約撤廃運動を援助すべき[★29]、とする相互主義であった。

他方、「王道」という新しい理念に依拠して中国侵略へ傾こうとする日本社会の説得を試みる王正廷は、実際の対日交渉においてはかなり柔軟な姿勢で臨もうとしている。日中両国が先鋭に対立する満蒙問題について、王正廷はその解決を先送りにしようとした。

一九二七年一月、日本政友会中国視察団との会見において王正廷は、満蒙問題について、次のように述べた。満蒙問題は日中両国関係で最も手を焼く問題で、軽々しくそれに手をだすのはきわめて危険なので、慎重に対処しなければならない。現状に照らし、満蒙問題は暫く棚上げにして、その解決を後回しにするしかない[★30]。このような態度を、一九二九年一〇月、佐分利貞男公使との会談において王正廷は改めて表明し、「満洲問題は現在解決不可能の問題なれば之に触れざる」。「満洲問題には一切触れざるを緊要とすべく」との諒解を取り付けた[★31]。

満蒙問題を早急に解決できない理由について、王正廷は次のように説明している。満蒙問題、とりわけ旅順・大連の回収問題は中国の国力にかかわる問題であり、中国は十分な国力を持たない限り、旅順・大連租借地問題の根本的解決はできず、それを要求することもできない、したがって、国民政府は満蒙問題の解決を差し控えるべきである[★32]。かかる考えに基づき、王正廷は日本の満蒙特殊権益の根幹と言われた旅順・大連租借地問題、土地商租権問題と満蒙鉄道問題については、かなり慎重な態度で対応しようとしたのである。

日中関係の火種となった満蒙問題の解決を先送りにすることで衝突を避け、まずは妥協し得るところを交渉課題とするのが、王正廷の対日外交アプローチである。だが、それは満蒙問題を放置することを意味しなかった。「満州問題就中鉄道問題は極めて複雑且重大なるに付、学良とも篤と打合せ急激に趨ることなく、先づ日華両国の感情の融和を計り徐々に円満なる解決を遂けしめたき意向なり」[★33]と記されたように、王正廷は満蒙鉄道問題がきわめて複雑であり、それを円満に解決するために、まず日中両国の感情融和を図り、その上で徐々に解決していくべきだと考えていたのである。

日中両国が親善すべきであり、そのため、共に行動すること、両国がまず「相互に信頼し、その産業の発達を促し両国を利益する一致点を見出す」こと、尖鋭に対立する満蒙問題に触れず、その解決を先送りにすること、といった王正廷のアプローチは、幣原外交の対中国政策のアプローチと一致しているといえよう。

また、「覇道を行ふものは衰滅に陥る」の言葉通り、もし日本が西洋の過去の迷夢を追い、「覇道」の道を歩むならば、その末路も同じであろうと断じた王正廷は、日本に対して、その進路を誤らないために、また世界に貢献するために、それまでの侵略政策を放棄し、中国と協力して「王道」を選択すべきである、と誠意をこめて呼びかけた。それは、その後の日本の運命を見通した訴えであったが、残念ながら日本は王正廷の呼びかけに耳を傾けなかったばかりか、満州事変を経て、日中全面戦争、さらに太平洋戦争に突入し、ついに敗北の結末を迎えたのである。「覇道を行ふものは衰滅に陥る」と王正廷が総括しているのは的外れではない。もし日本が王正廷の呼びかけに応えていたならば、その後の展開は大きく異なっていたかもしれない。

以上に見たように、王正廷の国際認識と外交政策を生み出し、性格づける知的体系と価値観は、中国の政治文明から継承された大同思想と王道主義及びパワー・ポリティックスを特徴とする近代以来欧米流の外交価値観であるといえよう。王正廷は王道主義、平和主義を列強に売り込む一方、西洋の圧迫と侵略に対抗し、それに打ち勝つため、主権、独立、平等、内政不干渉という欧米流の価値観を逆援用した。「夷を以て夷を制す」列強分離策と不平等条約撤廃を漸次行っていく「順序ある外交」は、国内の強烈なナショナリズムを背景としつつ、列強の執拗な反対に直面する王正廷外交の苦渋の選択であったろう。こうした王正廷の外交手法またはアプローチは、「王道」を主張する王正廷の外交理念の当然の帰結と言えよう。

王正廷の外交思想には、日中親善と対米親善を図ることにより、列強を分離し、その協調体制を打破する思惑が秘められていたことは確かである。しかし、だからといって王正廷の外交とその外交思想を、単なる外交の駆け引きとして矮小化して理解してはならない。なぜなら、王正廷の外交理念は普遍的思想を内包しており、それは新しい時代の潮流となりつつあったからである。さらに言えば、日本の運命と米国外交に対する王正廷の見通しは、その後の日中関係のたどった道のりと米国外交を考える上で、きわめて多くの示唆を含んでいる。かかる王正廷の外交思想は、今日の中国外交を理解するためにも示唆に富むと言うことが出来るだろう。

＊本研究は二〇〇六年度天津市教育委員会「王正廷の外交思想」の研究成果の一部である。

註

★1――今井精一「幣原外交における政策決定」『年報政治学 対外政策の決定過程』（有斐閣、一九五九年）一一〇―一一一頁。入江昭『極東新秩序の模索』（原書房、一九六八年）。服部龍二『東アジア国際環境の変動と日本外交一九一八―一九三一』（有斐閣、二〇〇一年）。

★2――拙稿「済南事件解決交渉と王正廷」『情報文化研究』第一六号、「日中通商航海条約改正交渉と王正廷」『情報文化研究』第一七号、「王正廷外交について」『現代と文化』第一〇九号、「治外法権撤廃と王正廷」『日本福祉大学情報社会科学論集』第七巻、「満蒙危機と中国側の対応」『現代と文化』第一一四号、「王正廷の対日構想」『現代と文化』第一一九号、「国民政府と満蒙問題」『日本研究』第四〇集を参照。

★3――王正廷「王道と覇道」は『東京朝日新聞』に一九二三年一二月二五―二八日付まで四回にわたって連載された。第一回の題目は「日支親善の障碍――如何にして両国の親善を実現するか」であったが、翌日の二回目より「王道と覇道」に変更された。

★4――「著者の序」王正廷著、竹内克己訳『近代支那外交史論』（中日文化協会、一九二九年）一―二頁。

★5――同上、三―四頁。

★6――同上、三頁。

★7――呉天放編『王正廷近言録』（均益利国聯合印刷公司、一九三三年）一五一頁。

★8――前掲「王道と覇道」『東京朝日新聞』一九二三年一二月二七日。

★9―前掲『王正廷近言録』一四八―一四九頁。
★10―同上書、六六頁。
★11―前掲「王道と覇道」『東京朝日新聞』一九二三年一二月二七日。
★12―前掲『王正廷近言録』四五―四六頁。
★13―前掲『近代支那外交史論』著者の序、二頁。
★14―前掲『王正廷近言録』、四三頁。
★15―「順序ある外交」については、前掲「日中通商航海条約改正交渉と王正廷」、「王正廷外交について」を参照。
重光葵『外交回想録』(日本図書センター、一九九七年)一〇三―一〇四頁。
★16―前掲『王正廷近言録』四五頁。
★17―前掲『王正廷近言録』九五頁。
★18―前掲『王正廷近言録』一五五頁。
★19―前掲『極東新秩序の模索』九四―九九頁。
★20―楼桐孫「新約平議」『東方雑誌』第二六巻第一号、一三頁。
★21―同上。前掲『王正廷近言録』四七頁。
★22―前掲『王正廷近言録』一三九―一四〇頁。
★23―前掲『近代支那外交史論』一三四―一四〇頁。
★24―前掲『王正廷近言録』八九―九一頁。前掲「治外法権撤廃と王正廷」『日本福祉大学　情報社会科学論集』第七巻、六四―六五頁。
★25―前掲『近代支那外交史論』一三一頁。
★26―同上書、一六八頁。
★27―前掲『王正廷近言録』七五頁。
★28―前掲『近代支那外交史論』一三一頁。
★29―外務省『日本外交文書』昭和期I第一部第三巻、八四〇頁。
★30―山本条太郎翁伝記編纂会『山本条太郎　論策二』(原書房、一九八二年)四七九頁。

★31——外務省『日本外交文書』昭和期I第一部第三巻、八三七―八四四頁。
★32——前掲『王正廷近言録』三一頁。
★33——外務省記録A・一・一・〇・一―一三。『満蒙問題ニ関スル交渉一件　蒋介石全国統一後ニ於ケル満蒙鉄道ニ関スル日支交渉関係』外務省外交史料館所蔵、四三―四四頁。

参考文献

王正廷「王道と覇道」『東京朝日新聞』一九二三年一二月二五―二八日
――（竹内克己訳）『近代支那外交史論』中日文化協会、一九二九年
高文勝「王正廷外交について」『現代と文化』第一〇九号
――「王正廷の対日構想」『現代と文化』第一一九号
――「国民政府と満蒙問題」『日本研究』第四〇集
呉天放編『王正廷近言録』均益利国聯合印刷公司、一九三三年
重光葵『外交回想録』日本図書センター、一九九七年
服部龍二編『王正廷回顧録』中央大学出版部、二〇〇八年
横田豊「王正廷のもうひとつの『大アジア主義』」『歴史評論』第五二一号

第6章 危機の連鎖と日本の反応
——朝鮮・満州・「北支」・上海 一九一九〜一九三二年

小林道彦
KOBAYASHI Michihiko

1 ワシントン体制と朝鮮要因

一九一九年の朝鮮三・一独立運動が、ウィルソン大統領の新外交に触発されて起こったことは今ではよく知られている。しかしながら、アメリカ主導で形成された東アジアの国際協調体制、いわゆる「ワシントン体制」は日本の朝鮮統治を包摂して構成されていた。そして、ワシントン体制は朝鮮要因ではなく中国革命外交によって動揺を開始し、一九三一年九月の満州事変の勃発によって崩壊したのである[★1]。

朝鮮問題はその重要性にもかかわらず、日本の満州事変研究では十分な検討はなされてこなかった。また、満州問題を中国本土の軍閥内戦と関連させてとらえる視点も十分ではなかった。

在満朝鮮人問題は日本の朝鮮統治に大きな影を落としていた(三一年七月、万宝山事件・朝鮮事件)。しかも、一九三〇年の中原大戦の結果、張学良の支配領域は華北にまで拡大していた。「学良軍閥の覆滅」を追求するなら、日本軍は華北へ侵攻しなければならないはずだった。一九三一年か三二年の時点で、満州事変は

「北支事変」に発展していたかもしれないのである。

それではなぜ、満州事変は満州にとどまったのか。満州事変と朝鮮統治とはいったいどのような関係にあったのだろうか。なぜ、満州事変は華北ではなく上海に飛び火したのだろうか。

本章では、東アジア国際政治史上きわめて重要な意義を有する「三月一日」という日付に着目し、三・一独立運動(一九一九年)から満州国「建国宣言」(一九三二年三月一日)までの東アジア国際政治史を、朝鮮・満州・「北支」という「危機」の連鎖の形成という観点から論じる[★2]。

2 朝鮮統治の動揺と張作霖の中原進出

一九一九年三月、朝鮮全土を揺るがす一大独立運動が起こった。いわゆる三・一独立運動(万歳事件)である。日本の朝鮮統治は大きく揺らいだ。だがこの段階では、危機は朝鮮半島に限定されていた。奉天軍閥の満州支配は安定しており、時の原敬内閣は満州の支配者張作霖との間に良好な関係を築いて、「鮮満」国境地帯の「危機管理」を行っていたのである。

一九一七年のロシア革命とその後の内戦は極東ロシアにまで波及し、シベリア情勢は不透明な状況にあった。アメリカ・中国(北京政権)との協調を重視していた原内閣は、成立後ほどなくしてシベリアからの段階的撤兵を決定するが、その背景には、現地の「過激派」と穏健派の政治的歩み寄りに対する淡い期待があった[★3]。

仮にロシアの混乱が収まらなかったとしても、それは強大なロシア帝国の復活よりははるかに望ましい。寺内正毅内閣時代(一九一六年一〇月–一八年九月)に警戒されていた、ロシアの崩壊にともなう「独墺勢力の東漸」、ドイツのシベリア進出の可能性は、一九一八年一一月の中欧革命によって完全に消滅していた。原内閣の撤兵方針に陸軍が同意できたのはそのためであった。

一九二〇年六月、朝鮮軍（宇都宮太郎司令官）は朝鮮人武装集団を武力「討伐」するために部隊を満州へ独断越境させた。だが、それが奉天軍閥と日本との関係を悪化させた形跡はない。張作霖は朝鮮軍の越境を黙認していたのである。また、『原敬日記』を読む限りでは、原も宇都宮の独断出兵をとくに問題視していない[★4]。原は宇都宮に他意がないことを承知していたのである。

国境地方に隣接した間島《かんとう》地方には朝鮮人が大量に入植しており、清朝の時代から間島は朝鮮－清国間の係争地であった。日本政府は清国側の意向に配慮して国境線を画定したが（一九〇九年九月、間島協約）、その後も間島地方の朝鮮人問題は、そこが朝鮮独立運動の根拠地として利用されたことにより、日中間の潜在的な火種となっていた。

同年一〇月、琿春《こんしゅん》事件――同地の日本領事館が焼き払われ、邦人が殺傷された事件――をきっかけに、原内閣は間島地方への出兵に踏み切った。今度は閣議決定を経た政略出兵である。原は、当面は張作霖に「不逞鮮人」取締りの責任を負わせるつもりでいたが、最終的には間島地方を日本が租借することで決着を付けたいと考えていた[★5]。

この時、閣議決定に基づいて、関東軍からも歩兵一大隊と騎兵若干が間島に派遣されている。六月の越境攻撃は宇都宮の独断であったが、その後、宇都宮－田中（義一）、田中－原の間でそれぞれ意見調整がおこなわれ、内閣の統制が確保されたのである[★6]。

その後、朝鮮統治は再び安定した。原によって朝鮮総督に抜擢された海軍大将の斎藤実（一九一九－二七年）は朝鮮の産業「育成」に力を注いだ。一九二三年には併合以来禁止されていた朝鮮人の「内地」渡航が解禁された。だが、これらの諸政策は新たな緊張の種を蒔くことになる。

朝鮮の産業育成は一定の成果を上げた。一方、それは朝鮮社会内部の所得格差を拡大させ、窮乏化した朝鮮人は日本や満州へ出稼ぎにでかけ、一部はそこに定着するようになった[★7]。ところが、低賃金労働力の内地への流入による失業問題の深刻化を警戒する日本政府は、朝鮮の「過剰人口」を満州方面に排出しようとしていたのである[★8]。

一方、中国本土からの満州移民も急増していた。満州の経済発展は顕著であり、中国本土からの出稼ぎ労働者は少ない年で一〇万人、多い年で七〇万人余りも越冬して定住していたのである(一九二三─三〇年、累計二九一万人)。この間、日本人移民は累計で二三万人余りに止まっていた(一九三〇年)。満州での人口競争に打ち勝つためにも、朝鮮人の満州移民(一九二八年三月の時点で約七八万五〇〇〇人)は促進されねばならなかった[★9]。

ところが、張作霖の中原進出にともなって、満州情勢はにわかに不安定化し始める。一九二四年一〇月の第二次奉直戦争は、奉天軍閥の張作霖と直隷軍閥の呉佩孚との華北を舞台とする抗争であるが、時の宇垣一成陸相はさまざまなルートを用いて、直隷派の馮玉祥に反乱を起こさせて張作霖軍の敗北を未然に防いだ。外相の幣原喜重郎は不干渉主義を標榜していたが、こうした陸軍の動きは十分把握しており、見て見ぬふりをしていたにすぎなかった[★10]。

翌年一二月には、張作霖の部将の郭松齢が奉天方面で反乱を起こした。虚を突かれた張は危地に陥ったが、時の第二次加藤高明内閣は関東軍司令官を通じて両軍に警告を発し、張は危うく難を遁れた[★11]。朝鮮軍は奉天に部隊を派遣し、南満権益の防衛に当たった。斎藤朝鮮総督は、「満州の状勢は、朝鮮も国境のみに止まらず、〔朝鮮〕全体に甚大の影響を及ぼす」と考えていたのである[★12]。

張作霖が中原進出の野望を棄てない限り、中国本土の内戦は満州に波及せざるを得ない。満州経営を安定させるためには、張は満州統治に専念しなければならない。原内閣以降の歴代内閣は「親日的な」張作霖を利用して、在満権益を維持・拡大するという基本方針をとっていた。だが、日本の意向を素直に聞く張ではなかった。

当時の日本陸軍は田中義一と宇垣一成という穏健派が牛耳っており、彼らはともに政党勢力と提携しなければ陸軍に未来はないと考えていた。田中・宇垣は協力して軍縮を推進すると同時に（一九二五年、宇垣軍縮）、田中は政友会に、宇垣は憲政会（二七年以降、立憲民政党）にそれぞれ接近し、田中はついに高橋是清の後継総裁に就任した（二五年四月）。普通選挙を間近に控え、政友会は田中が掌握していた在郷軍人会の票が欲しかったのである。

田中は政党勢力と軍部を同時に抑えることで、明治憲法体制の欠陥であった国務と統帥の分裂を克服しようと考えていた。だが、それは大きな困難に直面する。陸軍内部には穏健派支配に反発する、上原勇作系の反長州閥グループが形成されつつあった。彼らの中心に位置していたのが、後の皇道派のリーダー荒木貞夫である。荒木は河本大作ら関東軍の強硬派との連携を策しつつあった。一方、政党総裁としての田中の党内統制力も十分ではなかった。

3　政友会積極外交の迷走

一九二六年に始まった、国民革命軍（総司令蔣介石）による北方軍閥打倒の中国統一戦争、いわゆる北伐は日本の中国政策を大きく押し揺るがした。幣原外相をはじめとする憲政会－民政党系は、中国統一は当分の間見込みはないと考えていた。ところが、田中政友会では「支那赤化」の脅威が声高に唱えられていた。彼らは、中国国民党はソ連共産党のエージェントであると考えており、国民党による中国の「赤化統一」を恐れていたのである。

陸軍にとっても、北伐は衝撃的な出来事であった。陸軍がワシントン体制、とりわけ九カ国条約の尊重を掲げていたのは、その門戸開放・機会均等原則がアメリカ主導の「支那国際管理」を押しとどめるのに有効だと考えられたからであった。ところが、今や「支那国際管理」よりも「支那赤化」の方が脅威であった。陸軍のワシントン体制に対する態度は揺れ始めた。

一九二七年四月、北伐にともなう上海共同租界の実力接収を阻止するために、イギリス政府は第一次若槻礼次郎内閣に陸軍の共同派兵を持ちかけた。だが、幣原外相はそれを拒否した。幣原は国民革命内部の路線対立を予見していたのである(四・一二上海クーデタ)。一方、野党政友会は幣原外交を「軟弱外交」だと激しく非難していた。

結局、折から深刻化した金融恐慌と中国問題が憲政会内閣の命取りになった。四月二〇日、田中政友会内閣が成立した。

田中は幣原軟弱外交を糾弾してきた手前、人目を驚かすような外交を推進せざるを得なかった。居留民保護の名目で行われた第一次山東出兵がそれである(五月)。出兵を主導したのは陸軍ではなく政党勢力、政友会であった。ついに、政党勢力は対外出兵をも左右するようになったのである[★13]。

紙幅の関係上、第一次山東出兵の一部始終にはこれ以上は触れない。結論から言えば、この時は幸いにも日中両軍の衝突は起こらなかった。しかしながら、翌年の第二次出兵ではついに日中間に武力衝突が発生した。いわゆる済南《さいなん》事件である(一九二八年五月三日)。

第二次出兵の主導権も政党内閣が握っていた。田中には北伐を阻止しようという意図は全くなかった。彼はただ「居留民保護」を国内世論にアピールしたかっただけだった。それはきわめて独善的な、内向きの「外交」であった。田中は張作霖にはまだまだ利用価値はあると考えていたのである[★14]。

一方、陸軍は出兵には慎重であった。陸軍内部、とりわけ参謀本部では政党勢力の専横に対する不満の声が上がっていた[★15]。荒木(参謀本部第一部長)は関東軍と連携して、張作霖を葬り去ろうとしていた。彼らは「保境安民」に専念しない、日本の言うことを聞こうとしない張作霖に見切りを付け、息子の張学良を擁立して満蒙の諸懸案を一気に解決しようとしていたのである[★16]。関東軍は、張作霖の満州帰還につながりかねない山東出兵にはもともと反対だった[★17]。

この間、田中は五・一八覚書を出して、北伐軍と張作霖軍が混戦状態のまま満州に雪崩れ込んできたら、関東軍は両軍を山海関方面で武装解除するとの声明を発表していた。田中の狙いはそれによって北伐軍の進撃を牽制し、平和裏に張作霖軍を満州に引き揚げさせることにあった。田中の狙いは図に当たったかのように思われた。張作霖の北京退去の報に田中は安堵の溜息を漏らしていた[★18]。

関東軍にとって、北伐の中断は最悪の事態であった。以後の経緯についてはは触れるまでもあるまい。六月四日未明、張作霖は奉天郊外で爆殺された。関東軍の犯行であった。

田中は予想外の事態に動揺したが、学良軍との衝突に備えると同時に、他方では張学良の積極的な抱き込みを図った。そして、同年一二月に張学良が国民政府に合流すると(東三省易幟)、今度は国民政府の親日化に中国政策の舵を切った。「田中協調外交」が始まったのである。田中は、中国側が満州での土地商租権を認めることと引き換えに、東三省での治外法権の撤廃を表明するつもりであった[★19]。

田中とそりがあわなかった昭和天皇は、田中協調外交を正当に評価できなかった。しかも、閣内の突き上げに遭遇した田中は、張作霖爆殺事件に関与した陸軍軍人を厳しく処罰するという当初の方針を撤回してしまった。それは若き天皇の怒りを買った。こうして、田中内閣は総辞職し、民政党の浜口雄幸内閣が成立した（一九二九年七月）［★20］。

田中内閣の致命傷となったのは、田中の政党総裁としての党内統制力の弱さであった。厳罰方針を撤回させたのは軍部の圧力ではなく、意外にも望月圭介内相・原嘉道法相ら文官閣僚の反対論であった［★21］。田中内閣は政友会の党派的外交と関東軍の暴走によって打撃を受け、最終的には首相自らのリーダーシップの混迷によって自壊したのである。

4　経済外交と朝鮮自治論

浜口内閣には、幣原と宇垣がそれぞれ外相と陸相として返り咲いており、彼らは連携して新たな中国政策を推進していた。それは中国国民政府と張学良に対する近代化支援政策であった。宇垣陸相は蒋介石の国民政府と張学良軍閥に限定して武器輸出を解禁するとともに、軍事顧問の派遣などを通じて国民政府軍の近代化を積極的に支援した。内務省は治外法権の撤廃を見越して、中国人留学生を警察官講習所に迎え入れた。公僕意識に裏打ちされた近代的な警察制度の整備こそは、治外法権の撤廃にともなう喫緊の政策課題だったからである。

浜口内閣は中国情勢の安定化に楽観的であった。とりわけ、浜口と宇垣はそうであった。一方、幣原と蔵相の井上準之助は中国統一の可能性に疑問を抱いていた。とくに井上は、中国国民政府の革命外交には露骨に嫌悪感を表していた。もっとも、彼らは日中間の政治的懸案を棚上げしても、経済交流が活発化すれば両国関係は自ずと安定すると考えていた。幣原外交が「経済外交」と呼ばれる所以である。

幣原と井上の政策枠組は「政経分離論」ともいうべきものであった。彼らは日本の満州権益は純然たる経済権益であり、張学良政権が計画していた満鉄並行線ですらも、今まで独占的な地位に安住して、惰眠をむさぼっていた満鉄にはよい刺激になるとして、それを歓迎する意向すら示していた。

一九二九年夏の奉ソ紛争は、張学良がソ連の手先ではないことを明らかにした。また、第一次五カ年計画はソ連が国内建設に専念していることの証しでもあった。幣原や井上は「支那赤化」の脅威は低下したと考えていた。したがって、日本の満州権益は純然たる経済権益として再定義されるべきだということになる。経済外交の背後にはこうしたソ連認識が存在していたのである。

朝鮮では斎藤総督が朝鮮自治の可能性を模索していた。それは朝鮮議会を設置して、ある程度の予算審議権や自治権を朝鮮人にあたえようというもので、満州情勢の安定を所与の前提としていた[★22]。

朝鮮自治論は井上の朝鮮統治構想と密接に連動している。井上は朝鮮銀行を産業資本供給銀行へと改組して、朝鮮銀行券を回収して日銀券を全面的に流通させることを検討していた。つまり、経済的な「内鮮」一体化の追求である。それは寺内正毅内閣以来行なわれていた朝鮮銀行券の大陸進出策の断念を意味していた。朝鮮を日本の経済圏に完全に組み込むことができれば、そこに一定の自治を認めても問題はないのである。

ちなみに、一九三〇年一月の金解禁は、中国情勢は当分不安定ながらも破局的な事態には立ち至らないだろうとの見通しに基づいていた。井上蔵相は極東情勢の最大の攪乱要因は日本陸軍、とりわけ関東軍にあると考えていた。自分と幣原が内閣の枢機に関わっている限り、日本陸軍の暴走は絶対に許さない。田中内閣時代に金解禁に反対していた井上が、今度は一転して解禁論に転じたのはそのためであった[★23]。

しかしながら、浜口・宇垣と幣原・井上間の中国政策は十分調整されていなかった。一九三〇年一一月、浜口が右翼の凶弾に倒れると、幣原・井上の経済外交に対する宇垣の違和感は強まっていった。翌年四月、健康状態が悪化した浜口は辞職し、宇垣は朝鮮総督に就任して国内政治から一歩身を引いた(六月)。

この間、幣原も経済外交の限界を痛感しつつあった。張学良は急速に排日的姿勢を露わにしていた。満鉄並行線建設計画に対しては、さすがの幣原も徐々に危機感を持つようになっていたのである(一九三〇年一二月「満州懸案鉄道問題に関する幣原外相方針」)[★24]。

第二次若槻内閣が登場した時、危機の連鎖は再び形成されつつあった。見かけ上安定しているかに見えた朝鮮統治は、朝鮮人の人口流出、とりわけ満州方面へのそれ(八〇万―一〇〇万人)に示されているように、徐々に「危険水域」に近づきつつあった[★25]。朝鮮社会の二極分解はいっそう進行していたのである。

張学良政権や満州の地方軍権から見れば、朝鮮人は結果的に日本の「侵略の走狗」としての役割を演じているかのように見えた。満州内陸部に移り住もうとしていた朝鮮人と中国人との間には徐々に対立的な空気が高まっていた。

こうした雰囲気の中で起こったのが、万宝山事件と朝鮮事件である。朝鮮人移民と中国人農民との水利権をめぐる紛争に日中両国官憲が介入したのが万宝山事件であるが(七月二日)、この事件が報道される否や、平壌をはじめとする朝鮮全土で華僑排斥の暴動が勃発した(七月四―五日、朝鮮事件)。

朝鮮事件は「内鮮融和」的な観点から見ればきわめて都合のよい事件であった。だが、このような大衆騒擾は往々にしてコントロール不能となり、官憲の取り締まりをきっかけに反政府＝独立運動に転化しかねない。朝鮮総督府は事態の鎮静に乗り出さざるを得なくなった。

暴動は比較的短期間で終息したが、そのスケールは三・一事件を彷彿とさせた。朝鮮日本人社会や総督府・朝鮮軍からの駐箚軍増強要求は強まっていった。満州問題が在満朝鮮人問題を媒介にして朝鮮に逆流し、その統治を静かに揺るがし始めたのである。朝鮮統治を安定化させるためには満州情勢を安定化させなければばならない。宇垣や幣原・井上の危機感はいよいよ増大していった。

ところが、関東軍には朝鮮統治に対する危機感はなかった。河本らが更迭された後、関東軍の参謀に就任した板垣征四郎や石原莞爾は、海軍艦隊派や皇道派と連携して政党内閣打倒の軍事クーデタの可能性を追求していたが、彼らはクーデタが未発に終わっても、関東軍が満州で危機的な状況を引き起こせば、朝鮮軍は否応なしに満州へ出兵せざるを得なくなると考えていた。また、張学良軍閥を根こそぎにするための「北支」への出兵も検討されていた。関東軍の満蒙領有計画は、「北支事変」にまでエスカレートする可能性を含んでいたのである［★26］。

5 危機の連鎖——朝鮮・満州・「北支」

九月一八日、関東軍は柳条湖事件を口実に南満州鉄道沿線で軍事行動を起こした。朝鮮軍はただちに独断で越境し、関東軍の作戦行動を支援した。閣内では異論が続出したが、在満邦人（朝鮮人をも含む）の生命財産の保護という観点から、若槻首相は朝鮮軍の越境を追認してしまった。

だが、若槻が認めたのはそこまでであった。関東軍の兵力増強要求に対して、内閣は不拡大方針を掲げてそれを拒み続けた。南次郎陸相ら軍中央も、当初は既得権益の擁護のための新たな軍閥政権の擁立で十分だと考えていた。事変勃発から一カ月以上経っても、関東軍は満鉄沿線とその周辺地域で右往左往しているだけであった。満蒙領有のための北満、チチハル・ハルピンへの出兵は未だ行なわれていなかったし、その目途も立たなかった。

もっとも、突破口がないわけでもなかった。

不拡大方針＝「既得権益」擁護の中身は曖昧であった。当時、満鉄は借款鉄道をいくつか持っていたが、中国側の債務履行は滞っており、日中間の紛争の火種となっていた。関東軍はそこに目を付けた。チチハル近郊嫩江《のんこう》鉄橋――満鉄の担保物件であった――が、学良側地方軍閥によって破壊されたことを口実に、関東軍は橋梁修理掩護のための兵力派遣を要求してきたのである。

若槻内閣は、関東軍の陰謀は行き詰っていると判断して、迂闊にもそれを承諾してしまった。嫩江方面への出兵は既得権益擁護の範疇に収まるだけではなく、幣原も危惧するようになっていた満鉄並行線の建設を阻止するためにも必要だったのである。

こうして関東軍は不拡大方針の一角を突き崩した。若槻内閣はチチハル出兵に閣議決定の制約を加えようとしたが、奉勅命令と臨参委命という「デュアル・システム」の運用上の不備もあって、関東軍は北満進出の第一歩を印した（一一月一九日、チチハル占領）。臨参委命は「臨時参謀総長委任命令」のことで、天皇の統帥権の一部を参謀総長に委任するという非常措置である。

一方、関東軍の戦力も枯渇しつつあった。一一月のチチハル作戦で関東軍は大損害を蒙り、これ以上の作戦継続は非常に困難であった。しかし、北方が駄目なら南方がある。関東軍は以前から目障りであった錦州の張学良政権に対する攻撃を強行しようとしたが、政府と参謀本部は連携してそれを阻止した（一一月二七－二九日）。石原は困惑と失望のあまり、一時は満蒙領有はおろか独立国の樹立も断念し、国際連盟の委任統治に満州を委ねることをも考慮し始めた（一二月初旬）［★27］。

この間、支那駐屯軍は錦州政権を華北から攻撃しようとしていた。彼らは関東軍と連携して、張学良軍閥を南北から挟撃・覆滅しようとしていたのである。独走の連鎖はついに「北支」にまで及ぼうとしていた。だが、それは内外の世論を著しく刺激し、折角進行しつつあった溥儀の擁立工作をも困難にするかもしれない。この時、支那駐屯軍の蠢動を抑えたのは何と関東軍であった（一一月四日）［★28］。若槻内閣の不拡大方針は往々にして時宜を失していたが、それでも関東軍を徐々に追い詰めていた。若槻らは自信を回復しつつあった。

ところが、関東軍の窮地はアメリカ政府の不手際によって救われた。幣原は金谷範三参謀総長と連携して関東軍を抑えようとしていたが、幣原から得たこの極秘情報を国務長官のスティムソンが不用意に公表したことにより、日本国内では幣原の「軍機漏洩」、さらには「統帥権干犯」が強く非難されるに至ったのである（一一月下旬）［★29］。

統帥権干犯は錦の御旗であった。国内世論は一変した。今まで洞ヶ峠を決め込んでいた政友会も一斉に内閣打倒に立ち上がった。閣内では安達謙蔵内相がそれに呼応した（いわゆる協力内閣運動）。幣原を庇うことにも限界があった。一二月一一日、第二次若槻内閣は総辞職し、政友会の犬養毅に大命が降下した。

犬養内閣が関東軍の北満作戦や錦州作戦を容認したことはよく知られている。だが、その背後には複雑な事情があった。

当時、支那駐屯軍は再び錦州攻撃に打って出ようとしていた。そこで、犬養は関東軍に錦州を占領させることで支那駐屯軍の暴発を防ぐという奇策に出た（一二月二七日）。前内閣と同様、犬養内閣も「北支事変」の勃発を必死に抑え込んでいたのである。その背景には、犬養と国民党との密接な関係があった。

中国国民党内部には、関東軍を利用して張学良政権を打倒しようという動きがあった。犬養は国民党との黙契のもとに、関東軍の錦州攻撃を許したのである。彼は満州の領有権が中国にあることを前提に、当面は国際的警察軍で満州の治安を維持するという打開策を考えていた［★30］。

そして、こうした動きを支えていたのが、上原勇作（元帥）―永田鉄山（陸軍省軍事課長）―今村均（参謀本部作戦課長）という陸軍穏健派グループであった。彼らは満州からの日本陸軍の段階的撤兵計画を立案し、一部は天皇の支持を得て実行に移されていた。事態は天皇の意向通りに動いているかのように思われた［★31］。

6　朝鮮独立運動と第一次上海事変

一月八日、衝撃的な事件が起こった。大韓民国臨時政府（在上海）の要人、金九の指示による天皇暗殺未遂事件、いわゆる桜田門事件である。事件は朝鮮人李奉昌による爆弾テロであるが、朝鮮人による「大逆事件」は日本全国を震撼させた。李は天皇暗殺を朝鮮独立の狼煙にしようとしており、上海から渡航してこの挙に及んだのである。

桜田門事件の衝撃は瞬く間に中国本土に波及した。青島では国民党機関紙の挑発的な報道に怒った日本人居留民が中国側と衝突し、海軍陸戦隊が上陸して日本領事館の警備に当たった（一月一二日）。「第四次山東出兵」は目前に迫っているかのように思われた。ところが、実際に戦火が広がったのは青島ではなくて上海であった。

満州事変の勃発以来、上海では日中間の緊張が高まっており、国民党機関紙の「不幸にも爆殺失敗」との報道（一月一一日）に憤激した日本人居留民と中国側との緊張は急速に高まっていた。一月二八日、ついに上海で日中両軍は衝突した（第一次上海事変）。

第一次上海事変の勃発に関しては不明な点が多い。ただ日本側の動機の中に、上海を拠点とする朝鮮独立運動に対する軍事的示威という要素があったことは否定できないように思われる。青島よりも上海の方が、さまざまな火種に事欠かなかったのである。

在満朝鮮人問題によって、朝鮮統治と満蒙問題とはより密接に連動するようになった。また、張学良政権の華北への勢力拡大は満蒙問題と「北支」情勢とを結び付けた。そして、桜田門事件は朝鮮独立運動と上海との結び付きを日本側にあらためて認識させた。朝鮮－満州－華北－上海という「不安定の弧」、特に満州から上海に至るまでの地域に戦火は拡大しようとしていたのである。

宇垣朝鮮総督は直ちに上京してお詫びを言上すると同時に、犬養首相と善後策を協議し、満州国の独立を抑制しようとした。犬養は上原元帥を動かして、荒木貞夫陸相ら皇道派の暴走を抑えるつもりであった。参謀本部では上原の意を受けた今村作戦課長が、真崎甚三郎参謀次長の反対論を押し切って満州からの段階的撤兵を実行に移そうとしていた[★32]。

しかしながら、それはことごとく失敗に終わった。上海事変の勃発がすべての可能性を押し流してしまったのである。

関東軍の「活躍」は海軍内部の革新派将校をいたく刺激しつつあった。政府の関心は関東軍の独走の抑制に向けられており、海軍の出先に対する注意は比較的弱かった。満州方面で隘路に陥っていた石原らはそこに目を付けた。彼らは、海軍革新運動と連携して上海方面で事を起こすことを企み、次いでそれを実行に移したのである。

浙江財閥の本拠地である上海での大規模な戦争は、犬養内閣の和平交渉に致命的な打撃をあたえた。そして、上海事変の勃発と相前後して、陸海軍の穏健派(金谷範三、今村均、谷口尚真軍令部長、百武源吾軍令部次長ら)は参謀本部や軍令部から一斉に追放された(三一年一二月－翌年二月)。それは皇道派(荒木陸相、真崎参謀次長)と艦隊派(加藤寛治軍事参議官、末次信正第二艦隊長官)の策動によるものであった。関東軍は満州国の独立工作をいっそう加速していった。今村らが進めていた満州からの段階的撤兵も吹き飛んだ。

一九三二年三月一日、関東軍は満州国の独立宣言を強行した。従来、まったく注目されてこなかったことであるが、満州国の建国宣言を三月一日に行なったことはきわめて重要である。なぜなら、それは三・一独立運動記念日であったからである。

石原の満蒙領有論は「韓国併合の論理」の延長線上にあり、それは単なる大日本帝国の膨張であった。その点では石原の論理に破綻はなかった。ところが、板垣らの満州独立国家構想は、「独立国」という建前を守ろうとする限り、「日本はなぜ、満州の独立を促がしながら、朝鮮の独立には反対するのか」という、日本側の論理を逆手に取った朝鮮独立要求や自治権拡大運動を誘発しかねない。三月一日に満州国の建国宣言をあえてぶつけたのは、朝鮮独立運動に対する関東軍の示威行為でもあった。満州国の独立が朝鮮独立とは関係ないことを関東軍は公然と表明したのである。

宇垣はこうした露骨なやり方は朝鮮統治にマイナスだと考えていた。宇垣によれば、「朝鮮万歳騒の紀念日たる三月一日に満州国家を建設し、意味を為さざる民族自決の辞を濫用」することはあまりに無謀であり、「智慧の乏しさ加減」にもほどがあるというのである[★33]。

宇垣の懸念は的中した。四月二九日、上海の天長節祝賀会場で事件が起こった。朝鮮人の尹奉吉が投じた爆弾によって、白川義則上海派遣軍司令官、野村吉三郎第三艦隊司令長官ら多くの日本側要人が負傷したのである(五月二六日、白川は死亡)。関東軍の挑発的「記念日攻勢」が、こうしたテロを誘発したことは間違いあるまい。

中国側は緊張した。上海で再び戦火が起こるのではないか。

管見の限りでは、日本側、少なくとも軍中央にはそうした意図はなかった。四月三〇日、荒木と真崎は宮中に参内して、上海の第一四師団を満州に移すこと、その他の一部兵力を帰還・復員させること等を上奏し、天皇の裁可を得た。荒木らはソ連の動向を気にしており、満州国の承認とその「育成」に彼らの関心は移っていたのである。また、海軍艦隊派には長期的な大陸政策のビジョンはなかった[★34]。五月五日、上海停戦協定が調印された。

一方、犬養はなおも満州国の独立承認を肯んぜず、なんとか事態を打開しようと努力を重ねていたが、第一次上海事変(三月三日、休戦)と満州国建国宣言の後ではその可能性も薄かった。こうして、日本は混乱の内に五・一五事件を迎えるのである。

7 新たな危機と体制の立て直し

斎藤・岡田(啓介)両中間内閣の時代(一九三二―三六年)に次第に形成されてきた、高橋蔵相を中心とする「内閣の中の内閣」――それには民政党、永田率いる陸軍統制派、財界、社民勢力などが結集していた[★35]――は、門戸開放・機会均等原則の適用を梃子に満州国を真の独立国に改造することと、華北での非武装中立地帯の設定による軍事的衝突の回避とを通じて、日本と満州国、それに共産党を掃滅しつつあるかに見えた中国国民政府を、構築されるべき「新ワシントン体制」の中に組み入れようとしていた[★36]。

しかしながら、張学良は依然として健在であった。また、満州国南部国境をどこに引くかという問題も曖昧なままであった。溥儀とその周辺は北京復辟を強く望んでいた。日本国内でも満蒙領有論は未だ燻っていた。桜田門事件の衝撃も残っていた。朝鮮統治を安定化させるために必要なのは、朝鮮に一定の自治を認めることなのか、それとも「内鮮一体化」なのか。満州事変が引き起こした東アジア秩序の動揺はその後も継続し、日本はその「帝国内秩序」の安定化に苦慮するようになるのである。

註

★1――細谷千博編『ワシントン体制と日米関係』(東京大学出版会、一九七八年)。マクマリー著・ウォルドロン編(北岡伸一監訳・衣川宏訳)『平和はいかに失われたか』(原書房、一九九七年)。ワシントン体制は海軍軍縮条約、中国に関する九カ国条約、太平洋に関する四カ国条約という三つの条約を支柱とする国際協調体制である。

★2――本稿で特に註を付していない個所については、拙著『政党内閣の崩壊と満州事変』(ミネルヴァ書房、二〇一〇年)を参照されたい。

★3――一九一九年一二月二四日付陸軍省「対西伯利政策」(国立国会図書館憲政資料室所蔵『牧野伸顕関係文書』四一四)。

★4――宇都宮太郎関係資料研究会編『日本陸軍のアジア政策・陸軍大将宇都宮太郎日記』第三巻(岩波書店、二〇〇七年)一九二〇年六月七日。原奎一郎編『原敬日記』(福村出版、一九八一年)一九二〇年八月三日。なお、この件に関しては『宇都宮太郎日記』一九一九年九月一五日、一九二〇年六月一二日、同一四日、七月二五日、八月一三日、一〇月九日の条も参照のこと。

★5――『原敬日記』一九二〇年一〇月九日、一一月一二日。

★6――『原敬日記』一九二〇年一〇月七日、一〇月一二日、一一月二日。

★7――木村幹『朝鮮半島をどう見るか』(集英社新書、二〇〇四年)一〇二―一一三頁。

★8――たとえば、山本条太郎の産業立国主義などはその好例である。「会見メモ・一九三〇年四~五月」(国立国会図書館憲政資料室所蔵『鶴見祐輔文書』五〇〇)。

★9――満史会編『満州開発四十年史』上巻(同刊行会、一九六四年)八四、九四頁。なお、日本人移民数は関東州・鉄道付属地、「以上の地域外」居住者の合計値である。在満朝鮮人人口については、「間島方面よりする朝鮮人の吉林地方移住に関する調査」(国立国会図書館憲政資料室所蔵『斎藤実関係文書』書類の部一、九六―20)によった。なお、この数値は東三省と熱河省在住朝鮮人人口である。

★10――拙稿「政党内閣期の政軍関係と中国政策」(九州大学大学院経済学研究院政策評価研究会編著『政策分析2004』九州大学出版会、二〇〇五年)。

★11――前掲拙稿「政党内閣期の政軍関係と中国政策」。
★12――「奉直問題に対する朝鮮総督府の態度」(防衛省防衛研究所図書館所蔵『陸軍省密大日記』大正一五年)。
★13――以上、拙稿「田中政友会と山東出兵」(『北九州市立大学法政論集』第三二巻二・三合併号、二〇〇四年一二月)。
★14――「畑俊六日誌」一九二八年五月九日(軍事史学会編、伊藤隆・原剛監修『元帥畑俊六回顧録』錦正社、二〇〇九年)。
★15――前掲「畑俊六日誌」一九二八年四月一七日、一九日、五月三日、六月七日。
★16――前掲「畑俊六日誌」一九二八年五月三日、六月一一日、六月二七日。
★17――一九二八年四月二七日付荒木貞夫・松井石根宛河本大作書翰(東京大学法学部付属近代日本法政史料センター所蔵『荒木貞夫関係文書』書簡81)。この件については、三谷太一郎『近代日本の戦争と政治』(岩波書店、一九九七年)一一一―一一二頁参照。
★18――前掲「畑俊六日誌」一九二八年六月一日。
★19――前掲「畑俊六日誌」一九二八年八月三〇日、九月二二日。
★20――伊藤之雄『昭和天皇と立憲君主制の崩壊』(名古屋大学出版会、二〇〇五年)第三章参照。
★21――前掲「畑俊六日誌」一九二八年一二月二二日。
★22――森山茂徳「日本の朝鮮支配と朝鮮民族主義」(北岡伸一・御厨貴編『戦争・復興・発展』東京大学出版会、二〇〇〇年)。
★23――竹森俊平氏は、国際決済銀行(BIS)の常任理事国になるために井上は金解禁に踏み切ったとの新説を唱えているが、本稿で示したような国際政治的観点は抜け落ちている(竹森俊平「昭和恐慌、正しかったのは高橋是清か、井上準之助か」『中央公論』二〇〇九年一月)。
★24――外務省編『日本外交年表竝主要文書』下巻(原書房、一九六五年)一六八―一七一頁。
★25――前掲『満州開発四十年史』上巻、九五頁。
★26――関東軍司令部「満蒙問題処理案」(角田順編『石原莞爾資料(増補)国防論策篇』原書房、一九八四年、八〇頁)。
★27――石原「満蒙問題の行方」(鶴岡市郷土資料館所蔵『石原莞爾文書』K31)。
★28――「片倉衷日誌」一一月四日(小林龍夫他編『現代史資料7　満洲事変』みすず書房、一九六四年)、「満州事変機密作戦日誌」一一月四日（稲葉正夫他編『太平洋戦争への道』別巻・資料編、朝日新聞社、一九六三年）。

★29―坂野潤治「外交官の誤解と満州事変」（坂野『近代日本の外交と政治』研文出版社、一九八五年）。

★30―古嶋一雄『一老政治家の回想』（中公文庫、一九七五年）二四〇、二四四―二四五頁、犬養健「山本条太郎と犬養毅・森恪」（『新文明』一九六〇年七月号）、加藤陽子『満州事変から日中戦争へ』（岩波新書、二〇〇七年）一二三―一二四頁。

★31―狭山市立博物館所蔵「遠藤三郎日記」一九三二年一月一日、前掲「片倉衷日誌」一九三二年一月八日。

★32―前掲「遠藤三郎日記」一月六日、一一日、二三日、二五日、二月一日。

★33―角田順校訂『宇垣一成日記 2』（みすず書房、一九七〇年）一九三二年二月二七日。

★34―原田熊雄述『西園寺公と政局』第二巻（岩波書店、一九五〇年）二七三頁。波多野澄雄・黒澤文貴編『侍従武官長奈良武次 日記・回顧録』第三巻（柏書房、二〇〇〇年）四三三頁（一九三二年四月三〇日の条）。

★35―松浦正孝『財界の政治経済史』（東京大学出版会、二〇〇二年）第四章第三節参照。

★36―当該期における陸軍統制システムの崩壊については、森靖夫『日本陸軍と日中戦争への道』（ミネルヴァ書房、二〇一〇年）を参照のこと。

参考文献

稲葉正夫他編『太平洋戦争への道』別巻・資料編、朝日新聞社、一九六三年
伊藤之雄『昭和天皇と立憲君主制の崩壊』名古屋大学出版会、二〇〇五年
宇都宮太郎関係資料研究会編『日本陸軍のアジア政策・陸軍大将宇都宮太郎日記』第三巻、岩波書店、二〇〇七年
外務省編『日本外交年表竝主要文書』下巻、原書房、一九六五年
加藤陽子『満州事変から日中戦争へ』岩波新書、二〇〇七年
北岡伸一・御厨貴編『戦争・復興・発展』東京大学出版会、二〇〇〇年
九州大学大学院経済学研究院政策評価研究会編著『政策分析２００４』九州大学出版会、二〇〇五年
木村幹『朝鮮半島をどう見るか』集英社新書、二〇〇四年

軍事史学会編、伊藤隆、原剛監修『元帥畑俊六回顧録』錦正社、二〇〇九年
古嶋一雄『一老政治家の回想』中公文庫、一九七五年
小林龍夫他編『現代史資料7　満洲事変』みすず書房、一九六四年
小林道彦『政党内閣の崩壊と満州事変』ミネルヴァ書房、二〇一〇年
角田順編『石原莞爾資料（増補）国防論策篇』原書房、一九八四年
角田順校訂『宇垣一成日記　2』みすず書房、一九七〇年
波多野澄雄・黒澤文貴編『侍従武官長奈良武次日記・回顧録』第三巻、柏書房、二〇〇〇年
原奎一郎編『原敬日記』福村出版、一九八一年
原田熊雄述『西園寺公と政局』第二巻、岩波書店、一九五〇年
坂野潤治『近代日本の外交と政治』研文出版社、一九八五年
細谷千博編『ワシントン体制と日米関係』東京大学出版会、一九七八年
マクマリー著・ウォルドロン編（北岡伸一監訳・衣川宏訳）『平和はいかに失われたか』原書房、一九九七年
松浦正孝『財界の政治経済史』東京大学出版会、二〇〇二年
満史会編『満州開発四十年史』上巻、満州開発四十年史刊行会、一九六四年
三谷太一郎『近代日本の戦争と政治』岩波書店、一九九七年

第Ⅱ部

冷戦下の変容——帝国の解体から国交正常化へ

第7章 トルーマン政権の極東政策

長尾龍一
NAGAO Ryuichi

1 トルーマンの登場

後期ルーズヴェルト政権は「連合国対枢軸国」という枠組の下で世界戦争を戦うことを任務としたが、第四期目のルーズヴェルト大統領は、就任(一九四五年一月二〇日)から三カ月経たない四月一二日死去し、トルーマン政権が発足した。それからほどなくナチ・ドイツが降伏し、四カ月あまり後には日本が降伏して、トルーマン政権は対枢軸世界戦争から対ソ冷戦へのパラダイム転換という課題に直面した。パラダイム転換は、古いパラダイムに深入りし過ぎた者には向かない。後知恵でいえば、一九四四年の大統領選挙、ルーズヴェルト四選の選挙において、民主党副大統領候補をヘンリー・ウォレスからハリー・トルーマンに差し替えたことは、結果的に成功であったといわれている。

四四年夏には、既にルーズヴェルトの健康が悪化し、いつまでもつかと危惧される状況にあったから、副大統領候補の選択は、即ち次期政権の選択を意味した。現職のウォレス副大統領は、「リベラルに過ぎる」

として党内右派の反発を招いており、七月の民主党大会は、無難と見られたトルーマンに差し換えたのである。二〇世紀米大統領のうち唯一大学卒でないトルーマンは、それまで内政問題に関心を集中してきた一上院議員であった。英国の政治学者で米国政治の観察者であるジェームズ・ブライスは、米国大統領は「頭がいい必要はない」「常識をもち毅然とした正直者であればいいのだ」と言っているが、まさしくトルーマンのことを言い当てている、と当時の論者は述べている[★1]。

現職副大統領を更迭するのは、本人の居る前ではバツが悪いが、ルーズヴェルトはウォレスを、中国における国民党と共産党の間の調停を図るという重大な任務を託して重慶へと送り出した[★2][p.56](この形式は「長尾『オーウェン・ラティモア伝』五六頁参照」を意味する。以下同じ)。彼はその前年の双十節(一九四三年一〇月一〇日)において中国向けラジオ放送をし、孟子の「天の視るところは民の視るところ、天の聴くところは民の聴くところ」(萬章上)という言葉を引用して国民党支配の中国を民主主義国として讃美したが、こうしたところにも現実感覚の欠如を感じさせるものがある[★3][p.33]。

四選されたルーズヴェルトの健康はいよいよ悪く、機嫌も悪く、口数も少なくなっていた。外交問題についてもあまり周囲に相談せず、ヤルタ会談(四五年二月)に同行したステティニアス国務長官でさえ、帰国後なお三巨頭が何を合意したか知らなかったという[★4]。味方であったソ連が冷戦の敵となる萌芽は既に戦争末期に顕在化しており、ルーズヴェルトの健康が良ければ、それへの新たな構想に基づく対応も可能であったかも知れないが、米国はスターリンに押し切られ、ソ連の対日宣戦に同意し、鉄のカーテンの彼方に抑圧体制を築くことへの道を開いた。トルーマンに対しても、外交関係に関するきちんとした引き継ぎなどはなかったようである。

2　ポツダム宣言

一九四五年四月一二日、ルーズヴェルトが死去した時期は、対独戦争の終末期で、東欧ではソ連の占領下で傀儡《かいらい》政権が続々樹立され、西側亡命から帰国した人々や西側ジャーナリストが迫害されるなど、スターリン体制の現実に、西側は危惧の念を深めつつあった。ロンドン・ポーランド亡命政府の指導者たちは、帰国して犯罪者扱いされた。

五月八日にドイツが無条件降伏すると、ソ連軍は東方に向って大移動を始め、これへの対応が問題となる。当時国務省における極東問題の実質上の最高責任者ジョセフ・グルー国務次官は、敗戦必至の日本に対しソ連の支配力が及ぶことを憂慮し、日本政府を早期に講和に導く必要があると考えていた。一〇年近く駐日大使を務めたグルーは、日本権力を軍国主義的狂信派と合理的で親西洋的な穏健派とから構成されていると見、旧知の人物である鈴木貫太郎や米内光政が首相・海相である鈴木内閣を穏健派の終戦内閣と見て、彼らに狂信派を抑えさせて終戦を実現させるルートを作ろうとした。

彼は五月下旬、東京山の手大空襲の直後、後に多少の修正を経て「ポツダム宣言」に結実する対日文書を起稿したが、それは日本国内主戦派の反対を抑えて終戦を実現させようとする慎重な考慮の産物である[pp.148-151]。非難対象を「無分別ナル打算ニ依リ日本帝国ヲ滅亡ノ淵ニ陥レタル我儘ナル軍国主義的助言者」に限定し(§4)、「民主主義的傾向ノ復活強化」に対する障碍を除去する責任は日本政府にある(§10)として日本政府の存続を前提し、占領は包括的な国家全体の支配でなく、「日本国領域内ノ諸地点」(points in Japanese territory)(§7)のみであるとしている。無条件降伏も日本国そのものでなく「日本国軍隊」のもので(§13)、「前記諸目的ガ達成セラレ且日本国国民ノ自由ニ表明セル意思ニ従ヒ平和的傾向ヲ有シ責任アル政府ガ樹立セラルルニ於テハ連合国ノ占領軍ハ直ニ日本国ヨリ撤収セラルベシ」(§12)として、占領が無期限でないことを示している。「平和的傾向ヲ有シ責任アル政府」というイメージは、戦前幣原外交を担った民政党内閣を連想させる[★5]。全体として、連合国が横須賀や佐世保などを占領して、日本政府の改革を見守り、「平和的傾向ヲ有シ責任アル政府」が樹立されたら撤退するというイメージである。

そしてこの第十二項のあとに「コノ政府ニハ現皇統下ノ立憲君主制ヲ含ム」という一文が付け加えられていた。日本側におけるポツダム宣言受諾論議の最終段階で「国体の護持」、即ち天皇制の維持が最後の条件となったが、連合国側でもこの点こそ最も激しく論争された対象であった。グルーを中心とする「日本派(Japan Hands)」は、昭和天皇は穏健派で、本心においては親英米派であり、目標を大正期から昭和初期の立憲制に日本を回帰させることに定め、天皇制の保障によってできるだけ早く日本に終戦を受諾させようとしていた。それに対し、「中国派(China Hands)」を中心とする反対派は、天皇制こそ日本軍国主義のイデオロギー的・制度的根幹であり、またグルーのいう「穏健派」も日本帝国主義の担い手であることに相違はない、としていた。

グルーはこの対日講和案をトルーマン大統領に具申したが、トルーマンは「原則としては賛成だが、軍部の意見を聴くように」と回答した。軍部は「もう少し待て」と言い、結局七月のポツダム宣言まで発表が延期されることとなった[p.149]。延期の理由は、沖縄戦の決着ないし原爆実験の成功を待てという趣旨であろうという。その間に国務長官の更迭があり、グルーの影響力は大きく低下した。ステティニアス国務長官は、極東問題の処理をグルー次官に委ねていたが、七月三日国務長官に就任したバーンズは、グルーの対日政策に不信感を抱いていた。彼は、米国政治の脈絡では保守派であったが、ルーズヴェルト、トルーマン両大統領の強い信任を受けた対日強硬論者で、元国務長官コーデル・ハルの助言を受けて、グルーの対日講和案第十二項末尾の天皇制容認の一節を削らせた[p.151](ハルはもちろん、日本に対米戦争の引き金を引かせた「ハル・ノート」のハルである)。もっともグルー案全体を没にはしなかったから、グルーの構想の大枠は生き延び、『ポツダム宣言』に結実した(トマス・ビッソンなど、『ポツダム宣言』案の全面廃棄を主張する者も存在したのであるが[pp.157-161])。

八月九日ソ連参戦と長崎原爆によって切羽詰まった日本は、深夜の御前会議で「宣言」受諾を決定したが、具体的には「国体護持」のみを条件とする外務省案と戦犯の自主処罰など四条件を掲げる陸軍省案のうち、天皇の裁可で前者が採択されたのである。そこへ観念右翼の平沼騏一郎枢密院議長が口を出し、「宣言」の文面では「国体護持」が保障されていないので、確認する必要があると言い出した。そこで日本政府の「申入」がなされたが、バーンズによるそれへの回答の原案作成は、最終段階までグルーを排除して行なわれた。その回答は、降伏時より天皇及び日本政府の統治権は連合国最高司令官に従属し、「最終的ノ日本国ノ政府ノ形態ハ『ポツダム』宣言ニ遵ヒ日本国国民ノ自由ニ表明スル意思ニ依リ決定セラルヘキモノトス」というもので、これによって、「日本国領域内ノ諸地点」の占領から、連合国最高司令官への天皇及び日本国政府の従属、即ち全土の包括的占領という形になった(平沼のやぶ蛇発言がなくともそうなったかも知れないが)。

3 マッカーサー

ルーズヴェルト民主党政権が、共和党右派の退役軍人ダクラス・マッカーサーを現役に復帰させ、極東陸軍の総司令官に任命したことも、不思議でないとはいえない。ヘンリー・スティムソン国防長官とジョージ・マーシャル参謀総長が相談して、「卓越した能力とフィリピンにおける多大な経験の故に」「論理の必然」として彼を極東軍司令官としてルーズヴェルト大統領に推薦した、というのが実情のようだが［★6］、マッカーサーがルーズヴェルトに直接自己推薦していたという話もある（もっともそれはマーシャル＝スティムソン合意より後のことらしい）［★7］。

そして文字通り海の戦争である「太平洋戦争」での戦勝の主要な功績者である海軍首脳を差し置いて、陸軍のマッカーサーに戦後の極東軍、日本占領軍の最高司令官の地位を委ねたことにも同様の印象がある。実際その後もトルーマンとマッカーサーの人間関係は悪く、最後には罷免にまで至るのであるから。ともあれ、マッカーサーの日本統治は、結論として言えば非常な成功で、旧敵国日本人を心服させ、長く日本を米国の、属国とまでは言えないにせよ、友好国に留めた。これはイラクやアフガニスタンの実績と比較すれば明らかである。マッカーサーは長く米本国を離れており、国務省内の中国派・日本派の対立と無縁で、自己流を押し通した。結果としてはそれもプラスに働いたといえよう。

ジョセフ・グルーが国務次官辞任後、（憶測されていた）日本関係の要職への就任を辞退したのには、老齢で耳が遠くなった、というような理由の他に、マッカーサーが苛酷な報復主義的政策をとって、かつての友人たちとの間で板挟みになることを避けた、という理由があるらしい［p.166］。実際には、マッカーサーの占領政策には、戦犯処罰・追放など報復主義的ないし懲罰主義的なところもあったが、全体としては「昨日の敵は今日の友」という態度で、日本人の心服を得た。しかしその反面「中国派」の米国人や中国人たちの反撥を買った。当時米軍紙Stars & Stripesには東京版と上海版とがあったが、両者を読み比べてみると、日本版が奈良の大仏や相撲部屋の探訪記など和気に充ちているのに、上海版の方は「マッカーサーは何をしているのか、こんなことでは我々が何のために戦ったのか分らないではないか」というような論調に充ちている（もっとも一二月に突如としてマッカーサー批判の論説が姿を消す。極東軍司令官マッカーサーの介入であろう）。

終戦時のマッカーサーは、一種の終末論的な宗教的感慨に捉えられていたように見える。第二次大戦の終末に登場した人類未曾有の原爆（彼はそれを事前には知らされなかった）は、これが本格的に発動されれば人類の終末を意味するもので、過去の延長線上には人類の未来はない、今や聖書の予言する人間性の根本的改造、「狼と子羊が添い寝をする」社会が到来せざるを得ないし、実際摂理によってそれが実現しようとしているのだ、というのであろう。一九四五年ミズーリ艦上での降伏文書調印式における彼の演説は、このような宗教的信仰告白である（艦上での調印式は、陸軍の彼が戦勝者の象徴となったことへの海軍の不満に対する慰撫である）。この宗教的感慨が憲法第九条の絶対的非武装主義を彼に思いつかせた。しかしやがて彼はこの感慨から冷め、朝鮮戦争時に中国本土への核攻撃を主張したときには、核戦争も「人類最終戦」ではないと感じているように見える［pp.166-170］。

日本人は、ほとんど信じられないような仕方でこのマッカーサーを崇拝した。彼の戦犯裁判などの報復主義的行動でさえ、相当数の日本国民には正義の発動として受け容れられた。自らの性向に合わない軍国主義国家主権者の地位に置かれ、長く孤独に苦しんでいた昭和天皇も、一世代年上のマッカーサーを父の如くに慕った。マッカーサーに届けられた信仰告白のようなファンレターの山は、日本国民の集団的回心《えしん》を物語っている［★8］。

4　国共内戦と米国

ドイツ降伏後極東に移動したソ連軍は、日本から南樺太・千島を奪い、北朝鮮に共産主義政権を樹立し、中国東北部（旧満州）を占領して工業施設等を略奪し、数十万の日本人をシベリアで奴隷として使役した。だがこのソ連も含めて、ほとんどすべての外部者は、中国に関する情勢判断を誤り、蒋介石を過大評価し、毛沢東を過小評価した。一九三六年にエドガー・スノウが訪れてより、共産軍の立て籠もった延安の状況が徐々に外部に伝わっており、それとともに「実話とは思われないほどすばらしいもの (almost too good to be true)」だという風聞が拡大していったが[★9][p.66]、米国政府首脳陣の中でそれに耳を貸す者は少なく、延安政権をソ連の傀儡と見る者も少なくなかった。実際には対日戦終了時までのソ連の援助はノミナルなもので、スターリンも毛沢東を過小評価し、国民党による中国統一を予期していた(彼はソ連に立ち寄ったウォレスに対し「今のところ蒋介石以外に中国をまとめ得る人物もいないから、彼を支持し続ける他なかろう」と言った[★10])。

米国政府の観方からすると、蒋介石国民党政権は、中国ナショナリズムの祖である孫文の民族的・民主的正統性を承継し、近代的な武器で武装した強大な軍事力をもっており、蒋介石の妻宋美齢の兄の宋子文など米国と深い関係をもつ要人を擁していて、キリスト教徒でもある[★11]。本拠地浙江省を追われて重慶に移り、非民主的で腐敗した伝統的権力の弊風を示してはいるものの、その相当部分は戦時の特殊事情であり、やがては中国を穏健な民主主義へと導くものと期待していた。一九四三年二月、宋美齢が米国を訪問、ルーズヴェルト大統領は彼女に「中国の大義」を訴えるあらゆる機会を与えた。議会両院合同会議での得意の英語の演説は嵐のような興奮を巻き起こし、ニューヨーク・マディソン・スクェア・ガーデンでの演説には一万七〇〇〇人もの聴衆が集まった。米国政府は、四三年前半までは、蒋介石の率いる重慶の国民党政府が、中国における米国流民主主義の担い手だという信念に疑問をもたなかった[pp.52-3]。

ところが破れ目は中国の現地で起った。蒋介石周辺で、米国人を巻き込んだ激しい対立が生じ、米国の対中国政策の一世代にわたる失敗へと連なるのである。一九四二年、日本がビルマを制圧し、重慶が孤立すると、国民政府への軍事支援をめぐって、陸路支援のための「ビルマ・ルート」開拓と対日戦における歩兵の重視を主張するジョセフ・スティルウェル陸軍中将と、空輸と対日戦における空軍重視を主張するクレア・シェンノート空軍大佐の間に対立が生じ、蔣介石が後者を支持してスティルウェルと激しく感情的に対立した[pp.53-6]。両派は各々ワシントンに工作し、この亀裂がワシントンの首脳陣に及んできた。前述のウォレス重慶派遣(一九四四年六、七月)は両者の調停が目的であった。

一九四四年六月末から五度にわたって蔣介石と会見したウォレスは、蔣介石に強い悪感情をもち、帰国後この政権の命運は長いことはないと報告した[p.58]。スティルウェルも、対日抗戦意欲に乏しいと見た蔣介石に愛想をつかして、歩兵が日本と果敢に戦っている中共に接近した。外国人記者団の要求やウォレスの説得によって、蔣介石も延安視察団の派遣を承認せざるを得なくなっており、延安訪問者を中心に重慶の米国大使館の周辺に「延安ファン」ともいうべき人々が激増した。党指導者も護衛なしに街を歩き、毛主席が週末舞踊大会にふらりと現われたりし、上は毛主席から下は若手の党員まで対等に話し合えるように見えたその世界は、共産主義というより民主主義の世界、米国独立当時の村落民主主義に似たものに見えた[★12][pp.64-5]。記者団に会った毛沢東は、権力基盤を小地主や小ブルジョワにまで拡大し、米国との協力や国民党と権力を分有する可能性をも示唆した[pp.66-8]。

他方同年四月から日本軍が敢行した「大陸打通作戦」(「一号作戦」)により、六月末衡陽の空軍基地が占領され、シェンノートの空軍作戦が事実上不可能となった。苦境を訴える蔣介石に対し、ルーズヴェルトはパトリック・ハーリー中将を使節として派遣した。ハーリーは、ウォレスとは逆に蔣介石に親近感をもち、一〇月、彼の説得によってスティルウェル罷免をルーズヴェルトに勧告した。それが実現するとクラレンス・ゴース中国大使がそれに抗議して辞任し、その後任(大使)にハーリーが任命された。ハーリーは一一月、独自の構想(批判者から見れば恣意的思いつき)に基づいて唐突に延安を訪問、国共調停を試みたが、行き違いから毛沢東の激怒を買った。ハーリーは、その反動として超親蒋介石的立場に戻り、大使館周辺の親延安派の粛清に乗り出した。ここに「共産主義者と米国親共派の陰謀」という図式が生ずるのである［pp.74-7］。

5 トルーマン政権と中国——アチソン外交

グルー国務次官は「反共主義者」で、ハーリーの親延安派粛清を追認したが［pp.77,147］、対日戦終結とともに辞任した。ディーン・アチソンがその後任に就任すると、ユージン・ドゥーマンなど国務省のグルー人脈のほとんどを追放した。彼が連合国最高司令官の政治顧問（実質上の駐日大使）に任命したジョージ・アチソンは中国専門家で（国務長官はAcheson、顧問はAtchesonで親類ではない）、延安へのLend Lease（武器貸与）を実施すべきだと主張してハーリー大使に罷免された人物、グルー人脈に無縁であるところが評価された［★13］。

アチソン次官はやがて国務長官に昇進、トルーマン政権の最後まで外交を指導する。最初はソ連寄り、中共寄りの政策が遂行されるのではないか、と見られ、実際初期にはそのように思わせる政策がとられることもあったが、やがて冷戦の闘士に転向して「共産圏封じ込め（containment）」政策を実施する。「グルーは、ヒロヒト天皇を維持することが日本を安定させる要因であると主張し、私は、彼は軍部の戦争要求に屈服した弱い人物で、依拠すべからざるものだから、除去すべきだと主張した。幸いなことにグルーの見解が勝ちを占め、ほどなく私は自分が全く間違っていたことを悟った」とは後のアチソンの言葉で［★14］、彼のあっさりとした転向ぶりを物語っている。彼はやがてマーシャル国防長官と協力して、一九四七年ギリシャとトルコの共産化を防ぐための軍事的・財政的措置を実施し（トルーマン・ドクトリン）、ヨーロッパ諸国の復興を助けて共産主義介入の隙を作らないための「マーシャル・プラン」を企画・実行した。

アチソンが次官に就任した時期の中国は、日本という共通の敵が消失して、いよいよ国共関係に決着をつけざるを得なくなっていた。アチソンは中国専門家たちの発言に留意しており、中国共産党の重要性について一定の認識を有していた。そこで当面は「国共合作」という主題をめぐって交渉が行なわれ、一九四五年末マーシャル前参謀総長を国共調停に派遣した。国民党の側で陳誠などの革新派が主導権を握り、共産党側が貧農・下層中農から小地主階級まで、プロレタリアからプチブルまで、支持基盤を拡大することによって、両者の結合が可能となるのではないか、というのが調停を導いた思想であった[★15]。

しかしそれは完全な失敗であった。失敗の理由としては、ヨーロッパにおける冷戦の進行が米国の対中国政策にも影響して、調停といいながら中立性を喪失していたという背景も考えられるが、恐らくは共産党側が武力的統一への自信を深めつつあったことの方が主理由であろう。「革命後」の状態で安定していた延安だけを見た人々には分からなかったが、共産党は農村において、政治的・文化的伝統の担い手であった地主層・郷紳層を「土豪劣紳」とよび、労働せず搾取する犯罪者として、高い帽子をかぶせて引きまわした上で、懺悔を強い、更には殺すという革命を行なってきた[★16]。土地を没収した後には、「土地権平均論」に基づいて分配するが、公共地の「合作」も併用された。延安より帰国して程ない時期に、野坂参三は、八路軍が来て農民に土地を与え、農民はこうして与えられた利益を守るために自発的に(槍などで)国民党軍と戦った、と言っている[★17]。「国共合作」の困難の根源には、頂点における権力闘争の非妥協性のみならず、このような底辺における妥協不可能性があった[★18][pp.230-7]。

四六年六月に国共は全面内戦に突入し、三年後には中国共産党による本土統一が実現する。共産党政権は激しい反米政策をとり、日中戦争以来の米国の中国支援は報いられるところなく終る。米国は台湾に立て籠もった国民党政府を中国代表・国連常任理事国とする擬制を一九七三年まで取り続けた。

6 マッカーシズム

「広義のマッカーシズム」、即ち一九四〇年代末より一九五〇年代にわたる「赤狩り」の全貌について、固有名詞つきで論じ始めたならば、厚い単行本が必要となるであろう。ここではやや抽象的な次元で、その時攻撃対象になった人々の人間学・類型学という観点から考察してみたい。

マッカーシズムの攻撃対象となった第一はソ連スパイである。当時の世界にはマルクス主義の福音を本気で信ずる真面目な人々が少なくなく、その中の格別に愚かな人々は、スターリンに盲目的に忠誠を尽くすことが、未来の地上の楽園への道だと信じた。このような人々が多少事実に目覚めると、強硬な右翼的反共主義者が生れる。マッカーシー旋風の中で、旧同志の糾弾に活躍したのはこの種の人々であった(彼ら、特にエリザベス・ベントリーの証言が正確であったことは、VENONAの暗号解読によって証明されている)。もう少し現実的な人々の中でも、ナチ・ドイツのヨーロッパ支配を阻止せねばならぬ、そのためにはソ連を壊滅させてはならない、と考えた者も少なくなかった。ルーズヴェルト自身も、「私は、ロシア革命直後のソ連には、隷従状態の人々に教育・健康・機会を与えるものとして共鳴していたが、その後の専制支配、無実の人々の殺害、宗教迫害をみて、評価を改めた。しかし何れは問題を解決して平和的・民主的国家になるだろうと期待したが、現在のソ連は、最も極端な独裁国家で、何の危険もない隣国の民主国フィンランドを従属させようとしている」という趣旨のことを言っており[★19]、国際政治については、「ロシアがナチに倒されることと、ロシアが勝ち過ぎてヨーロッパを従属させることの両恐怖に心が引き裂かれていた」と言われている[★20]。ヘンリー・モーゲンソーやハリー・デクスター・ホワイトのようなユダヤ系指導者たちにとっては、ユダヤ人の絶滅を呼号しているヒトラーより、部分的にしか殺さないスターリンの方がましであるから、特にソ連壊滅の危機感をもった時期には、それを支援しようとしたとしても不思議でない。

ドイツとの戦いに全力を傾注する必要のあったソ連にとって、日本との戦争の可能性は重要な関心事であり、その情報蒐集に努力したのは当然で、ゾルゲ事件はそのような脈絡の中にある。米国にとっても、日中戦争は、「善良な老百姓(ラオパイシン)」対「傲慢な日本人」の戦争であり、多くの人々の日本懲罰への情熱を掻き立てた。日米交渉の最終段階で、暫定協定(modus vivendi)案に代えて俄かに日本軍の中国からの全面撤退要求(ハル・ノート)を持ち出して、真珠湾攻撃の引き金を引いた過程において、スパイ団(シルヴァーマスター・グループ)に名の出てくるロウクリン・カリーが役割を果たしていることについて、日米を戦わせることによってソ連を救おうとした、という陰謀が語られている[p.254]。

日本に関連しては更に、戦争末期に天皇制廃止を唱え、グルーが「穏健派」とよんだ長老政治家たちを根こそぎ懲罰することを唱えたグループが、ソ連の利益のために日米離間を図った者として攻撃された。彼らの一部は、(恐らくは経済を政治の上部構造とする唯物史観の影響もあって)戦争の主導勢力は財閥であり、政友会は三井、民政党は三菱と結びつくなど、日本支配層全体が戦争に関与していると主張し、「獄中にいた日本人のみが良き日本人だ」という極論となって、左翼政権樹立論(大山=野坂=鹿地政権論)に発展した[pp.85-97]。これが「日本赤化陰謀」ということになるのであるが、私は大山政権運動の中心人物エマソンのその後の言動などを見ても、彼らの多くに、日本の侵略に対する義憤と日本民主化への情熱以上のものを見る必要はないと考えている[★21]。

中国に関しては、蒋介石国民党政権の腐敗を誇張し、延安の共産党共同体を美化して、中国の共産化を助けたとして多くの中国専門家たちが攻撃された。しかし米国、民主主義の中国版である三民主義を唱える国民党政府を侵略者日本から守ろうとして重慶に来た純真な青年たちが、拠点を追われて機能不全に陥っていた国民党政府の実情を見て幻滅したことに陰謀じみたところはない。他方中国共産党について彼らが有していた情報は、極めて断片的なもので、彼らが国民党への幻滅の反動としてそれを過度に理想化したのである。私は全体として、マッカーシズムにおいて攻撃された人々は、侵略を憎み、戦時心理に従ってややそれを誇張した善良な米国人たちと考えるのであるが。

もっとも善良であるから有害でないとは言えない。原爆の秘密をソ連に伝えたクラウス・フックスも、主観においては善良であったかも知れない。

7　結語

その後の歴史を見れば、外国人のみならず、中国人のほとんどすべても目測を誤った。敗北した国民党はもとより、劉少奇・彭徳懐以下、毛沢東の「乱心」によって粛清された旧同志たち、「毛沢東思想の学習」を旗印にその後継者になろうとした林彪や「四人組」、それに追随した「紅衛兵」たち、土地の分配を受けるものと信じたのに集団化によってそれを奪い去られ、戸籍制度によって被差別身分の地位におかれた農民たちも、裏切られたと感じた。そして自己過信から幾億の人民に煮え湯を飲ませ、有害無益な混乱を惹起した毛沢東本人も、自分の神通力が二度目も通用すると誤解した。

なぜあらゆる当事者・観察者を誤たせるような事態が生じたのか。「奇跡信仰は奇跡を作り出す」。中国革命は奇跡信仰が作り出した奇跡であり、奇跡は誰にも予見できないのである。来世の応報などは本気で信じない現世主義者である中国人にとって、奇跡信仰とは「地上の楽園」到来の信仰であり、「鳳鳥至らず河圖を出さず、吾已(や)んぬるかな」(待ち望んでいた、聖王の登場を告げる神秘な鳥や、神秘な文様を負った亀は出てこない。ああもうだめだ)と嘆いた孔子も、(これが本当に彼の言葉であるならば)その信仰者であった。以後二、三世紀に「天下大吉」という福音をもって叛乱を起こした「黄巾の賊」、「弥勒下生」を信じて元朝を覆した白蓮教の叛乱から太平天国など、時代の交替期には、「千年王国信仰」が繰り返し登場する。耐えがたい苦難の中で、人々は奇跡による苦難よりの解放を夢見るのである[★22]。

自由と平等が完全に実現し、国家権力が死滅しながら、「富の泉が湧き出づる」というマルクス主義の地上楽園信仰は、二〇世紀の人類史に多大の擾乱を巻き起こしたが、当時の中国においては、更に「帝国主義からの解放」という福音と結びついた。それから半世紀を経た現代の中国は、共産党という政治的特権階級の支配下で、貧富の差が甚だしく、農民は戸籍制度という苛酷な身分差別を受けている。この現代中国に、共産党の地上楽園信仰がもたらしたものといえば、帝国主義からの解放と軍閥割拠に代わる強大な中央権力の創造であろう。現代中国支配者たちの間では毛沢東の功罪は「七対三」だと言われているというが、「七」のうち「五」は帝国主義からの解放、「二」は共産党の貴族化で、支配層にとってのみのメリットである。従って特権を貪る党貴族と無縁な庶民にとっての毛沢東の功徳は「五」ということであろう。

トルーマン政権の極東外交は、成功が対日政策、失敗は中国政策、朝鮮は半分成功、半分失敗というところか。この結果は共和党政権でもあまり異ならなかったであろう(トルーマン政権も国民党に相応の軍事援助をした。糾弾者たちは、もっと援助をすれば蒋介石は大陸を支配できたと言ったが、「奇跡信仰の奇跡」を覆せたとは思えない)。日本の成功は共和党右派のマッカーサーに由来するところが大きい。民主党も共和党も、共産主義の抑圧体制やイスラムの教権支配に賛成するはずはなく、過去も現在も、両党の国際政治上の対立は、戦略戦術次元のものである。

註

★1――Frank McNaughton and Walter Hehmeyer, *This Man Truman*, 1945, p.160.

★2――Michael Schaller, *The U.S. Crusade in China: 1983-1945*, 1979, p.160.

★3――The OWI Documents, Federal Record Center, Suitland, Md. この訪中旅行の往路、ウォレスはシベリアのコリュマ金山を訪れ、すっかり感心したが、一九五一年の『リーダーズ・ダイジェスト』に、そこでその頃働かされていた受刑者(そこは政治犯収容所であった)が、地獄の強制労働の中で、とってつけたように表を飾った状況を暴露した。頬笑みをもって彼らを迎えた「労働者たち」は実は守衛たちだった。オーウェン・ラティモア、ジョン・カーター・ヴィンセントも同行しており、ラティモアは同鉱山の様子を美化した文章を残している。ウォレスは一九五一年の上院委員会で、「私は騙されていた」と告白した(Ted Morgan, *Reds: McCarthyism in Twentieth-Century America*, 2003, pp.399-400)。

★4――McNaughton & Hehmeyer, p.205.

★5――国防長官ヘンリー・スティムソンは、戦後日本の政権について「幣原、若槻、浜口のような進歩的な人々ならよい」と述べたという(Hearings on the Institute of Pacific Relations, pp.740-1)[p.259]。

★6――"The Letter from George Marshall to Douglas MacArthur, May 29, 1941," Douglas MacArthur, *Reminiscences*, 1964, p.119.

★7――袖井林二郎『マッカーサーの二千日』(一九七四年)四四頁。

★8――袖井『拝啓マッカーサー元帥様』(一九八五年)。

★9――Kenneth E. Shewmaker, *Americans and Chinese Communists: 1927-1945*, 1971, p.169.

★10――Herbert Feis, *The China Tangle*, 1965, p.140.

★11――ダレスにとって蒋一家がキリスト教徒であることは極めて重要なことであった(Townsend Hoopes, *The Devil and John Foster Dulles*, 1973, p.78)。台湾の彼を庇い続ける決定においても。

★12――Schaller, *op.cit.*, pp.183-4.

★13――John K. Emmerson, *The Japanese Thread*, 1978, pp.251-2.

★14――Dean Acheson, *Present at the Creation*, 1969, pp.112-3.
★15――Cf. Owen Lattimore, *Solution in Asia*, 1945, pp.107-9. 重慶から帰国したばかりの鹿地亘も、「陳誠、張治中などの将軍が出る時は希望のもてる形勢で、何応欽等が出る時はその反対だ」と述べている(「野坂参三・鹿地亘対談」『改造』一九四七年六月号)。
★16――毛沢東「湖南農民運動考察報告」(一九二七年)『毛沢東選集』第一巻(一九五二年)、福地いま『私は中国の地主だった』(一九五四年)など参照。
★17――『改造』一九四七年六月号、六三頁。
★18――英語圏の読者にも、農村革命のこのような実態について、既にスノーが一九三七年に紹介している(Edgar Snow, *Red Star over China*, 1938, Revised ed., 1968, pp.227-231)。
★19――Robert Sherwood, *Roosevelt and Hopkins*, 1948, p.138.
★20――John Gunther, *Roosevelt in Retrospect*, 1950, p.334.
★21――長尾龍一『されど、アメリカ』(一九九九年)一四六-八頁。
★22――鈴木中正『中国史における革命と宗教』(一九七四年)。

参考文献

鈴木中正『中国史における革命と宗教』東京大学出版会、一九七四年
袖井林二郎『マッカーサーの二千日』中央公論社、一九七四年
――『拝啓マッカーサー元帥様』大月書店、一九八五年
長尾龍一『されど、アメリカ』信山社出版、一九九九年
――『オーウェン・ラティモア伝』信山社出版、二〇〇〇年
福地いま『私は中国の地主だった――土地改革の体験』岩波書店、一九五四年
毛沢東選集刊行会『毛沢東選集』第一巻、三一書房、一九五二年

Acheson, Dean, *Present at the Creation*, W.W. Norton & Co., 1969.
Emmerson, John K., *The Japanese Thread*, Holt, Rinehart and Winston, 1978.
Gunther, John, *Roosevelt in Retrospect*, Harper & Brothers, 1950.
Hoopes, Townsend, *The Devil and John Foster Dulles*, Little, Brown and Company, 1973.
Lattimore, Owen, *Solution in Asia*, Atlantic Monthly Press, 1945.
MacArthur, Douglas, *Reminiscences*, McGraw-Hill, 1964.
McNaughton, Frank and Walter Hehmeyer, *This Man Truman*, McGraw Hill, 1945.
Morgan,Ted, *Reds: McCarthyism in Twentieth-Century America*, Random House, 2003.
Schaller, Michael, *The U.S. Crusade in China: 1938-1945,* Columbia University Press, 1979.
Sherwood, Robert, *Roosevelt and Hopkins*, Harper & Brothers, 1948.
Shewmaker, Kenneth E., *Americans and Chinese Communists: 1927-1945*, Cornell University Press, 1971.
Snow, Edgar, *Red Star over China*, Random House, 1938, Revised ed., 1968.

第8章 ポーレー・ミッション
——賠償問題と帝国の地域的再編

浅野豊美 ASANO Toyomi

かつて、近代日本は、生命と財産を保護するに十分な「文明」的法制度を備えた帝国として、列強の承認を受けながら周辺地域に拡張していた。しかし、満洲事変以後に展開された「満洲国」の独立と育成は、国際社会から承認されることはなかった。日中関係の緊張と日中戦争の勃発を契機として、日本の国際的孤立は国際連盟にとどまらず、列強との二国間関係にも波及し、そのことによって、ある種の国際的制裁として第二次大戦は展開したということができる。

本章は、連合国への敗戦によって、「侵略」の原因となった日本帝国そのものが、ある種の制裁措置の対象として、帝国本国も含め占領され解体されていったプロセスを、ポーレー賠償使節団の認識を中心に跡付け、そのことで、現代の歴史認識をめぐる摩擦の起源を明らかにせんとする試みである。

1　米国による賠償政策の起源

帝国解体を主導した米国の占領計画は、そもそも個別の国家単位でのみ計画されていたものではなかった。帝国の分割・解体後に、それに取って代わるいかなる地域を形成するのかという問題を米国は検討していた[★1]。後述するように、米国による帝国再編政策の中心をなしていたものこそ、外国と植民地に存在した日本の在外財産接収を核とした賠償政策であった。私有財産を含めた在外財産接収によって、連合国の日本に対する賠償請求をその在外財産に相当する額に抑え、その他の戦争に由来する一切の請求権を在外財産と相殺するという新しい原則が第二次大戦の賠償政策のかなめに据えられていくことになる。

こうした賠償政策の原則は、第一次大戦の教訓に由来する戦争賠償をめぐる国際政治の展開と深い関係があった[★2]。第二次大戦後の賠償枠組みの性格を理解するために、まず、その負の教訓としての第一次大戦後の賠償枠組みを、在外財産の清算を中心に振り返ってみたい。

敗戦国民であろうとも、その私有財産は不可侵であるべきであるというのは、マグナカルタ以来の私有財産不可侵原則に立脚した第一次大戦以前の国際法であった。それは国際貿易秩序を戦時にも維持するためとされるが、従属地域の「文明」的開発を戦争による領土移転によっても中断させないという原則でもあったと考えられる[★3]。文明国相互の間で戦争状態が発生しようとも、非文明国に対する文明国の「使命」を継続させるべく、植民地における敵国民の私有財産にも不可侵原則が適用されていたといえよう。一九〇七年のハーグの陸戦協定は、軍事的な目的から敵国民の私有財産を接収する際の補償を定めたものであったが、それはまさに、こうした原則を表現したものといえよう。

しかし、この私有財産不可侵原則は、第一次大戦後に膨大な戦争賠償の負担がドイツ国民に課されることによって、大きな変容を被った。ドイツ人の在外私有財産がドイツ政府の支払うべき賠償の担保として接収されたためである。こうした新たな私有財産に関する慣行を取り決めたものこそ、第一次大戦後のベルサイユ条約であった。そこでは、差し押さえした敵国民の私有財産(株式を含む)を没収する権利が連合国に留保された。イギリス、フランス、ベルギー、イタリアなどのヨーロッパ諸国に存在したドイツ人の私有財産と、アルザスロレーヌやマリアナ諸島など、ドイツが放棄した領域に存在し清算(liquidation)対象となったドイツ人の私有財産は、合計二〇億ドルにのぼった[★4]。

しかしながら、以上のように第一次大戦後の賠償の担保として私有財産を強制的に清算したことについては、それを否定的な教訓とみなす見解が徐々に戦間期の米国内で台頭していった。第一に、私有財産が強制的に売却されたために、その価値は減却され五億ドルにしかならなかったためであった[★5]。第二に、あらゆる努力にもかかわらず、私有財産を没収されたドイツ人所有者が、ドイツ政府から受けとった対価は、一九一四年の時点での財産価値の一二-一五%に止まった。ドイツの私有財産没収の権利を有しながら、それを放棄した連合国としては、米国(全額)、南アフリカ(九四・五%)のみならず、南洋群島を抱えた日本(七〇%)、及び、山東半島を返還された中国(七五%)も含まれていた。しかし、英本国内で没収された四億五〇〇〇万ドルの内、英国が返還したのは二〇〇〇万ドルにとどまった。財産を英国等の連合国に所有しながら、それを没収された人々が、一向に改善しない経済状況の中でナチスの台頭を支持するにいたったことは、想像に難くない[★6]。

以上は、米国で出版された戦間期の賠償に関する学術書に依拠した見解である。第一次大戦における失敗した賠償政策の教訓は、私有財産の尊重原則が天文学的な賠償要求に従属することの危険を警告していたということができるであろう。抵当としての私有財産の差し押さえを認めれば、政府が支払うべき賠償を実質的に負担したドイツ人個人の不満は高まる。そして、賠償総額自体が天文学的な数字であるため、その抵当としての在外私有財産は返還されず、本国の経済の混乱に拍車をかけるだけになってしまう。それこそ米国における賠償政策についての教訓であったと考えられる。

2 賠償と日本人引揚命令——極東委員会成立をめぐって

こうした第一次大戦における金銭賠償に従属した在外私有財産接収の教訓の上に、第二次大戦における新たな賠償政策が展開したといえる。米国が占領計画を樹立する過程で、日本からの賠償手段の筆頭に挙げられていたのは、金銭ではなく、在外財産の接収を中核とした賠償方式であった[★7]。旧満州や朝鮮半島に存在した重工業設備を核として構成された日本の在外財産は、日本本土の経済復興への打撃を回避した上での賠償に有効であると期待されていた。また、こうした在外財産は、日本の侵略的拡張政策に深い関連を有していたとも見なされていた。それがそもそも政府援助と補助金・特権保護で育成されてきたこと、侵略責任のより重い富裕な支配層が大部を所有していること、公有財産のみを没収して私有財産没収を認めなければ全財産没収を主張する中国人の憤激を招くこと、枢軸国は一貫して国際法を侵犯したため国際法上の権利を主張する権利は失われていること等が、米国政府内で指摘されていた。

具体的な在外財産による賠償の方針となったのは、在外私有財産を極力狭義に解釈し、合衆国占領地域で形式上それを尊重するが、他国の占領地域に同じ方針を強制しないこと、および、没収した私有財産は日本政府が日本人所有者に補償する義務を負わせること、以上の二つであった(後者の日本政府による民間への補償義務は、実際には課せられなかった)。こうした賠償方針が採択されたのは、在外財産の植民地的由来以外にも、労働力が豊富で貧しい周辺国の事情からみて労務による賠償は意味がないという認識や、生産物賠償は日本経済のみを復興させてしまうために不可であり、さらに、金銭賠償もかつてドイツ経済の混乱を招きナチスを台頭させたという教訓から見て不可であるという認識が存在していた。労務・生産物・金銭のいずれの賠償も日本への賠償要求には不適切であるという認識に基づき、在外財産の接収、および、工場設備などの資本財そのものを日本から撤去するという資本賠償方式が計画されたのであった。

こうした資本賠償計画の目的は、第一に軍需産業を中心とする工場設備・資本財を日本から撤去し、日本が軍国主義化することを防止せんとした経済安全保障のためであり、第二に、撤去される資本設備を在外財産と合体させることで、周辺地域の経済発展を促進するためでもあった。後者の計画は、満洲や北朝鮮に存在した重工業設備に日本から撤去される予定の賠償物資を加え、中国や朝鮮の急速な近代化を図り地域的統合を一気に実現するという、オーウェン・ラティモア博士による地域再編構想に由来していた[★8]。賠償は、米国が主軸となった東アジアの地域的再編の手段と位置づけられていたのであった。日本帝国の解体を米国の主導で進め、賠償によって帝国を地域へと再編することは、ソ連の発言力を極力抑え、賠償によって急速に工業化される中国を基軸とした、東アジアの地域形成に貢献すると期待されていたといえよう。工場設備等の在外財産を賠償として接収し、欠けている設備を日本本土から資本賠償の名のもとに周辺地域に運ぶことで、周辺地域の工業化を飛躍的に加速させ、日本も含めたアジアの水平的工業ネットワークを築くこと、つまり、いわば帝国を地域へと再編する計画こそが、米国の戦後の東アジアにおける地域統合計画であった。

つまり、第一次大戦においては、在外私有財産の接収が膨大な公的国家賠償の担保と位置付けられ、公的賠償が終わらない限りその返還はしないとして、実質上没収されたのに対し、第二次大戦後の日本に対する賠償政策は、私有財産を含めたすべての在外財産の清算代金を上限として、その範囲を大きく越えない程度に賠償総額そのものを抑え、資本財の移転と周辺地域の経済発展により帝国を地域へと再編するための手段であったといえる。

これは、資本賠償を手段として周辺地域の経済発展を促し、日本からの経済的浸透を抑止するという意味の経済安全保障にも貢献するものであったと考えられる。第二次大戦後の日本とドイツに対する賠償政策は、賠償総額の上限目安としての在外財産の接収代金と深く結合されていた。特に日本の場合には、戦争遂行の基地ともなり得る重化学工業設備を朝鮮や満洲に残していたため、在外資産としての工場設備を日本本土からの役務・生産物、そして「過剰」生産設備といかに結合させるかという地域的経済再編問題とも、賠償問題は重要な政治的な連関を有していたといえる。

また、在外財産の管理・没収政策の実行を目的として、日本の帝国としての占領・分割を行うに際して、同時に実行された政策こそが、すべての在外日本人を極東委員会の管理する地域としての日本本土に強制的に帰還させるという「引揚」政策であった[★9]。降伏文書調印後、連合国外相会議等によって極東委員会が設立されるにあたり、マッカーサーが軍隊なき国家を前提とした象徴天皇制を謳った日本国憲法の制定を促したことはよく知られている。しかし、マッカーサーは、周辺の連合諸国間で日本の勢力圏を行政的に分割することによって極東委員会の管理領域を空間的に制限し、琉球地域を除いた日本本土のみに委員会の主たる活動空間を限定する政策をも、委員会設置前の既成事実として推進していたと考えられる。そうした帝国圏の空間的分離政策を体現した指令こそ、GHQから日本政府に一九四六年一月二九日に宛てられたSCAPIN六七七号「若干の外郭地域の日本から政治上及び行政上の分離に関する覚書」であった。これにより、極東委員会が管理できるのは、日本人だけから構成されるはずの日本本土のみとなり、朝鮮半島は米ソ合同委員会による信託統治予定地域として、米ソで分割占領された。同時に、南洋群島は米国の戦略的信託統治に置かれ、沖縄・奄美・小笠原は、米国による戦略的実効支配地域化すること（信託統治の検討あり）をソ連が認める代わりに、南樺太と「千島」［歯舞・色丹含む］へのソ連の実効支配が黙認されるという連合国間の体制が作られた［★10］。こうした連合国間の体制に沿って、連合国単独管理が相互に承認された周辺地域から、一種の共同管理体制としての極東委員会管理地域としての旧帝国本土へ、在外日本人は一斉に引き揚げさせされた。その方針は米国占領当局内部において、極東委員会発足の直前に開かれた一九四六年一月の東京会議で決定されたと思われる。その決定により、「引揚者」としての民間人三四一万人、および、軍人・軍属三一一万人が日本に送還されてくることとなった［★11］。一九四五五年末の時点で見積もられた民間の在外邦人総数は、三三四万人余で、朝鮮在住の日本の民間人は約七〇万人（北二五万人、南四五万人）であった。彼らこそが、戦後に日本政府に「外地」で失った財産の補償を要求し、戦後日本と周辺地域諸国との国交正常化交渉に大きな国内席制約を加える存在となるのである。

米国による日本人の引揚命令と、在外財産の活用による周辺地域の経済発展という基本的な政策目的のさらに背後には、日本の国家的社会的影響力をアジアから根本的に除去して、四つの島嶼に日本人を引揚によって封じることが米国のアジアへの使命であるという考えが存在したことも指摘できる。かつて米国の海軍提督ペリーが一八五三年に江戸の鎖国の扉を開けてビンから解き放ったところの、あたかも危険な妖精のごとき近代日本を再びビンの中へ戻し、軍国主義を生み出した社会的「土壌」を改革することで、各国民が平和と民主主義を謳歌できるとする信念がマッカーサーの胸中に存在していたといえよう［★12］。米国が中心となった自由主義的な国際秩序建設を行うために、あたかもビンにふたを締めるようにして、北の大陸への出口の南朝鮮と、南の海洋世界への出口である沖縄に米軍を駐留させ、日本の帝国を国家と社会の両面で折りたたみ封じるとともに、残された在外財産を以て周辺地域の経済発展を図り、日本の経済的復興に伴う新たな必然的拡張を未然に抑止せんとしたのが、米国の初期賠償方針であった[★13]。

3　帝国の分割と在外財産活用による地域形成——米国による帝国再編構想

こうした方針に沿って、在外財産を中心とする賠償計画を具体的に遂行すべく編成されたのが、ポーレー賠償調査団であった。ポーレーは、第一回目の極東調査を、一九四五年一一月初旬の厚木到着から一二月半ばまで、二カ月近く行った。米軍が直接占領していた唯一の旧公式植民地であった南朝鮮でも、日本人所有財産の帰属と所有権の移転処分が、この期間の一九四五年一二月六日、米軍政庁によって軍政令第三三号として行われた。

これは単に南朝鮮のみを意図したものではなく、北朝鮮や中国での在外財産処分とも関係があった。同年一一月に東京に到着するや、ポーレーは使節団の団員三名を南朝鮮に派遣して、在朝鮮日本財産処分についての協議を軍政庁との間で行った[★14]。ポーレー使節団による米軍政庁との連絡、ワシントンから承認、という手続きの結果として、在外財産に対する日本の所有権をvestする旨の、前述の軍政令三三号が出されたのであった。それは日本の(政府、皇室、企業、国民一般)在外財産の隔離処分(sequester：ポーレー使節団内部ではこのように使われていた—浅野)[★15]が八月九日に遡って行われるとする、遡及法としての性格も有していた。それまで、米軍の占領地域である南朝鮮地域では、統治権を朝鮮総督府から引き継いだ米軍政当局が、同年九月七日の布告第一号第五条を以って私有財産尊重の原則を打ち出しており、実際、それに立脚した在朝鮮日本人の財産処分や送金も行われていた[★16]。しかし、この米軍政令第三三号により、ソ連参戦の八月九日に遡及して、在朝鮮日本財産は隔離され、その権原(title)は米軍政庁に帰属(vest)され所有(own)されたのである。これによって、同年八月から一二月まで日本に送金された外国為替や、朝鮮銀行の発券準備金として京城本店から東京支店に所在地名義を八月二五日に移動(付替)させられた日本国債[★17]に対して、韓国政府の側からの請求権が主張されていくことになるのである。

さらに、翌一九四六年五月末からの第二回目の極東調査においては、北朝鮮と旧満州地区への調査がポーレー自らの現地訪問と共に実現された。これは、金属・化学・電力を中心とする満洲重工業設備を基盤とする急速な近代化によって「強い中国」を中心とした東アジアの水平的経済構造の育成を実際に目指そうとするものであった。具体的には、製鉄、ボールベアリング、農業用機械施設等を日本から撤去し朝鮮・旧満州に移転させることで、現地の農業基盤の強化と工業育成が計画されていた。それは、まさに帝国の強制的再編による地域経済育成であり、日本本土の「中間賠償」はそうした構想の一部となるべき存在であった。

こうした帝国の再編による地域経済の育成は、日本が自律的軍需生産体制を維持できないことを目標とする経済安全保障実現のためでもあった。また、移転された工業設備により日本周辺地域の住民の生活水準を引き上げ、水平的地域的統合を実現することも目標に掲げられていた。ポーレー使節団が戦後日本の生活水準を、侵略された国々の生活水準より下に置こうとしたことはよく知られているが、実は、それは周辺地域の住民の生活水準を引き上げて戦前の日本並みにすることを真剣に意図したものでもあった。少なくとも、当時の日本側にはそうした説明が行われていた[★18]。

しかし、連合国内には、帝国の解体と再編による地域形成が、いかなるものとなるべきかについて、深刻な対立が存在していた。日本人社会が外地からの引揚と内地での経済復興を焦点として大きく混乱している一方、連合国内部では、米ソ中の間で帝国の地域的再編の方向性と、賠償の法的枠組みをめぐる駆け引きが展開されていたからである。それこそが冷戦を加速させるとともに、賠償政策自体を大きく変質させていくこととなったのである。

軍政令第三三号によって朝鮮半島南部に存在した日本財産は米軍政に「帰属」(vest)させられたが、その帰属がもたらす法的性格は、北朝鮮でのソ連による国有化政策を意識して、大きく転換されていった。一九四六年九月二五日、米国政府内の三省(陸軍・海軍・国務省)合同調整委員会(SWNCC)内の極東小委員会では、在韓日本資産に関する報告書が作成され、将来その私有財産の補償を約束せずに在韓日本人資産を全て剥奪することの論理的根拠(rationale)が大統領に提出された。その根拠は、「この計画が日本の在外財産に関する米国の一般的政策に沿って(原文)」いるという点、及び、「他国、特に中国とソ連が将来の財産補償に対する何らの保障も与えずに日本人を引揚げ・送還させている」点に求められた。もしも、「南朝鮮での み日本人に補償の約束をすれば韓国国民を激高させる」とする主張もあった。北朝鮮と中国における没収処分に対して、南朝鮮のみで私有財産の補償を前提とする政策を持続すれば、南の韓国民衆の信頼を米軍政につなぎとめることができなくなるという現実の判断によって、この帰属は遡及法して「没収」としての性格を持つことが、一九四六年九月の時点で米国により決定されたのであった[★19]。

日本財産の帰属が没収を意味するとの決定は、一九四六年一一月に公表されたポーレー使節団による賠償をテコとする地域再編計画の一環でもあった。実際、ポーレーはその中で「独立した朝鮮経済の復興に役立てる」ため、朝鮮で採取される鉱物を加工するための工場設備を、日本から移転させる提言を行っていた。また、翌一九四七年一月二九日には、マーシャル国務長官が南朝鮮に正式な政府を樹立するに際して、「その経済を日本の経済に結び付けるための計画を起草する」よう指示を与えている[★20]。

しかし、こうして連合国の賠償政策は、間もなく大きく転換されることとなった。ポーレーによる賠償調査に基づいた暫定的対日賠償政策が、一九四七年四月に軍事施設三〇パーセント撤去という「中間賠償」指令、および翌年一月からの重工業施設の実際の撤去によって開始されると[★21]、その過程で日本の在外財産に関する連合国側の評価は、極東委員会で激しい議論にさらされていった。これは、米国政府内部において日本経済の復興を遅らせる賠償方針に対する批判が台頭したことに起因していた。さらに、満洲から撤去された工場設備が戦利品に該当するというソ連側の主張と、賠償物資の一環であるとする米国側の主張も対立して紛糾した[★22]。当時、SWNCCでは、賠償によって日本本土内の工業水準を下降させながらガリオア資金による多額の援助を行うのは不合理であるとの指摘が行われていたのみならず、マッカーサー司令官も一九四七年三月の発言で、満州・朝鮮・台湾における在外財産剥奪以上の賠償を戦後日本本土から取立てることには反対との見解を表明していた[★23]。

マッカーサーは賠償緩和の一貫した支持者であり、ポーレー来日に際しても、満洲・朝鮮・台湾を失うことで日本は既に数一〇億ドルにのぼる巨額の支払いを在外資産によって行ったことを指摘し、ポーレー使節団が提示した賠償額の緩和を求めた[★24]。マッカーサーは、もしも、ポーレー使節団の勧告に従った賠償が行われれば、日本経済の復興が遅れることは必至であり、せっかく、日本人が良いものとして受け入れ始めた「民主主義」が、日本人から拒絶されかねないことを懸念していた。一般の日本人は、民主主義が経済の豊かさや発展と結びついていると信じてそれを受け入れていると、マッカーサーは認識していたのであった。

4　終わりに——帝国の地域的再編の手段としての賠償

米国が主軸となった賠償は、日本帝国を米主導で東アジア地域へと再編するための手段であった。これは、ソ連の発言力を極力抑えながら急速に工業化される中国を基軸として、東アジアの地域的統合を一気に実現しようとした計画でもあった。しかし、周辺地域の工業化と生活水準向上を目標とした帝国の地域的再編計画は、ソ連軍による満洲からの一方的な工業設備の撤去、および中国での内戦と共産主義政権の成立によって変質していった。それに取って代わった米国の構想こそ、日本人の「再教育」と「民主化」の進展を前提に日本の復興を米国が支援する前提で賠償を途中で打ち切ること、つまり、日本を東アジアの重工業地域として、そこに周辺地域の経済発展を結び付け、つまり、ある意味では「従属」させようとした政策であったということができる[★25]。安全保障方面での米軍基地の機能も、日本の再拡張からアジア諸国の安全を守るためのビンのフタ的なものから、共産主義の封じ込めへと大きく転換されていった。その機能を補完する自衛組織の整備とともに、戦後日本は周辺地域への共産主義の浸透を阻止するという目的に沿って経済協力を担うこととなり、それが新たな経済安全保障の枠組みとして定着していったとも考えられよう。

以上、こうした議論の前提として忘れてはならないことは、賠償問題として一般に認識される問題の奥に、単なる国家間の戦争や講和と関連した狭義の「賠償」にとどまらず、帝国という存在を分割・解体し、独立国家から織りなされる「地域」へと再編するという壮大な歴史的課題が存在していたということである。賠償政策は、こうした国際政治的な背景から理解されるべきであり、日本経済の復興だけを焦点とした視角から把握されてきた今までの賠償問題の認識を改め、大きな地域という視角から、戦後史をとらえることが必要であろう。

賠償問題を焦点とした帝国解体と地域への再編という大きな構図を認識してこそ、帝国解体によりいわば「宙に浮いた」問題としての、ヒト・モノ・カネの処遇をめぐる国際政治問題についても、各自の民族的立場を越えた共通の理解を形成するための入口に立つことができよう。つまり、戦争動員で失われたヒトの生命や、破壊された財産等の具体的対象に付着した集団的感情の起源は、大きな国際的政治経済の構造と直接結び付いているのである。植民地時代の巨大な社会変化（「搾取」あるいは「開発」と呼ばれ論争の対象）に由来する、さまざまな公私の財産（債権・資本やその形としての工場などの生産設備、鉱業権や工業所有権等の無形財産等を含む）は、帝国の行った戦争動員や戦争被害に由来するさまざまな請求権と相殺されていくことになるからである［★26］。詳細は他稿に譲るが、こうした在外資産とヒトの生命への償いとの相殺という枠組みが、いかなる国際政治的起源を有するのかという問題が解明されてこそ、その効果の上に存在している現代が抱える歴史認識を取り巻く様々な問題にも、解決の糸口がもたらされると信じてやまない。

註

★1——詳細は、以下、特に第6編を参照。浅野豊美『帝国日本の植民地法制』名古屋大学出版会、二〇〇八年。

★2——一九三三年に米国で出版されたドイツ賠償と米国の関与に関する以下の研究書から、一次大戦の教訓を整理した。本文の以下の記述は、ここからの引用である。F.W. Bitter and A. Zelle, *No more war on foreign investment: a Kellogg pact for private property*, Philadelphia: Dorrance, 1933.

★3——Ibid, p1.

★4——その反面、ドイツは戦時中に借り押さえし滅却した連合国民の財産の返還を求められた。また、連合国は新に戦後手に入れたドイツ国民の財産を収用する権利も与えられたが、数年の交渉の後放棄した。Ibid, p1-3.

★5——Ibid, p1-3. こうした事実から、一九二六年にはフランスで私有財産の没収処分が見直され、ドイツ人所有者への返還が新たに定められた。それでも、英国は、連合国民がドイツによる財産没収によって被った損害を補償されて初めて、ドイツ人財産の没収を放棄するとしたに止まった。ドイツ政府とドイツ人所有者からの抗議にもかかわらず、英国政府はドイツ政府が国際条約に定められた然るべき賠償を払わないがために、その私有財産は没収(confiscation)されるとの説明を繰り返した。

★6――米国の支援とヤング・ドーズ案による債権返済によっても、一九三三年当時のドイツの賠償額は毎年七五〇〇万ドルにのぼっており、更に、三八〇〇万ドルの返済も必要となり兼ねない状況であった。また、フランスをはじめとする主要な連合国は、ドイツ国民の私有財産を精算して生じた余剰分に該当する三〇〇〇万スターリングポンドの返済さえ、ベルサイユ講和条約二九六・二九七条の規定にもかかわらず、拒否したままであった。Ibid.

★7――CAC-197草案「日本本土以外に所在する日本人私有財産の処分」(一九四四年五月一九日)による。この草案こそ、対日賠償の根幹、即ち、主要手段を在外財産の没収に置くと定め、その後の占領政策の柱となったものであった。大蔵省財政史室編『昭和財政史――終戦から講和まで 1 総説、賠償・終戦処理』東洋経済新報社、一九八四年、一六一―一六四頁。

★8――ポーレー・ミッションには、オーウェン・ラティモアが正式なメンバーとして参加していた。*Manchurian report*, RG59 Entry: 1106H, Box83, Records of the Pauley Reparations Missions, 1945-48, National Archive II of U.S.A.(以下NARAと略す)

★9――当初の「日本人」からは「琉球人」が除外され、「琉球」からの日本人引揚と、日本からの琉球人帰還政策も展開された。

★10――詳しくは、以下のまえがきと、等松春夫論文を参照。浅野豊美編『南洋群島と帝国・国際秩序』慈学社、二〇〇七年。

★11――『太平洋戦争終結による在外邦人保護引揚関係雑件第一巻』戦後外交記録第一六回公開、K'0002。戦後四年余り経過した一九四九年一二月三一日までの帰還者は、六二四万一四三三名、未帰還者は三七万六九二九名であった。『引揚援護の記録』引揚援護庁、一九五〇年三月、一二頁。

★12――ジョン・ダワー『敗北を抱きしめて 上』岩波書店、二〇〇一年、四―五頁。

★13――南朝鮮を占領した米軍の引揚に関する報告書では、南朝鮮から日本人を追放する目的とは、「日本の再拡張を予防すること、これは将来日本が復興した場合、最初に経済的政治的浸透の対象となるのが朝鮮であると予測されるからである」と述べられている。William J. Gane Capt., Repatriation, RG554 Records of general HQ, Far East

Command, Supreme Commander Allied Powers, and United Nations Command, United States Army Forces in Korea. XXIV Corps, G-2, Historical Section, Box34, Folder: Repatriation information book, NARA.

★14—李元徳『日本の戦後処理外交の一研究—日韓国交正常化交渉（一九五一－一九六五）を中心に』東京大学大学院総合文化研究科国際関係論専攻博士学位論文、一四頁。李元徳『韓日過去史処理の原点：日本の戦後処理外交と韓日会談』（ソウル大学校出版部、一九九六年）として刊行されている。

★15—From H. D. Maxwell to Ambassador Edwin W. Pauley, 26 Dec 1946, p21, RG331, UD1568 Pauley reparation commission, NARA.

★16—森田芳夫『日本統治の終焉』巌南堂書店、一九七九年。

★17—大蔵省理財局外債課『日韓請求権問題参考資料』第二分冊、一九六三年六月、二三四頁。この発券準備金として使われていた大量の国債が、軍政三三号の遡及法の解釈と深くかかわって、韓国側の日本への請求権のかなりの部分を占めていた点は、李東俊氏との学術振興会外国人特別研究員受け入れによる共同研究の成果である。

★18—朝海浩一郎『初期対日占領政策——朝海浩一郎報告書　上』毎日新聞社、一九七八年。

★19—この報告書と軍政命令第三三号を米国政府が正式に追認したのは、一九四七年一月二二日に決定されたSWNCC265であった。SWNCC265の公開をめぐって一九六二年に米国政府内で執筆された以下の文書による Disposal of Japanese Property in Korea, From: Christopher A. Norred, Jr. To: Mr.Yager, October 4, 1962, in *Confidential U.S. State Department central files. Japan, 1960-January 1963: internal and foreign affairs*, Microfilm 2000/77, Reel 33-76 at the Library of Congress in the United States.

★20—李鍾元「戦後米国の極東政策と韓国の脱植民地化」『岩波講座近代日本と植民地8　アジアの冷戦と脱植民地化』岩波書店、一九九三年、二〇－二一頁。

★21—北岡伸一「賠償問題の政治力学」北岡伸一・御厨貴編『戦争・復興・発展』東京大学出版会、二〇〇〇年、一六八－一七三頁。

★22—前掲、大蔵省財政史室編『昭和財政史—終戦から講和まで　1　総説、賠償・終戦処理』二五〇、二六六－二六九頁。

★23—原朗「戦争賠償問題とアジア」前掲『岩波講座近代日本と植民地8　アジアの冷戦と脱植民地化』二七一－

二七三頁。

★24――北岡伸一前掲論文、一七二頁。

★25――李鍾元『東アジア冷戦と韓米日関係』東京大学出版会、一九九六年。

★26――詳細は、前掲『帝国日本の植民地法制』第六編、および李鍾元・浅野豊美・木宮正史編『歴史としての日韓国交正常化』法政大学出版局、二〇一一年(近刊)。

参考文献

F.W. Bitter and A. Zelle, *No more war on foreign investment: a Kellogg pact for private property*, Philadelphia: Dorrance, 1933.

浅野豊美『帝国日本の植民地法制』名古屋大学出版会、二〇〇八年

浅野豊美編『南洋群島と帝国・国際秩序』慈学社、二〇〇七年

大蔵省財政史室編『昭和財政史――終戦から講和まで1 総説、賠償・終戦処理』東洋経済新報社、一九八四年

北岡伸一「賠償問題の政治力学」北岡伸一・御厨貴編『戦争・復興・発展』東京大学出版会、二〇〇〇年

原朗「戦争賠償問題とアジア」前掲『岩波講座近代日本と植民地8 アジアの冷戦と脱植民地化』

引揚援護庁『引揚援護の記録』引揚援護庁、一九五〇年三月

森田芳夫『日本統治の終焉』巌南堂書店、一九七九年

李鍾元「戦後米国の極東政策と韓国の脱植民地化」『岩波講座近代日本と植民地8 アジアの冷戦と脱植民地化』岩波書店、一九九三年

第9章 戦後日本における華僑社会の再建と構造変化
——台湾人の台頭と錯綜する東アジアの政治的帰属意識

陳來幸
Chen Laixing

1 東アジアの冷戦と華僑社会

華僑華人問題は古くて新しい。海外の中国系の支援を必要とする度に中国政府は華僑華人に注意と関心を向け、時に応じた僑務政策が展開された。一方、異なる居住地ごとに論議される華僑華人論はそれぞれに本質が相違する。血統を重んじ、国籍法が生地主義の原則を採らない北東アジアでは、華僑は二代三代にわたり現地の外国人であり続けた。

本章の目的は、戦後日本における新たな華僑社会の形成とその再編過程を解明することにある。朝鮮半島南北に存在する二つの華僑社会と戦後日本の韓国朝鮮人社会との対比を意識し、帝国支配の遺物として日本に残留した台湾人の去就とその役割に焦点を当てたい。

安政の開港以降、横浜、函館、神戸等に出現した初期華僑社会の発展は、開港場の居留地と制限的雑居地区を起点とする。一八九九年の居留地撤廃と外国人の内地雑居の開始に伴い活動の区域を拡大させた華僑は、ピーク時には総数が四万人強に達し、戦時中の強制連行によって一時期在日中国人人口は激増するが、連行者等に対する帰国支援事業が一段落した後の四七年（以下特に断りのない場合西暦下二桁で表示）頃に約二万人内外に落ち着いた。

植民地統治時代に日本内地に移住していた台湾人は戦後中国籍を回復し、四六年末までに中華民国駐日代表団僑務処に登録を行い、在外中国公民としての「華僑」の範疇に入った。四八年三月の在日中国人の内、大陸出身者一万九七一五人に対し、台湾出身者は一万三四三三人である［★1］。両者を合わせた総数およそ三万五〇〇〇人の在日中国人の人口規模は、開放政策に転換した中国からの来日者が急増する八〇年代に至るまで、最多時の五万人内外を上限に戦後約三〇年間維持され続け、台湾省出身者はそのうちの約半分を占めた。内地雑居以降の華僑社会は大きく①戦前、②GHQ占領期から冷戦体制下の戦後、③中国の開放政策後、の三つの時期に区分することができるが、戦後に相当する第二期は研究の空白領域となっている。

職種を制限する日本の入管制度のもとで、戦前の華僑社会は、華商に加え、料理、理髪、行商等限られた雑業層を中心に構成され、農民や鉱工業労働者不在の特殊な社会であった。出身地は広東幇（＝パン：グループ）、福建幇、三江幇（江蘇・浙江等の出身者）と北幇（山東等北方の出身者）が一定の勢力を持った。日中両国の地理的近接性に加え、日本の朝鮮併合と「満洲」への勢力拡大が招いた相応の特徴である。日中間では人々の往来も容易く、華僑に限らず日本人の移動も盛んであった。このような頻繁な人的往来は、日中戦争の勃発とそれに伴う戦時統制、さらには戦後GHQの占領と冷戦構造の深刻化のもとで一時期遮断された。戦争末期に次ぐ第二の時期は、日中間の相互交流がきわめて限定されるという特殊性をもつ。その結果、日本の華僑社会は、大陸中国との継続的な人的往来を欠く、政治的にはナショナリズムの高揚を示すが、文化的には内向きにして現地化が促進される時期を迎えた。

意外にも注意を払われてこなかったのが、この時期ほぼ半数の最多数を占めた在日台湾人の存在と役割である。戦後華僑社会に第五番目の台湾幇として加入した台湾人においては、政治面での脱日本人化と同時に、一辺倒な中国人(中華民国国民)化が進んだ。台湾人知識者層は華僑社会全般において政治面思想面での先導的役割を担い、社会主義政権の誕生とともにその受容を真っ先に表明し、華僑や留学生団体の組織化の中核部分を構成した。本章では、中国共産党と中国国民党が華僑社会を争奪するという内戦の延長線上にあって、日本の左派政党と連帯しつつ親中国的な華僑組織をリードした進歩的台湾人の問題を明らかにしたい。

本論の課題の一つは台湾人の戦後の法的地位と帰属意識の変化の解明である。日本政府に対する四五年一一月一日のGHQ基本指令は、「日本国民であった」「中国人たる台湾人と朝鮮人」は、必要の場合には「敵国人として取り扱われることができる」として、台湾人と朝鮮人に対して「解放人民」という曖昧な処遇を示唆した[★2]。以後差別的な含意をもつ「第三国人」がこの指令を根拠に広く使われたことは周知のことである。在日台湾人の戦後は、まずは臨時華僑登録証の取得を通じ、中国政府に対して国籍「回復」の手続きを進め、曖昧な「解放人民」ではない、大陸出身華僑と同等の戦勝国国民扱いを受けることから始まった。連合国人に対する刑事裁判権の行使は排除された(四六年二月一九日覚書)が、登録証明を受けた台湾人も連合国人と見なし刑事裁判権に服する必要がないことが確認された(四七年二月二五日覚書)[★3]。食糧の特配制度においても台湾人は朝鮮人・琉球人とは異なり、外国人として加配の特典に与ることができた。在日朝鮮人との相違がここに存在する。

次に視点を変えて、朝鮮半島に残った華僑がどのような戦後を経験したのかを検討しておきたい。第二次大戦直後、朝鮮に在住する華僑は朝鮮戦争で帰国者が増加し、南北分断後の五八年には北部で一万四三五一人が居住していた[★4]。中国と友好関係にあった朝鮮民主主義人民共和国の華僑は、中国朝鮮族の待遇との公平性の原則に基づく待遇を受けた。五八年を境に華僑の朝鮮籍への加入（＝少数民族化）が促進され、華僑人口は現在六〇〇〇人ほどになっている［★5］。陸続きの故郷とその地を実効支配する中国政府に対し、山東省出身者が九〇パーセント以上を占める北朝鮮華僑のもつ帰属意識に「ぶれ」はない。

一方南部では、四八年に大韓民国政府が成立した後、華僑の生存空間は大きく制限を受けた。六八年の外国人土地法で土地所有が商業用地五〇坪以下に制限され、華僑の勢力は急速に減退し、約二万人の華僑は韓国社会の差別構造の下に置かれたのである。しかしながら、中韓国交樹立（九二年）後、土地所有制限は撤廃（九八年）され、出入国管理法施行令でも「永住資格」が新設される（二〇〇二年）等、韓国の制度は寛容なものへと変化した。華僑の地位向上は日本の在日韓国朝鮮人の地位改善問題と緊密に連動しているともいわれている。このような韓国華僑の特徴は、冷戦体制の影響を直に被り、中華民国に対して強烈な「祖国」意識を持ち続けたことにある［★6］。故郷の山東省を実効支配しない台湾政府に対して政治的帰属意識を持つという「ぶれ」が存在するのである［★7］。

冷戦構造下朝鮮半島の華僑社会に存在したこのような帰属意識の錯綜状況は、日本においても顕著に認められる。

2　戦後における在日華僑社会の再建

一〇月二五日、台湾で受降式が行われた日に中華民国行政院は台湾人の中国国籍復活を声明した。日本の華僑社会はこれに呼応し、新たに加わる台湾人「新華僑」とともに新時代に対応した組織創りに着手した。東京では、接収した旧丸の内ビル台湾総督府東京事務所に留日台湾同郷会が発足し、復員台湾兵や少年工等の帰郷支援のための帰国委員会事務所が四階に置かれた〔★8〕。抜本的改組のうえ翌四六年二月に成立した大陸系の東京華僑聯合会（京橋光華ビル、初代会長周祥賡〔★9〕）と交渉を進め、同年五月に両団体は合併して東京華僑聯合会が成立した。両組織の合併は、中華民国駐日代表団の指導の下四月一八日に熱海に各地華僑代表三〇〇名を集めて決議された、中華民国留日華僑総会の結成と並ぶ既定方針であった。台湾人学生と大陸出身留学生も全国を統括する中華民国留日同学総会（博定主席、羅豫龍副主席）を四六年四月に成立させた〔★10〕。大陸・台湾出身を問わず、華僑の子弟も参加し、四七年春には『中華留日学生報』〔★11〕を共同で創刊した。これに先立つ四六年一月に東京では『中日公報』が創刊された。二大華僑新聞の一つとされる『中華日報』（発行部数一〇万）の前身紙である〔★12〕。

関西地区では戦後直後の一〇月に華僑資本の経営になる『国際新聞』が刊行された。在日華僑と広範な日本人読者を持ち、日本の民主化の進展と健全な日中関係を築くことを目的として刊行され、部数四四万部を誇った〔★13〕。初め本社を中国駐GHQ軍事連絡参謀王之（不承）少将の尽力で接収した満洲ビル（旧満洲国大阪総領事館、後に駐日代表団阪神分処が入居）の六・七階に置いた。同じビルを拠点に活動を開始した大阪台湾省民会と大阪華僑聯合総会は、四七年二月末に合併して大阪華僑総会が発足し、鰻谷仲之町に移転した。神戸は東京と並び全国で最も中国人が集中していた〔★14〕。基隆港への台湾航路の起点という立地条件や、長崎と並び密輸の拠点であったこと等から、台湾人たちが急速に集結するなか、戦後すぐの九月に台湾省民会が組織され、一〇月に成立した大陸系の華僑総会と合併を進め、四六年四月には新たに神戸華僑総会が成立した。

以上のように、戦後一年を経ずして、GHQに対して発言権を持つ中国駐日代表団の指導の下、台湾人と大陸出身者は、故郷の解放と祖国の勝利という熱気のなか組織化をすみやかに実現した。国際新聞社に始まり、四七年一〇月までの二年の間に刊行された一九の華僑系新聞のうち、代表者の出身がわかる一七紙中一五紙までが台湾人によるものであった[★15]。この事実は戦後の華僑言論界でリーダーシップを握ったのが台湾人エリートであったことを如実に物語っている。多くの新聞は中国語を解さない台湾人を念頭に日本語を基調とし、『中国通訊』(四六年一〇月、楊春松・曽永安[★16]創刊)のように大陸の政治経済情勢の報道を専門にするものもあった。一方、中国語雑誌も中国人意識の醸成と社会人教育を目的に盛んに刊行された。東京の留日同学総会は雑誌『華光』(四六年五月)を、国際新聞編集部の一員であった李祜は京都で華僑問題を専門に扱う『僑風』(四七年三月)を創刊し[★17]、やや遅れて台湾人荘三奇が大阪で雑誌『黄河』(四七年五月)を発行した。当初日中二カ国語で発足した国際新聞は二年後に中国語紙面を停止した代わりに、四八年一月から旬刊総合雑誌『華文国際』を三〇〇〇部発行している[★18]。紙不足で日本各地の新聞の発行が困難を極めるなか[★19]、華僑系メディアは百花繚乱の様相を呈したのである。

華僑学校の再開に国民学校校舎が借用されたことや、旧満洲国総領事館ビルや台湾総督府事務所が華僑組織に接収されて使用されたことは、一面では華僑や留学生が戦勝国民としての優位性を誇示した結果の産物であり、駐日代表団という権威ある国家の政府使節団がかれらの要求の仮託者として機能したことを示している。

戦後の華僑言論界では、戦前の華僑教育の在り方や「一盤の散砂」と揶揄されてきた中国人の団結力のなさを反省し、根本となる教育の普及から着手して華僑の地位を向上させる必要があるとの議論が高まった。教育から組織、組織から建設、さらには華僑社会の発展へとの信念が共有され、教育の重要性が強く認識された[★20]。

校舎を空襲でなくした各地の華僑学校は国民学校に間借りする等して戦後まもなく授業が再開された。四七年年初の時点では以下の状況にあった。東京では東京駅八重洲口前の京橋昭和国民学校から七教室を間借りして、包象寅[★21]が校長に就任し、教師一〇名、生徒二〇〇名の規模の東京中華学校が授業を再開し、東京華僑聯合会もここに同居していた。四六年三月に本田国民学校の一部を借用して再開された関西中華補文学校[★22]は、一〇月に駐日代表団阪神僑務分処によって校董会が組織されて劉増華処長が董事長となり、大阪華僑学校と改名された。教職員一七人に学生二四〇人の規模で、大阪華僑聯合総会会員から月五円の教育募金を集め、学生一人当たり月三〇円の学費で運営された。神戸では、四六年二月から大開国民学校の一部を借用した神戸中華同文学校が全国最大規模の学生八五〇名を収容し、当時としては唯一の中等部教育が実施されたほか、台湾人児童の国語教育のために特別学級を設けた。横浜華僑総会が直接管理した横浜中華小学校は学生五〇〇名に教員一四人、経常支出は五万円ほどの規模で、戦後早速新校舎の建設を実現している。

四七年一月二一日、林定平駐日代表団僑務処長の召集により全国の華僑学校の代表が集まり、東京丸の内ビルにて全日本華僑教育会議が開かれ、華僑学校の校名統一、教材統一、国語教育の普及、休暇日統一、教師の資質確保、教師待遇と学校組織の規格化に関し意見交換が行われた[★23]。本国の代表使節として設置された駐日代表団僑務処が、教育の統一と規格化を自らの主導のもとで進めることを通じ、僑民に対する直接統合を試みた最初の会合であった。

四七年八月段階で授業が行われていた華僑学校は、東京、横浜、神戸、大阪、長崎、京都、北海道(函館)、島根(出雲)、静岡(三島)の九校に及び[★24]、学生数は五〇名から一〇〇〇近い規模まで様々であったが、中華民国政府は日本賠償物資関連の五万ドルを注入して華僑教育の充実を図るとともに、五〇年八月以降、華僑教育基金委員会を代表団が組織するとともに、台湾からの「外貨自己準備バナナ輸入」という特別な方式を導入して華僑学校の再建と運営維持が図られたのである[★25]。

戦後約一年近くにわたり、中国人経営の料理業、理髪業、洋服業に対する遊興飲食税と特別行為税については事実上課税手続きが停止されたままの状態が続いていた[★26]が、大蔵省は華僑に対して日本人と同様の課税を行う用意があるとし、四六年六月六日付覚書でGHQに意見を求めた。それに対するGHQの覚書「非日本人に対する普通税の賦課（七月二五日）」を、日本政府は在日華僑に納税義務があるものと解釈した。そこで留日華僑総会経済組は大蔵省と交渉を重ねた結果、各地華僑聯合会と国税局が交渉して具体的な課税額を決めることに決着し、最終的には在日外国人は特別税（財産税および戦時保険賠償税）の納税義務はなく、華僑の納税は一般の国税と地方税に限定された。つまり、華僑に対しては華僑聯合会や華僑学校の運営費などの特殊な負担金を考慮し、これらを控除のうえ納税額が決められ、各地区が会員総会を開いて個人の所得税額を割り当て負担する特別扱いのしくみが五二年まで適用されたのである。

また、当時外資に関する政令の制限を受けて、華僑は会社を設立することができなかったが、華僑聯合会は中国の公司法に倣った独特の登録を実施し、共同経営による華僑の公司（会社）を日本政府に認めさせることに成功した。このような実際的な問題を処理することにより、華僑総会や華僑聯合会は華僑の信頼を勝ち取ったとされる[★27]。

大阪華僑総会文化組発行の『僑聲』（日中両国語表記）は、この間の華僑個人と各地華僑聯合会（地域によっては華僑総会と呼称）、留日華僑総会、駐日代表団及び国民党との具体的な関係の深まりをつぶさに物語っている。大阪華僑聯合総会が台湾省民会と四七年二月に合併して成立した大阪華僑総会の機関紙『僑聲』は、四七年七月に約一〇カ月ぶりに復刊第一六号を発行した。紙面は一新されて直属機関紙の色彩が濃厚となった[★28]。復刊号は冒頭から休刊時期に出された駐日代表団の訓令と留日華僑総会の通告を掲載している。四七年年初に全国華僑教育会議が開催された翌二月には、僑務処長李秉漢の名で「海外華僑団体登記規程」とともに訓令僑字第〇〇六八三号が留日華僑総会宛に発せられた。全ての華僑団体は党部もしくは領事館経由で国民政府僑務委員会に登録する義務があり、使用する印鑑、財政状況、職員等を逐一報告しなればならないこととなった。政府の華僑に対する管理強化はこの時期に始まる。

日本政府の政策も駐日代表団から各地華僑聯合会を通じて華僑に周知徹底された。四七年六月一一日には、日本政府経済安定本部が経済緊急対策の一環として華僑の料理業組合に対する配給停止を駐日代表団に通告した。これは実質上中華料理店に対する停業・営業縮小の要請であった。留日華僑総会会長黄廷富は通達「僑胞経済対策に関する件(六月一八日)」で、難関の打開のためには華僑経済の現状を相当程度変換する必要があるとしてこの件を華僑に周知させ、六月二一日に開かれた留日華僑総会常務執行委員会でも、料理店停業の打開策として、華僑の経済は「貿易より他に途はない」との見解が出されるに至った[★29]。同じ年の五月二日、日本政府が公布した外国人登録令(勅令第二〇七号)について留日華僑総会は「終戦以前のごとき恐るべき華僑圧迫の手段化されることを警戒」するとして一応拒否する姿勢をとりはした[★30]が、中国が構成員である総司令部と代表団の指示は遵守せざるを得ず、大阪華僑総会は個々の華僑に対してその手続きの必要性を周知させ、八月には代理登録手続を一斉に受け付けた。

配給物資の受領場所としてのみならず、法令の徹底から納税、登録の手続きに至るまで、華僑にとっての地方の華僑聯合会は、関わりのない生活がありえないほどの重要性を持つようになった。上部機構としての留日華僑総会、駐日代表団、中華民国政府という支配体制のなかに在日華僑が組み込まれ、華僑全員が政府とは無縁ではいられない状況に置かれた。四五年の終戦を画した、国家との関係における在日華僑の日常生活の変化が端的に表れている。戦後日本の華僑団体の存立形態は、まさに時代に適応した「特異な産物」であって、華僑史に「刻印」されるべき実態を備えたのである[★31]。

戦後、体制の立て直しを図った中国国民党は「海外各級党部籌建党所奨励辦法」を周知させ、戦時期に殲滅させられた海外の党組織の再建によって勢力の伸長と挽回を図った[★32]。神戸では四七年一〇月、山本通二丁目に党員の寄付により華僑倶楽部が集会所として発足し、一九日に開幕式典が開かれた[★33]。そして、国民党駐日各地直属支部聯席会議が一〇月三〇日から三日間にわたって神戸で開催され、翌四八年三月に開催が決まった国民大会日本地区代表候補人として潘鐸元(国際新聞社初代副社長、大阪華僑総会顧問)、立法委員候補として楊永康(広東五華人、党務視導専門員)[★34]が選出され、国民党の推薦候補者となった。国民大会代表選挙罷免法に基づき、国民大会は海外華僑に六五の議席を用意した(第四条)。選挙権は中華民国国籍回復後二年を経過した者に与えられたが、被選挙権は国籍回復後満三年以上を経過した者にしか与えられなかった(第六条)[★35]。台湾人には被選挙権が与えられなかったのである。

四七年八月一五日を機に日本の対外貿易が再開された。料飲業店からの転業先と考えられた貿易業の前途に華僑は大いに期待をかけた。しかしながら、当初は六四名という限定された枠の商務代表(バイヤー)来日による制限貿易が実態で、中国の需要と日本の供給が合致しないなどの問題があった[★36]。大陸の戦況で共産党の優勢が明らかになると、商務代表を通じた中国大陸と日本の貿易はままならなくなり、事実上日台間貿易に関心のある貿易業者の取引だけが政府の庇護を受ける結果となった[★37]。こうして、朝野を挙げて大陸中国との貿易再開に期待をかける世論が形成され、四九年五月には中日貿易促進会が発会し、同月二四日に中日貿易促進議員連盟が結成されるに至った[★38]。

3 華僑民主促進会の成立と朝鮮戦争による情勢の変化

本国情勢の変化と台湾統治の実態を伝えるニュースは在日華僑に様々な判断材料を提供した。四六年七月一九日に闇市の台湾人と日本人暴力団らとの抗争を発端とする渋谷事件が起こり、半年後の四七年春先には、台湾で二・二八事件が発生し、戒厳令が敷かれた。この二つの事件が在日台湾人に与えた影響は計り知れない。同じ頃、駐日代表団は大幅増員のうえ体制を整え、華僑の管理に本腰を入れだしたばかりで、潘鐸元や陳宇翔、孫鳳仙、周祥賡、楊永康ら大陸出身華僑には、政府と党の両系統から華僑統治への協力が要請されたが、故郷の大陸ではマーシャル元帥の国共両党に対する調停も空しく、四六年七月には全面的な内戦へと発展した。当初優勢であったが国民党は日を追うごとに形勢が悪化し、四九年一〇月にはついに北京に共産党政権が正式に誕生した。

日本各地の華僑社会では、台湾に遷都した政府とはいえ、華僑聯合会（総会）や華僑学校が本国政府の僑務委員会管轄下の組織となっていたので、新たな方向性を模索する動きが水面下で進んだ。四八年一〇月に東京で発足した「華僑民主促進会」[★39]は共産党勢力を支持する最初の本格的な在日組織であった。五〇年六月、朝鮮半島で戦争の危機が高まると、戦後日本に対する民主化政策のプロセスで日本共産党を合法化したGHQは一転レッドパージを開始した。一連の情報収集過程でGHQによって作成された、五〇年六月段階の華僑民主促進会と中国共産党及び日本共産党との関係を示す図を次に掲げておこう。

キーパーソンと目されたのは顧問楊春松（一八九九－一九六二）[★40]である。五〇年二月三日付のGHQへの報告には、華僑民主促進会は「台湾人のみによって組織され」たもので、「中国共産党というよりは日本共産党と緊密な関係が認められ」、「楊春松によって結成されたもの」と報告され、華僑総会や華僑聯合会、中日友好協会などで民主促進会メンバーが影響力を拡大しつつあることが記されている[★41]。おおよそ一〇カ月後の、華僑聯合会と華僑民主促進会の役員選挙に関する報告では、二つの団体が選出した新役員の「大半

図：中日共産党政治合作表（其二）華僑民主促進会を中心とする組織図（1950年6月1日現在）

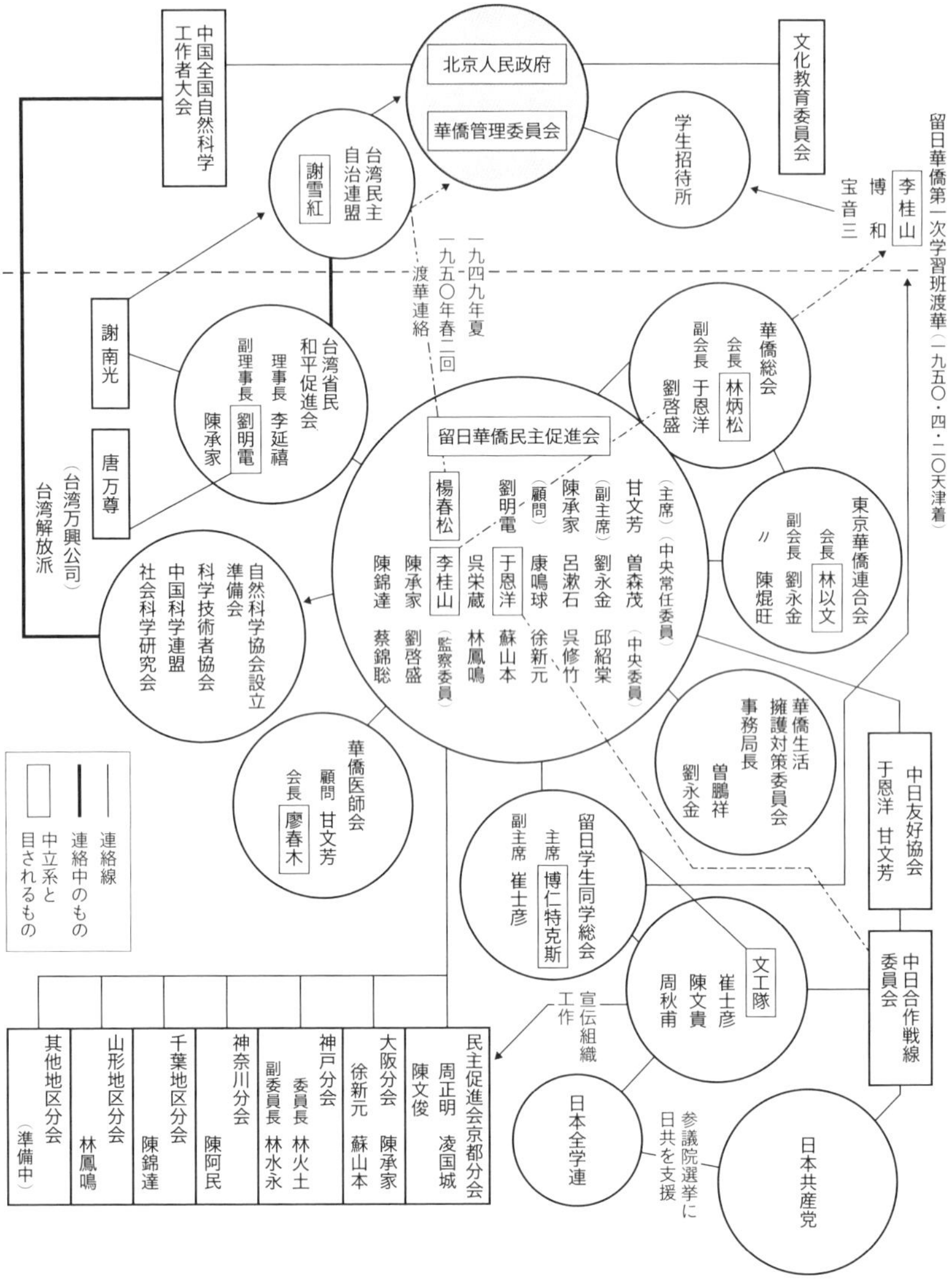

出所：GHQ／SCAP文書GS(B)04242、旧分類2275GG-66「中国人組織一般（1950.2-1951.9）」より作成。
人名で明らかな間違いと判断できるものについては修正を加えた。

は共産党政権を支持する台湾出身華僑である」と分析されている［★42］。図中の華僑民主促進会役員二〇人中、出身がわかる一四人のうち、于恩洋（遼寧）と劉永金（貴州）が他省出身であるのを除き、主席、副主席、顧問二名、監察委員二名の全員を含む一二名が少なくとも台湾省出身者であったことが確認できる。

楊春松は日本統治下の台湾で生まれた客家の人で、大陸に渡り二六年には広東の台湾青年学生連合会（後の台湾革命青年団）の結成に加わり、翌年台湾に戻って農民運動に身を投じ、台湾共産党に加入し、三二年から三八年までは日本当局に捕えられて入獄した。釈放の後に東京に渡り地下活動を展開し、戦後は華僑運動に奔走して合併後の東京華僑聯合会副会長に就き、中国通訊社を創設した。晩年は中国共産党要人として廖承志のもとで対日関係を掌り、対日連絡窓口の責任者であった。当時の楊春松は、中日友好協会を介して中国大陸から取り寄せた共産党関係の新聞雑誌を販売し、その手数料で生計を立てていたといわれる［★43］。図に示されている通り、この時期中国との間を何度か連絡のために往復し、その内一回は政治協商会議への日本地区代表としての渡航であった。直後に家族も含め大陸に渡ったようである。

副会長の陳承家［★44］は、植民地時代に台湾文化協会の活動に参加して日本当局に逮捕され、七年間（三一－三八）の投獄経験を持つ泉州出身の台湾人である。出獄後日本に渡って神戸で台湾貿易を営み、戦時中空襲を避けて大阪に移った。戦後は台湾省民会を創立して会長に就任し、合併後の大阪華僑総会で顧問となった人物である。

華僑民主促進会は中国共産党とは謝雪紅［★45］の台湾民主自治同（連）盟を介して関連があると考えられていた。謝雪紅が、二八年上海に設立された日本共産党台湾民族支部としての台湾共産党の中核メンバーであったことは周知の通りである。台湾共産党はわずか三年の短命の組織であったが、台湾文化協会と農民組合運動に大きな影響を与えたことで知られている。

華僑民主促進会は、植民地時代の台湾で日本当局の弾圧を受けた陳承家や楊春松のような活動家が中核となり、その社会主義思想が、劉明電（初代主席・マルクス主義経済学者）や甘文芳、陳焜旺、曽永安（初代事務局長）、曽森茂（華僑民報編集）などの在日台湾人を中心とする知識分子の間で共感を呼び、同志が糾合されたものとみてよいであろう。華僑民主促進会が掲げた「三反主義（反帝国、反封建、反官僚）」とは、主として台湾人体験に基づいたスローガンであったといえよう。渋谷事件と二・二八事件を契機に「非民主的」日本と中華民国政府の圧政に矛先が向かい、その後機関紙『華僑民報』が発禁処分にあうと、反共主義に基づいて北京政府を敵視するアメリカにも矛先が向かうようになった。駐日代表団の管轄下で御用機関化してゆく華僑総会（聯合会）への批判が込められていたことはいうまでもない。華僑社会における親中国的勢力はこのようにして進歩的台湾人を中心に形成されていったのである。

在野の華僑組織に限らず、駐日代表団内部においても親中国的勢力の形成が顕著となっていた。のちに中国に戻った台湾人の謝南光（元第二組副組長）［★46］や呉文藻（元第二組組長）［★47］はじめ、Wu某（賠償委員会主任）、Hsiao某（葉山中国人倶楽部）、Mia（Niao）某（重慶商務日報記者）、朱世明代表の家政婦などの反政府的動向は、早い時点で日本政府やＧＨＱ当局に把握されていた［★48］。

民主運動の発展、四九年総選挙における日本共産党の躍進、一〇月の中華人民共和国の誕生に直面し、対日政策を一八〇度転換させたＧＨＱは、五〇年六月、朝鮮戦争勃発に前後して日本共産党中央委員の公職追放を指令すると同時にレッドパージを指示し、日本政府は共産主義者の排除に関する閣議決定を行った。やがて、中国共産党政府の「触角」として情報収集活動に専念していたとされる楊春松が代表を務めていた華僑民報社もその対象となった。九月二九日の早朝、法務総裁大橋武夫の名の下で三〇〇名の警察予備隊が動員され、華僑民報社は封鎖され、帳簿類や印刷機械も没収された。先に弾圧された日本共産党との関係や

『アカハタ』販売ルートとの共通性に強い疑惑が抱かれての発禁処分であった[★49]。『華僑民報』は、人民共和国建国一周年記念号の刊行を目前に、連合国国民による刊行物としてはじめての停刊を余儀なくされた。

華僑団体の左傾化と代表団内部の危機的状況に警戒感を覚えた中華民国政府は団内の左派分子を一掃するとともに朱世明を召還し、五〇年五月には駐日代表として何世礼[★50]を派遣した。新体制下の代表団は五一年春に新しい統一章程と選挙規則の適用によって華僑団体に対する管理統制の強化に踏み切った。同年五月、新章程に基づいて東京華僑聯合会から改名した東京華僑総会の新役員選挙にあたり、于恩洋、陳焜旺、曾森茂、陳文貴の四名は反政府行為を行ったので立候補者として認められないとする五月二日付劉増華僑務処長の署名入り通告書が選挙管理委員会に送られ、代表団は同時に候補者八名を別途推薦した。政府の意向を強硬に押し付けたこのような選挙のやり方は、華僑や学生たちと代表団との対立を悪化させる結果となり、六日に行われた選挙では、資格の取り消しを指摘された四名がともにそれぞれの役員定員枠内の最多得票から四位のいずれかに入選し、かえって左派勢力の影響力を増強させることとなった[★51]。これ以後東京では代表団によって別に華僑総会が組織され、華僑総会は二つに分裂する。「逮捕権を含むいかなる法的権限を持ち合わせず」、「政治犯を取り締ることができない」駐日代表団の限界をGHQが思い知らされ[★52]、海外華僑に対する管理と統制の行き詰まりを中華民国政府が実感した出来事であった。

一九四九年から五八年までに中国に帰国した在日華僑と留学生は四~五〇〇〇人。そのうち台湾人が約三〇〇〇人にのぼる[★53]といわれ、なかには生活破綻者家族や台湾からの密入国者なども含まれていた[★54]。このように、大陸を帰国先に選んだ台湾人が大量に存在した事実と、戦後日本の華僑組織再編過程において台湾人が中心的な役割を担った事実は看過されてはならない。人民共和国政府誕生の前から共産党支持を明確に打ち出して結成された華僑民主促進会も台湾人知識人が中核部分を担っていた。そして、これ以後も華僑社会は中国共産党政府とは、楊春松や謝南光など、植民地時代の日本統治に対して抵抗活動を展開した台湾人を介して繋がりをもった。さらに、「御用」組織としての華僑総会に対峙して、華僑協商会議、華僑聯誼会など新たな華僑組織が民主促進会の運動を継承してゆくが、台湾人が引き続きこれらをリードするのである。

一方、戦後の中国国民党と中華民国政府は法律を整備して団体を登記させ、華僑統治を試みた。清国やそれまでの中華民国政府の統治方式がゆるやかなものであったことを考えると、党国体制による新たな方式は末端に至るまでの徹底を目指したものであった。しかしながら、党務再建のなかで発掘された積極分子の大半が大陸出身華僑であり、国籍を回復して間もない台湾出身華僑が政府に信任されることはなかった。こうして、内戦による敗退の結果台湾だけを実効支配するようになった中華民国に対して一部大陸出身者が政治的帰属意識をもち、大陸に成立した人民共和国政府に対して一部台湾人が政治的帰属意識をもつという錯綜状況が生み出された。

註

★1——総理府統計局編『第一回日本統計年鑑』(日本統計協会、一九四九年)八二頁。

★2——外務省編『日本占領重要文書』第一巻基本編(日本図書センター、一九八九年)一三〇頁。

★3——外務省政務局特別資料課『日本占領及び管理重要文書集[第七巻]』(外務省、一九五〇年)八頁。

★4——楊昭全、孫玉梅『朝鮮華僑史』(中国華僑出版公司、一九九一年)三〇二頁。

★5——宋伍強「朝鮮戦争後における朝鮮華僑の現地化について」『華僑華人研究』第七号、二〇一〇年一〇月掲載予定。

★6――王恩美『東アジア現代史のなかの韓国華僑――冷戦体制と「祖国」意識』(三元社、二〇〇八年)。

★7――二〇〇〇―〇八年の民進党党首による台湾総統就任時期に、「僑務の台湾化」が極端化し、戦後北米を中心に移民した新しい「台僑」を優先する方針が示された。韓国華僑の台湾への「祖国」意識はそれ以降急速に瓦解しているといわれる。

★8――陳焜旺主編『日本華僑・留学生運動史』(日本僑報社、二〇〇四年)二三一頁。

★9――周祥賡『日本居留四十年』(永順貿易社、一九六六年)五九頁。

★10――前掲陳焜旺書、五五―六三頁。

★11――前身紙は『中華民国留日学生旬報』。第五号から『中華留日学生報』と改称。その後さらに『中国留日学生報』と改称。旬報創刊号は四七年一月三〇日に刊行(「学生報創刊一周年大記念祭」『中華留日学生報』第一五号、四七年一二月)。

★12――「社論:夙願達成に際して」『中華日報』第一六四号、四六年一二月一〇日、「創立一周年記念に当たりて」同第一八一号、同一二月二九日。

★13――本社社長黄萬居「給国内同胞的一封公開信」『華文国際』四八年八月刊、第二巻第四・五期合併号。初代社長は康啓楷。四五年一〇月二七日創刊。四六年三月から日刊。

★14――経済安定本部総官房企画部調査課「在日華僑経済実態調査報告書(昭和二三年度調査総括)」(華僑調査資料第三号、五一―五二頁)によると、四七年の人数は神戸、東京、大阪の順に六一二六、五六七三、四五四三人。華僑総会の翌年の資料に基づく木火「留日華僑会的現状」(『華文国際』四八年八月刊第二巻第四・五期合併号一〇、一一頁)によれば、東京、神戸の順に七四二四、七三九一人。

★15――拙稿「戦後日本における華僑社会変容の諸契機について――制度・帰属・冷戦構造の視点から」(近刊予定)上記一九新聞以外の機関紙と雑誌とで三七種確認できる。

★16――安藤彦太郎『虹の墓標』(勁草書房、一九九五年)二六頁。台湾生まれの広東系客家、楊春松を頼って大陸に渡り、七九年に他界した(「曽永安君」一一―四一頁より)。中国通訊は資料版、貿易版と週刊中国通訊が合併して成る。

★17――潘鐸元「祝僑風誕生」『僑風』創刊号、四七年三月。

★18――鄭孝舜「介紹中華国際新聞社」前掲『華文国際』第二巻第四・五期合併号、八頁。

★19――井川充雄『戦後新興紙とＧＨＱ――新聞紙をめぐる攻防』(世界思想社、二〇〇八年)七七―八九頁。

★20――奔流「華僑教育改革芻議」『華光』第二巻第七・八期、四七年八月。

★21――「蒋主席の訓示に生きる包さん」『中華日報』四七年七月八日。もと東京外語学校教員。

★22――当初は台湾人劉徳雲氏個人の尽力で維持されていた中国語と英語だけを教える学校であった(「大阪華僑学校訪問記」『僑聲』第二〇号、四七年八月)。『華僑・華人事典』(弘文堂、七四―七五頁)は「関西中華国文学校」とする。

★23――阿鳳「全日本華僑学校教育問題座談会印象記」『僑風』第二巻第二号、四七年四月。

★24――奔流前掲文。

★25――許瓊丰「戦後中華民国政府の華僑政策と神戸中華同文学校の再建」『華僑華人研究』第六号、二〇〇九年一〇月。

★26――連合国最高司令官宛て覚書「在日中華民国人に対する課税について」前掲『日本占領及び管理重要文書集［第七巻］』一四六―一四七頁。

★27――前掲陳焜旺書、二四五―二四六頁。

★28――国立国会図書館所蔵プランゲコレクション複写資料から入手できたのは大阪華僑聯合総会時期の第九号(四六年七月)から一五号(四六年九月)と、復刊後の一六号から二一号まで。

★29――「留日華僑総会第二届第一次常務執行委員会会議録」『僑聲』第一九号、四七年八月、三頁。

★30――「外国人登録を一応拒否」『中華日報』四七年六月二六日。

★31――木火「留日華僑会的現状」『華文国際』第二巻第四・五期合併号、四八年八月、一〇頁。

★32――「中国国民党中央執行委員会海外部代電(海美字第六九五号)」『僑風』第六号、四七年一二月、二一頁。寄付金額に応じて賞状を頒布するという奨励方法を明示。

★33――宗舜「介紹華僑倶楽部」同右、三九頁。

★34――父楊寿彭(一九三七没)は一九三六年に選出された国民大会日本地区代表の神戸華僑。三七年、永康は日本政府によって父とともに検挙され投獄された(安井三吉「楊寿彭と孫文」『孫文研究』第四六号、二〇〇九年)。戦時中国外追放されていたが、戦後永康は日本に戻っていた。

★35―「国民大会代表選挙罷免法」前掲『僑風』第六号、一三頁。

★36―黄廷富「なぜ中日貿易は振わないか」『工業情報』三巻一三号、四八年一月、九頁。

★37―この間の事情については許瓊丰「在日華僑の経済秩序の再編――一九四五年から一九五〇年代までの神戸を中心に」『星陵台論集』第四一巻第三号、二〇〇九年、に詳しい。

★38―「中共貿易を担う人々：業者・華僑・政党をめぐって」『潮流』四巻八号、四九年八月。

★39―初代委員長は劉明電。四九年八月に旬報として刊行された機関紙『華僑民報』は、五〇年八月から週刊となる（GHQ民政局文書GS(B)04247、旧分類2275GG-76「華僑民報（1950.8-1951.4）」）。

★40―一生の足跡は、楊国光『ある台湾人の軌跡――楊春松とその時代』（露満堂、一九九九年）に詳しい。

★41―五〇年二月三日報告「華僑民主促進会の動向について」（同上GS(B)04242、旧分類2275GG-66「中国人組織一般（1950.2-1951.8）」より）。

★42―五〇年一二月二七日報告「華僑聯合会華僑民主促進会の新役員」（同上GS(B)04244, 旧分類2275GG-71「華僑総会（1950.12-1951.7）」）。

★43―五〇年一二月一二日報告「楊春松の動向」（前掲GHQ文書「華僑総会」より）。

★44―「僑界名士介紹―陳承家」『僑風』第三号、四七年五月、一七頁。

★45―陳芳明『謝雪紅――野の花は枯れず―ある台湾人女性革命家の生涯』（社会評論社、一九九八年）二・二八事件の後アモイ経由で香港に逃れ、八大民主党派の一つとして知られる台湾民主自治同盟を結成し、党首のまま中国共産党の幹部としての道を歩んだ。

★46―台湾彰化人。一九〇二年生、一九六九年没。日本留学の後に帰台し、台湾文化協会の理事として活躍。一九三一年官憲に追われて離台後大陸に渡り、上海から重慶に移り台湾団体連合会を指導の後駐日代表団団員として来日したが、離反の動きが発覚して免職となった。一九五二年二月に大陸に渡り、全国政治協商会議委員、全国人大常務委員などを歴任した。「抗日反蒋的台湾愛国人士―謝南光」『回国五十年―建国初期回国旅日華僑留学生文集』（台海出版社、二〇〇三年）一一五頁より。

★47―著名な社会学者。妻は文学者謝冰心。代表団では政治組組長であったが一年で仕事を辞し、シンガポール星檳日報記者として日本に残り、五一年に大陸に戻った。牧野格子「呉文藻の政治性」『関西大学中国文学会紀要』二八号、二〇〇七年より。

★48――五〇年五月二七日報告「駐日代表団職員が中国共産党に傾斜している状況と影響力を持つ人物」（GHQ民政局文書GS(B)04247　旧分類2275GG-62「中国代表団（1950.4-1951.7）」より）

★49――五〇年一一月六日報告「華僑民報の無期限発禁に関する留日華僑民主促進会の声明（九月二八日）について」（前掲GHQ文書「華僑民報」より）。

★50――香港の著名な富豪何東（ユダヤ系オランダ人の父と広東人の母を持つ）の三男で香港生まれ。張学良の部下となり国民党に入党する。中華民国籍を持つ。

★51――五一年七月六日報告「東京華僑総会の再選挙をめぐる紛争」（前掲GHQ文書「華僑総会」より）。

★52――同上。

★53――王雪萍「留日学生の選択――〈愛国〉と〈歴史〉」『一九四五年の歴史認識』（東京大学出版会、二〇〇九年）二〇四頁。

★54――余秀雲「台湾―日本―大陸」前掲『回国五十年』所収。

参考文献

安藤彦太郎『虹の墓標』勁草書房、一九九五年

井川充雄『戦後新興紙とGHQ――新聞紙をめぐる攻防』世界思想社、二〇〇八年

王恩美『東アジア現代史のなかの韓国華僑――冷戦体制と「祖国」意識』三元社、二〇〇八年

王雪萍「留日学生の選択――〈愛国〉と〈歴史〉」劉傑・川島真編『一九四五年の歴史認識』東京大学出版会、二〇〇九年

外務省編『日本占領重要文書』第一巻基本編、日本図書センター、一九八九年

外務省政務局特別資料課『日本占領及び管理重要文書集［第七巻］――朝鮮人、台湾人、琉球人関係』外務省、一九五〇年

可児弘明、斯波義信、游仲勲『華僑・華人事典』弘文堂、二〇〇二年
許瓊丰「在日華僑の経済秩序の再編――一九四五年から一九五〇年代までの神戸を中心に」『星陵台論集』第四一巻第三号、二〇〇九年
――「戦後中華民国政府の華僑政策と神戸中華同文学校の再建」『華僑華人研究』第六号、二〇〇九年一〇月
経済安定本部総官房企画部調査課『在日華僑経済実態調査報告書(昭和二三年度調査総括)』一九四八年
小林聡明『在日朝鮮人のメディア空間――GHQ占領期における新聞発行とそのダイナミズム』風響社、二〇〇七年
渋谷玲奈「戦後における「華僑社会」の形成――留学生との統合に関連して」『成蹊大学法学政治学研究』第三二号、二〇〇六年
周祥賡『日本居留四十年』永順貿易社、一九六六年
宋伍強「朝鮮戦争後における朝鮮華僑の現地化について――一九五八年前後における華僑聯合会と国籍問題を中心に」日本華僑華人学会第六回大会報告、二〇〇九年
総理府統計局編『第一回日本統計年鑑』日本統計協会、一九四九年
陳焜旺主編『日本華僑・留学生運動史』日本僑報社、二〇〇四年
陳芳明『謝雪紅：野の花は枯れず――ある台湾人女性革命家の生涯』社会評論社、一九九八年
湯熙勇「恢復国籍的争議：戦後旅外台湾人的復籍問題(一九四五－四七)」『人文及社会科学集刊』第一七巻第二期、二〇〇五年六月
本田善彦『日・中・台　視えざる絆――中国首脳通訳のみた外交秘録』日本経済新聞社、二〇〇六年
牧野格子「呉文藻の政治性」『関西大学中国文学会紀要』二八号、二〇〇七年
安井三吉「楊寿彭と孫文」『孫文研究』第四六号、二〇〇九年
楊国光『ある台湾人の軌跡――楊春松とその時代』露満堂、一九九九年
楊昭全、孫玉梅『朝鮮華僑史』中国華僑出版公司、一九九一年
楊燕民(責任編集)『回国五十年――建国初期回国旅日華僑留学生文集』台海出版社、二〇〇三年

(以下、国立国会図書館所蔵プランゲ文庫もしくは滋賀県立大学図書館陳徳勝文庫に所蔵)

『華僑民報』
『華光』
『華文国際』
『僑聲』
『僑風』
『国際新聞』
『国際日報』
『中華日報』
『中華留日学生報』
『中国通訊』
（国立国会図書館憲政資料室所蔵複写史料GHQ／SCAP文書）
「華僑総会」ファイル
「華僑民報」ファイル
「中国人組織一般」ファイル
「中国代表団」ファイル

第10章 日中国交正常化交渉における台湾問題 一九七一～七二年

井上正也 *INOUE Masaya*

1 台湾問題をめぐる日中関係

今日の日中関係において、台湾問題は依然として潜在的な争点である。台湾の国際法的地位は、今なお曖昧とされる一方で、台湾の安全保障は、日米安保条約における「周辺事態」として、日米同盟の根幹的な問題となっている。台湾問題の現状が確立された起源は、一九七二年に遡る。すなわち、日中国交正常化に際して、日本政府は、日華平和条約の「終了」と日華断交を決断した引き換えに、台湾を中華人民共和国の一部とする中国側の主張を「十分理解し尊重する」に留め、台湾との実務関係を維持したのである。

日中国交正常化をめぐっては、既に多くの論考が存在する[★1]。だが、従来の研究では、田中角栄による台湾断交の「政治主導」が強調される一方、日中交渉における台湾問題に焦点をあてた研究は少ない。とりわけ、佐藤政権末期から田中政権にかけて、台湾問題をめぐる日本政府の政策がいかに変化したかを踏まえた研究は未だに存在しない。台湾問題の処理をめぐる米中関係の史的研究が近年進展していることに比べて[★2]、日本外交史研究の立ち遅れを痛感せざるを得ない。

そこで、本章では、近年公開された日米両国の外交文書と関係者へのインタビューに依拠して、日中国交正常化交渉における日本政府の台湾問題への政策展開を明らかにする。台湾問題をめぐり、日中両国が、徐々に姿勢を変化させ、最終的に互いの主張の違いを残したまま、合意に至った政治過程を解明することが本章の目的である。

2 佐藤政権の対中国接近の模索と挫折

一九七一年七月のキッシンジャーの電撃訪中によって、朝鮮戦争以来の米中対立を軸とした東アジア国際情勢は、コペルニクス的転回を遂げた。さらに同年一〇月二五日の国連中国代表権決議によって、中華民国は国連を脱退し、代わって中華人民共和国が国連安保理常任理事国の座に着いたのである。

中国の国連加盟は、これまで中華民国政府との国交を維持してきた日本にとって、政策転換の決定的な契機となった。一一月二四日、森治樹外務事務次官は、マイヤー駐日大使に、今後の日中関係は、「現在と逆転する」と述べ、「日本は中華人民共和国と外交関係を持つが、『準独立』の台湾と経済関係を維持する」と語った[★3]。中国の国連加盟以後、外務省首脳部は、台湾問題の決着として、「政経分離」の逆転を考え、台湾との実務関係の維持を目標に定めるようになっていたのである。

しかしながら、最大の問題は中国政府といかに国交樹立交渉に入るかであった。佐藤政権は、一九七〇年一一月より、パリで断続的に日中政府級接触を打診していたが、中国政府に拒否されていた[★4]。こうしたなか、一九七一年六月、周恩来は、日本が日中国交正常化の「前提」として受諾すべき原則を提示する。この原則は、①中華人民共和国は中国を代表する唯一の合法政府である、②台湾は中華人民共和国の不可分の一部である、③日華平和条約は不法・無効であり、廃棄されねばならない、といった項目からなり、後に「復交三原則」と呼ばれるようになった[★5]。

「復交三原則」において、中国政府は、台湾問題を対日国交正常化の争点に据えた。この背景には、台湾への日本の影響力拡大への脅威認識が存在した。米中和解の結果、仮に米軍の台湾撤退に実現しても、日本が米国の代替的役割を担えば、中国政府の「台湾解放」の悲願は費える。それゆえ、中国政府は、国交正常化に際して日華関係の断絶を何より重視していたのである。

米中接近を目の当たりにした佐藤政権は、官邸主導による非正規ルートによる対中接触を開始した。九月一二日、佐藤は、岡田晃香港総領事と面会し、香港ルートで中国側と接触を図り、外相か幹事長の訪中を打診するよう命じた[★6]。また保利茂幹事長も、自身の訪中を求める書翰を、訪中予定の美濃部亮吉東京都知事を通じて、周恩来に手渡す準備を進めていた。この書翰は、保利の私信という形であったが、実際には、保利の依頼を受けた楠田實総理秘書官が起草し、中国研究者の中嶋嶺雄の校訂を受けたものであった[★7]。

注目すべきは、佐藤が、「復交三原則」の第一・第二原則までを認める考えを「口頭」で是認していた点である。佐藤は、岡田総領事に、中国側への伝言として、「台湾が中国の領土の一部である、一省であるということを認めるにやぶさかではない」という点を伝えた。佐藤は、「復交三原則」を日中交渉の「結果」として受け入れることを仄めかしつつ、交渉開始の「前提」にすることは避けようとしていた。佐藤の狙いは、「復交三原則」への姿勢を曖昧にしながら、まず中国側を交渉の席に着かせることにあったのである。

しかし、香港工作は成果がなく、また周恩来も保利書翰の受け取りを拒否した。周は、美濃部との会見で、保利書翰の「中華人民共和国政府は中国を代表する政府である」という部分を難詰し、第一原則を認めておらず、国府も中国の代表政府と主張する以上、「二つの中国」論に通じる内容に過ぎないと非難した。また書翰の「台湾は中国国民の領土である」という部分も「中国国民」が中華人民共和国と特定できず、第二原則を認めていないと批判したのである[★8]。

一九七二年元旦、佐藤は、「今年は中国との国交も樹立しなければならぬと思ふが、それにしても気がかりの事は国府の処遇で、北京に出かけてでなければけりはつかぬ」と日記に記した[★9]。前年の対中国接触で成果のなかった佐藤は、台湾問題をめぐって中国側に徐々に歩み寄りを見せようとしていた。一月六日のサン・クレメンテでの日米首脳会談で、佐藤は、日本の具体的方向として、「従来の政経分離の裏返しで政経は北京、台湾は経ということになる。また日米安保条約上の台湾の地位には変化がない」と発言した[★10]。このことは佐藤自身も、外務省と同様に、中華民国との政治関係を断念せざるを得ないという結論に達していたことを示している。

二月二〇日、ニクソン大統領が訪中し、同二七日に「上海コミュニケ」が発表された。同コミュニケでは、台湾からの米軍兵力の撤退が「最終目標」として示された。しかし、その反面、「中国はただ一つであり、台湾は中国の一部分であると主張していることを認識している」と、台湾の法的地位をめぐる米国の姿勢は、「認識（acknowledge）」という表現に留められた。米国側は、台湾の法的地位の公式見解に変更を加えず、中国側も米国から台湾独立に反対という一札を取り付け、さらに時期を明言せずに台湾からの米軍撤退を取り付けるという、いわば痛み分けで、台湾問題をめぐる米中暫定合意がついに実現したのである[★11]。

コミュニケ発表の翌日、佐藤は、さらに台湾問題について踏み込む姿勢を示した。衆議院予算委員会で、中華人民共和国が国連復帰を果たした以上、「一つの中国」の原則から、台湾は中華人民共和国に属するという立場を明確にした。佐藤は、従来の台湾地位未定論を超え、台湾を「中華人民共和国の一部」とする復交第二原則に沿った立場を初めて公式に認めたのである[★12]。

しかしながら、台湾帰属をめぐる基本方針を揺るがせる佐藤の発言を警戒したのは、外務省であった。台湾の法的帰属をめぐっては、省内では依然として慎重論が根強かった。対中関係打開に積極的なアジア局中国課は、「日中政府間交渉が完結すれば、台湾が中国の領土であることを認める」旨を「云いきるかどうか決断せざるを得ない」と主張していた[★13]。だが、安川壮外務審議官や井川克一条約局長ら他の外務省幹部は、日本が、台湾を中国の領土と法律的に認めれば、中国の承認方式に新しい道を開くと難色を示していたのである[★14]。また、復交第三原則の日華平和条約の「失効」についても、法的な問題点に加え、政治的な側面において、条約破棄を交渉の「前提」とすることに根強い反対が存在した[★15]。

前述したように、外務省は、日華断交を不可避としながらも、台湾との実務関係の確保を目指す方針に固まりつつあった。だが、外務省では、米国に先を越された対中交渉を悲観的に見ており、仮に政府交渉が開始しても、日本側の基本線を守り通し、交渉妥結に至るまでは、数年に及ぶ長期交渉を要すると考えていたのである[★16]。それゆえ、外務省は、佐藤政権下での日中交渉妥結は困難と判断しており、佐藤が交渉を急ぐあまり、台湾の法的地位をめぐって不必要な譲歩を与えることを懸念した[★17]。結局、収拾を図るために、福田赳夫外相と竹下登内閣官房長官を中心に、台湾の法的帰属をめぐる「統一見解」が策定された[★18]。三月六日付の「統一見解」は、従来の台湾の法的地位未定論を維持しつつも、復交第二原則を「十分理解しうる」という見解を示したのである[★19]。

それでも、佐藤は、非公式ルートの日中接触に最後まで期待をかけ続けた。五月頃までに佐藤は、北京との非公式接触を通じて、「復交三原則」の承認を表明すれば、自身の訪中が可能であるという感触を得ていたようである[★20]。

佐藤が最後まで固執したのは、台湾の法的地位よりも、日華平和条約の破棄についてであった。五月一〇日、佐藤は、旧知のマーフィ元駐日大使に、復交原則の第一原則と第二原則については同意し得るが、第三原則の日華平和条約破棄は、「歴史的文脈」を考えねばならないと述べた。そして、「中国政府が日華平和条約を継承(acceding to it)する可能性と、条約を有効なものとして継続していくことを、日中政府間対話の議題にするべきである」と語ったのである[★21]。佐藤は、訪中して周恩来と交渉し、日華条約を何らかの形で存続させようとしていた。その狙いは、現状の日華関係の継続ではなく、日台実務関係の存続を中国側に約束させることにあったと思われる。だが、その希望がついに果たされることはなかったのである。

3 田中角栄訪中への道

一九七二年七月七日に田中角栄政権が発足し、外相に就任した大平正芳は、日中国交正常化に取り組む決意を固めていた。大平は、政権初日に、外務省内の対中関係積極派であった橋本恕アジア局中国課長に、秘密裏に国交正常化交渉の準備を指示した[★22]。橋本は、法的側面の検討のために、条約局の高島益郎局長と栗山尚一条約課長に協力を要請した以外は、単独で作業を開始した[★23]。大平が秘密裏の準備を指示した背景には、自民党親台湾派への情報漏洩の警戒があった[★24]。大平は、日華関係断絶に反対する親台湾派の主張を斟酌すれば、国交正常化は不可能になると考えた。それゆえ、日中交渉が軌道に乗るまで、可能な限り極秘に準備を進めようとしたのである。

大平にとっての難問は、復交第二原則と、日米安保条約における「台湾条項」の取り扱いであった。一九六九年の日米共同声明で、「台湾地域における平和と安全の維持も日本の安全にとって極めて重要な要素」とした「台湾条項」をめぐっては、政府内でも議論があった。橋本中国課長は、北京側との交渉のためには、台湾条項の修正または削除の必要があると主張していた[★25]。また三木武夫も、四月に記者会見で台湾条項修正を示唆していた[★26]。しかし、自民党親台湾派や、大平と親密であった安川外務審議官は、米国の対日不信を惹起する「極東の範囲」からの台湾除外は、「極めて危険」と反対していたのである[★27]。

対米関係を重視する大平は、政権発足後に法眼晋作外務事務次官に、インガソル駐日大使との接触を命じた。七月一五日、法眼は、インガソルと都内のホテルで極秘に会見した[★28]。法眼は、田中政権が、日米関係における「台湾条項」を堅持し、台湾の法的未定論を貫く方針であると語った。だが、その一方で、カイロ宣言、さらに日本の主権範囲を限定したポツダム宣言第八項を踏まえ、日本の「政治的」立場として、「中国(中華人民共和国)に台湾が返還されるべきであると考えている」と述べた[★29]。

法眼が示した日本政府の方針は、台湾問題について、法的問題とは切り離した政治レヴェルで、中国側と妥協点を見出すことにあった。法眼が、「結果はせいぜい、双方が一方的に解釈できる両義的なものになる」と述べたように、台湾の法的地位をめぐる「不同意の同意」を模索する点では、田中政権は、佐藤政権末期と立場を同じくしていたのである。

このように田中政権は、「台湾条項」に関わる法的問題を「政治的」に処理する方針を示すことで、米国側の諒解を得ようとした。しかし、中国政府がこの方針を受け入れるかは全く不明であり、日中交渉の行方は未だに不透明な状況にあった。

日本側で対中交渉の見通しが立たないなか、急速に対日政策の転換を図ったのは中国政府であった。中国側の対日接近の背景には、中ソ対立とソ連の対日接近があった[★30]。周恩来は、外交部に日本組を設置し、自ら統括して、国交正常化の準備に取りかからせていた[★31]。そして、日本の新政権発足の時期に合わせて訪日団を日本に派遣したのである。

七月二二日、ホテルオークラで大平と訪日団の孫平化との非公式会見が行われた。中国側は大平に、中国政府が日中首脳会談を歓迎しており、もし田中、大平が北京へ来られるなら、「彼らを辱めるようなことはしない」と伝えた。さらに「復交三原則」を「究極的には解決されるべき」としながらも、日本政府が「国交正常化の前提条件として認識することを求めない」と伝えたのである[★32]。

中国側の提案は、「復交三原則」を交渉の「前提」として受け入れるまで、総理訪中を頑なに拒み続けてきた姿勢の転換を意味した。中国側は、佐藤政権が模索していた日中交渉開始の条件にまで事実上譲歩したのである。中国側提案に、大平外相も歓迎の意を伝え、日中協議を、第三国の大使館ではなく、東京と北京との直接対話で行うと返答した。

しかしながら、田中首相は未だ慎重であった。七月二五日から訪中予定の竹入義勝公明党委員長は、出発前に田中に周恩来宛の一筆を求めたが、田中は、親台湾派を懸念して消極的であったという[★33]。実際、田中だけでなく、この時点では外務省事務当局も、中国が交渉開始に応じる感触を得たとはいえ、実際の交渉でどこまで柔軟な態度をとるか、信頼できる情報不足のため、判断がつきかねていた[★34]。

こうしたなか、田中に訪中を決意させ、事務当局の判断材料となったのが、竹入が持ち帰った周恩来との会談記録、いわゆる「竹入メモ」であった。七月二七日からの竹入との会談で、周恩来は、日中交渉で中国側は、①日米安保には触れず、一九六九年の佐藤・ニクソン共同声明にも言及しない、②「賠償請求権」の放棄、の二点を明らかにした[★35]。さらに台湾問題を共同声明や宣言に盛り込まず、①台湾は中国の内政問題であることの承認、②共同声明発表後の大使館領事館の撤収、③台湾解放後の在台日本企業への配慮、の三点を「黙約事項」とすること提案した[★36]。周は、戦争賠償や「台湾条項」といった交渉の「持ち札」を事前に切り、日華断交のみに要求を絞ることで、日本側に決意を促したのである。

「竹入メモ」を通じて、中国側の決意を確信した大平は、これまで極秘に行わせていた準備作業を全省体制に移行した。八月二日、局長以上の幹部が招集され、中国問題対策協議会が開催された。大平は、協議会の冒頭で、日中国交正常化の推進に際して、「パーソナルな筋をつくらず、外務省一本でゆくことにつき田中総理と私の間で合意を見た」と語り、非公式ルートを重視した佐藤と対照的に、外務省を日中交渉の軸に据えることを明言した［★37］。

大平が、準備作業をオープンに切り替えた理由は、首相と外相の訪中による国交正常化交渉が実現味を帯びるに従い、他官庁との連携など、いよいよ少人数だけで処理できない状況となったためである。八月一二日までに計四回行われた協議会では、台湾の法的帰属問題を「政治的」に決着を図る方針が省内で説明された。「復交三原則」についても、法眼次官と橋本課長は、「政府間交渉が始まり、相手の立場がはっきりわかってから決めればよい」と主張し、交渉にあたる事務当局と政府首脳の判断に一任を求めたのである［★38］。

訪中が近づくなか、大平は、古井喜實に日本の共同声明案を委ね、中国側に手交するよう依頼した。日中LT貿易の草創期から日中関係に関わってきた古井は、大平の私的な助言役を務めていた［★39］。大平が委ねた共同声明案の草案を作成したのは、栗山条約課長であった。栗山は、一週間の夏休みをとり、声明草案と日中外相会談での発言要旨を書き上げたという［★40］。事務当局の見解として、栗山は、「竹入メモ」を参考に中国側の主張を考慮した上で、台湾の法的地位や日華平和条約との整合性を鑑みて、日本側が譲歩可能なラインを提示した。

しかし、栗山自身が、「本当にこの交渉がうまくいくのかどうか、［中略］個人的には余り自信がなかった」と回想したように、事務当局も、「復交三原則」の受諾を、中国側が果たしてどこまで求めるかという点は未だ不明確であった［★41］。

最大の難点は、復交第二原則であった。日本側は、「台湾は中国の一部である」という中国側の主張を、他の西側諸国と同様に、あくまで「受諾」しない方針を示していた。だが、問題は、いかなる文言で妥協を図るかであった。一九七〇年秋にカナダとイタリアが、相次いで中国を承認した際、台湾に対する中国側の主張については、両国が「留意する（take note）」という表現で合意が図られた。一九七二年二月の米中首脳会談では、米国側は、中国側の主張を「認識（acknowledge）」し「その立場に異議を申し立てない（doesn't challenge the position）」とする表現が採用された［★42］。さらに同年五月、オランダの中国承認に際しては、中国の立場を「尊重（respect）」し、中華人民共和国を中国の唯一の政府として「認識（recognize）」するという文言が採用された。

これら一連の表現の変化は、中国との外交関係樹立の時期が下るにつれ、より中国側の主張に沿った表現を共同声明に盛り込まねばならないことを意味した。それゆえ、日本が参考にしたのは、直近の中国承認国であるオランダであった。大平外相が、九月一日のハワイでの日米会談でニクソン大統領に、「日本は、少なくともオランダ［方式］までは行かねばならない。しかし、日本は『その壁』を越えることはない」［★43］と語ったように、オランダ方式を踏まえ、米国を刺激しない文言を考案しようとしたのである。

事務当局が案出した表現は、「理解し尊重する」であった。この文言は、橋本中国課長の発案であった［★44］。前述の「統一見解」で、日本は中国側主張を「理解する」としていた。橋本は、これに一歩踏み込み、オランダに倣って「尊重する」を付け加えたのである。

だが、なおも中国側が受け入れる確証があったわけではなかった。外務省内で、九月末の首相訪中では、中国側の主張を聞くに留めて無理に合意せず、一旦帰国し、改めて国交交渉を行うべきとする声があった[★45]。省内のこのような主張に同調したのは、佐藤政権末期に知識人を結集して発足した国際関係懇談会である。世話人の中嶋嶺雄は、「中国側の意向も十分聞き、いったん帰国して、翌年春に国交正常化にもってゆくべきだというのが、私たちのシナリオであった。その間に台湾問題を十分に練っておき、台湾にも根回しをすべき」であったと回顧している[★46]。

これに対して橋本は、政府内部の意見対立の収拾は不可能であり、結局、北京の交渉でまとめてきた合意を、「省外において、政府部内において、押しつけるしかない」と考えていた[★47]。全ての勢力が満足した形での日中国交正常化は不可能と見ていたのである。とはいえ、一度の訪中で、交渉妥結できるか橋本にも確信はなかった。八月九日の中国問題対策協議会で、橋本は、台湾問題について、条約課の基本方針で行くべきであり、「田中訪中の際、この線でも駄目だということであれば、近い将来の再会を約して、帰ってくるのがよい」と述べている[★48]。橋本も、台湾問題をめぐる対立がどうしても解消されなければ、一旦引き揚げ、交渉を仕切り直す必要があると考えていたのである。

4 日中国交正常化交渉と台湾問題

一九七二年九月二五日、田中首相が北京に到着すると、午後から第一回首脳会談が開始された。会談冒頭で、田中は「これまで国交正常化を阻んできたのは台湾との関係である」と主張し、台湾問題を配慮した国交正常化の必要を強調した。続いて大平外相が、日華平和条約が「不法にして無効」とする中国側の主張に「理解」を示す一方で、「日華平和条約は国交正常化の瞬間において、その任務を終了したということで、中国側のご理解を得たい」と主張した[★49]。

日華平和条約をめぐる政府見解は、翌二六日午前の第一回外相会談で、高島条約局長から法的見地を交えて敷衍された。高島は、「竹入メモ」で示された中国側の共同声明草案に対する、日本側第一次草案を提示し、口頭説明を行った。

第一に、高島は、日華平和条約で表明された戦争状態終了について、条約を無効とする立場はとれないとして、戦争終了の時期を明示せず、「終了の事実を確認する」ことで、双方の両立を図りたいと主張した。

第二に、「復交三原則」について、高島は、共同声明案では、承認問題のみを取り上げ、台湾の法的地位と日華平和条約は、切り離して処理することを求めた。台湾の法的地位について、高島は、日本政府は「独自の認定を下す立場にない」と述べ、「しかしながら、同時にカイロ、ポツダム両宣言の経緯に照らせば、台湾はこれらの宣言が意図したところに従い、中国に返還されるべきものであるというのが日本政府の変わらざる見解である」として「十分理解し、尊重する」という表現を用いた意図を説明した。

そして、高島は、賠償問題に触れた後で、最後に、台湾問題の「黙約事項」については、日本側は、秘密文書を作成しない方針を示した。高島は、「日中国交正常化の必然的帰結と認識しており、妥当な期間内に当然実現される」ので、「日本政府を信用してもらいたい」と述べたのである[★50]。

高島は、省内での検討を基に、日華平和条約との法的整合のとれる範囲での案を示した。しかし、あたかも日華平和条約の合法性を前提としたかのような主張に、中国側は強く反駁した。高島の説明を受けた姫鵬飛外交部長は、日本案では「中国側も人民を納得させることができない」として、戦争状態終了の時期を明確にする必要があると主張した[★51]。

さらにこの外相会談で、中国側は、共同声明の新案を日本側に手交した。この新案は、中国側が用意した原案に、大平が古井に託した日本案を踏まえて修正したものであった。この中国案において、中国側は、

「台湾が中華人民共和国の領土の不可分の一部」とする主張に「理解し尊重する」という日本側の文言を否定し、代わって「日本国政府は、カイロ宣言に基づいて中国政府のこの立場に賛同する」という文言を提案したのである［★52］。

同日午後の第二回首脳会談で、周恩来は、友好ムードから一転して強い姿勢に転じた。周は、冒頭から「戦争のため幾百万の中国人が犠牲になった」と熱弁を揮い、午前の会談での高島条約局長の説明を厳しく非難したのである［★53］。

第一次外相会談後に事務当局は字句修正を開始した。同日夕方からの第二回外相会談で、大平は、次回の外相会談までに日本側草案を用意したいと述べ、これに先立ち中国側共同声明案への修正案を二点示した。第一は、戦争状態の終了宣言についてであり、大平は、中国側に二種類の代案を提示した。第一案は、中国側が一方的に戦争状態の終了を宣言する形で、日本側の法的問題を回避する文言であった。第二案は、両国が「日本国と中国との間に、今後全面的な平和関係が存在することをここに宣言する」というものであり、戦争の終了時期を明確にしない代案であった。

第二に大平は、台湾の法的地位に関する日本政府の立場に言及し、「中華人民共和国政府は、台湾が中華人民共和国の領土の不可分の一部であることを重ねて表明した。日本政府は、この中華人民共和国政府の立場を十分理解し、ポツダム宣言に基づく立場を堅持する」とする修正案を提示したのである［★54］。

この修正案は、栗山条約課長の発案であった。栗山は、日本側の「理解し尊重する」の文言が中国側に拒否された場合に備え、第二案を準備していた。栗山が注目したのは、ポツダム宣言の第八項にあるカイロ宣言の内容を踏まえ、日本の領土を規定した条文であった。日本政府が公式に受諾したポツダム宣言に言及することで、台湾を中国に返還することを示したカイロ宣言への直接的な言及を避けつつも、間接的な文持を示そうとしたのである[★55]。栗山の狙いは、台湾の法的地位をめぐる中国側の主張を受け入れない一方で、台湾の最終的帰属に言及し、「一つの中国、一つの台湾」を否定することで、中国側の理解を得ることにあった。栗山は、訪中前に橋本中国課長にこの案を提示して同意を得ていた。だが、大平には伏せており、第一回外相会談が終了した段階で、大平に初めてこの案を提示して説明したという[★56]。

しかし、中国側は、この日本側の修正希望に即座に応じなかった。姫外交部長は、「戦争状態の終了の問題については、本日、二つの日本側案を頂いたが、中国側としては時期の問題を極めて重視している。しかし、なんとかして解決しなければならない問題である」と述べ再検討に同意した。この第二次会談の席上で、対立する重要問題以外の基本的合意が図られた部分については、事務当局で「修文作業」にかかることが合意された。

第二次外相会談で、新たに争点となったのは共同声明の前文である。日本案では「復交三原則」の明記を避け、これを分割して本文の中で触れる形をとった。だが、中国側は、日本政府が「国交回復三原則を十分理解することを表明」するという表現を前文に盛り込んだ案を提示していた。中国側は、中国側草案の本文において、「復交三原則」の第三原則について触れていないのは、「前文において、日本側が三原則全体に理解を示す旨記述するからである」と語り、「個別に記す形式を採用し、かつ『日台条約』に言及しないというわけにはいかない」と立場を崩さなかった。

このように、会談二日目の段階で、未だ双方の共同声明案の隔たりは大きく、妥結の目処は立っていなかった。交渉が行き詰まるなか、吉田健三アジア局長が帰国を主張し、田中と大平に拒絶されたという逸話が示すように、成果のないままの帰国も交渉団の頭をよぎったことであろう[★57]。

日本側は交渉の難航を予想したが、中国側にも首脳会談を流産させる意図はなかった。周恩来も日本側と同様に「政治的」に国交正常化交渉を決着させる意思であった。

九月二七日午前、大平と姫との共同声明案の協議は、万里の長城見学に向かう車中でも続けられた[★58]。大平と事務方は、前夜、日本側修正案を作成していた。修正案では、まず日本側が、前文に「復交三原則」の「原則」のみを盛り込むことを認める。次いで戦争終結問題は、「日中間の不自然な状態」が終了したという文言を用いて、戦争の法的な終結時期を明記せず譲歩を図る骨子であった[★59]。

午後から開始された共同声明作成をめぐる事務協議で、日本側は、日本側修正案を手交した[★60]。同協議の詳細は不明であるが、前日の第二次外相会談で日本側が提案した台湾の法的地位に関する案文については、以後、議題にされなかったことから見て、この協議で中国側の合意が得られたと推測される。中国側は、台湾の法的地位について、栗山案を受け入れたのである。

午後一〇時から開始された第三回外相会談で、姫外交部長は中国側対案を提示した。戦争終結問題について、前文に「戦争状態終結」の字句を入れ、本文に、両国に存在した「不正常な状態」が終了したという文言を盛り込むことを提案した。中国側は、この方法で、戦争状態の終結は時間上の制限を受けず、日中双方で異なった解釈の余地が生じると主張した[★61]。大平は、これに同意し、共同声明案文の合意が成立した[★62]。

翌二八日の第四回首脳会談では、いよいよ日台関係の処理が論じられた。日本側は、台湾問題をめぐる「黙約事項」提案を否定し、大平外相が声明を行う方式を主張した。大平は、事務当局が用意したメモを読み上げ、日本が、「二つの中国」の立場をとらず、台湾に何等の野心も持たない点を強調した。その上で「日台関係の人や貿易はじめ各種の民間交流」を政府が抑圧できない立場を示し、在台大使館の撤収後に「民間レヴェルの事務所、コンタクト・ポイントを相互に設置する」必要があると述べた[★63]。

同席した橋本中国課長は、周恩来以下中国側は当初難しい顔で発言を聞いていたが、大平の発言が終わると一様に安心した表情になったと記録している［★64］。周は、田中・大平両首脳の信義に感謝すると述べ、「中国も言ったことは必ず実行する」と語った［★65］。日中国交正常化に際して、日本と台湾との外交関係を断絶する。これこそ周が、対日交渉の最大の焦点に定めてきたことであった。

調印式は、翌二九日午前に人民大会堂で行われ、両首相が共同声明正本に署名した。そして、直後の記者会見で、大平は、「日華平和条約は、存続の意義を失い、終了したと認められる」とする政府見解を発表した［★66］。ここに台湾問題は一つの結末を迎え、日本と中国との国交樹立が果たされたのである。

5　台湾問題をめぐる暫定協定《モーダス・ヴィヴェンディ》

本章で明らかにしたように、日華平和条約の処理や、台湾の法的地位に象徴される台湾問題は、日中国交正常化交渉における実質的な争点であった。日中国交正常化と日華断交は、しばしば、田中角栄による政治的リーダーシップのみが強調されがちであるが、日中国交正常化に際して、日台実務関係の維持を目標とする方針は、実は佐藤政権末期に固まりつつあった。残された問題は、中国側の提示した「復交三原則」を、日本政府が交渉の「前提」として受け入れるか、「結果」として受け入れるかにあった。

外務省は、日中国交正常化交渉を悲観的に捉えており、日台実務関係の維持を実現するだけでも、数年単位の長期的な交渉を要すると考えていた。だが、田中政権発足後の中国政府の政策転換は、「前提」か「結果」という議論を霧消させ、日中交渉への日本側の懸念を払拭した。中国側は、交渉案件を日台断交に焦点に絞ることで、日本側に国交正常化の決断を迫ったのである。田中首相と大平外相による国交正常化の政治主導を可能とする土壌は、中国政府の対日政策の柔軟化によって形成されていたのである。

北京での日中交渉で展開されたのは、台湾問題をめぐる双方の立場の両立を図るための駆け引きであった。日本政府は、「法律的」な側面で、台湾の帰属未定の立場を貫徹する一方で、ポツダム宣言を援用し、日本は台湾独立を支持しないとする「政治的」なメッセージを中国側に示した。これによって、日本側は、台湾の将来をめぐって、その立場を拘束されず、中国側は、日本から台湾独立を支持しないという言質を取り付けた。かくて、今日に至る台湾問題をめぐる暫定協定《モーダス・ヴィヴェンディ》が成立したのである。

註

★1―代表的研究として、緒方貞子『戦後日中・米中関係』(東京大学出版会、一九九二年)、添谷芳秀『日本外交と中国』(慶應義塾大学出版会、一九九五年)。

★2―Robert Accinelli, "In Pursuit of a Modus Vivendi," in *Normalization of U.S.-China Relations: International History*, eds. William C. Kirby et al., (Cambridge, MA: Harvard UP, 2005), 9-55.

★3―Meyer to Rogers, Nov. 24, 1971, Record Group (RG) 59, Subject Numeric File (SNF), POL CHICOM-JAPAN, National Archives II, College Park, MD, USA (NA).

★4―増田弘「米中接近と日本」増田編『ニクソン訪中と冷戦構造の変容』(慶應義塾大学出版会、二〇〇六年)一一八―一三三頁。

★5―古川万太郎『日中戦後関係史』(原書房、一九八八年)三二五頁。

★6―岡田晃『水鳥外交秘話』(中央公論社、一九八三年)一四六―一四八頁。

★7―楠田實氏への筆者のインタビュー(二〇〇三年七月一六日)。

★8―古川前掲書、三五二―三五三頁。

★9——『佐藤榮作日記』第五巻（朝日新聞社、一九九七年）一九七二年一月一日の条。

★10——『楠田實日記』（中央公論新社、二〇〇一年）八一四–八一八頁。

★11——「上海コミュニケ」一九七二年二月二七日、データベース『世界と日本』(http://www.ioc.u-tokyo.ac.jp/~worldjpn/ 2009/11/28)。佐橋亮「ニクソン・キッシンジャー外交の研究動向」『社会科学ジャーナル』五九、二〇〇六年、七七–八〇頁。

★12——「衆議院予算委員会議事録第五号」一九七二年二月二八日。

★13——アジア局中国課「日中関係の問題点」一九七一年一一月四日、外務省情報公開（以下、情報公開）(2005-209)。

★14——アジア局中国課「中国問題検討会」一九七一年一一月五日、情報公開(2005-97)

★15——鈴木孝駐ビルマ大使発福田赳夫外務大臣宛「対中国交正常化と台湾（意見具申）」一九七二年五月二七日、情報公開(2005-98)

★16——アジア局中国課「日中政府間交渉に際しての要注意事項」一九七一年一〇月五日、情報公開(2005-300)

★17——Meyer to Rogers, Mar. 23, 1972, RG59, SNF, POL CHICOM-JAPAN, NA.

★18——『楠田日記』一九七二年三月四日の条。

★19——福田外務大臣発米他大使宛電報、一九七二年三月六日、情報公開(2005-97)。

★20——『佐藤日記』一九七二年五月六日の条。

★21——Ingersoll to Rogers, May 12, 1972, RG59, SNF, POL CHICOM-JAPAN, NA.

★22——中野士朗『田中政権・八八六日』（行政問題出版社、一九八二年）八四頁。

★23——橋本恕氏への筆者らのインタビュー（二〇〇八年一一月八日）。

★24——橋本恕氏への筆者のインタビュー（二〇〇六年四月一〇日）。

★25——橋本恕アジア局中国課長「中国政策要綱（案）」一九七二年四月一七日、情報公開(2005-301)。

★26——Ingersoll to Rogers, Apr. 27, 1972, RG59, SNF, POL CHICOM-JAPAN, NA.

★27——安川壮「日米安保条約の観点からみた日中国交正常化の問題等に関する私見」一九七二年八月七日、情報公開(2005-207)。

★28——Ingersoll to Rogers, July 15, 1972, RG59, SNF, POL CHICOM-JAPAN, *Japan and the United States: Diplomatic,*

Security and Economic Relations, 1960-1976 (Washington DC: National Security Archives, 2000) (JUDSE).

★29—Ingersoll to Rogers, July 16, 1972, RG59, SNF, POL CHICOM-JAPAN, JUDSE.

★30—小澤治子「日中関係におけるソ連（ロシア）」増田弘他編『アジアのなかの日本と中国』（山川出版社、一九九五年）一〇五－一〇九頁。

★31—金沖及編『周恩来伝』下（岩波書店、二〇〇〇年）三三六－三三七頁。

★32—Ingersoll to Meyer, July 27, 1972, RG59, SNF, POL CHICOM-JAPAN, JUDSE.

★33—石井明他編『記録と考証　日中国交正常化・日中平和友好条約締結交渉』（岩波書店、二〇〇三年）（以下『記録と考証』）、一九八－一九九頁。

★34—栗山尚一「日中国交正常化」『早稲田法學』七四巻四号、一九九九年、四二頁。

★35—『記録と考証』一一頁。

★36—同上、三三－三四頁。

★37—「中国問題対策協議会第一回会議要録」一九七二年八月二日、情報公開（2005-207）。

★38—「中国問題対策協議会第二回会議要録」一九七二年八月四日、情報公開（2005-207）。

★39—古井喜實『日中十八年』（牧野出版、一九七八年）一二二－一二三頁。

★40—栗山尚一氏への筆者らのインタビュー（二〇〇八年九月四日）。

★41—栗山前掲論文、四二頁。

★42—"Joint Communique Between the People's Republic of China and the United States," Feb. 27, 1972. データベース『世界と日本』。

★43—Memorandum of Conversation, Tanaka, Ohira, Nixon et al., Sept. 1, 1972, Nixon Presidential Materials (NPN), NA.

★44—栗山氏インタビュー、橋本氏インタビュー（二〇〇八年一一月八日）。

★45—中野前掲書、一六三頁。

★46—中嶋嶺雄『日中友好という幻想』（ＰＨＰ研究所、二〇〇二年）四〇頁。

★47—橋本氏インタビュー（二〇〇八年一一月八日）。

★48—「中国問題対策協議会第三回会議要録」一九七二年八月九日、情報公開（2005-207）。

★49―『記録と考証』五二―五六頁。
★50―同上、一一〇―一一六頁。
★51―同上、八五頁。
★52―同上、一二〇―一二二頁。
★53―同上、五六―五七頁。
★54―同上、八六―九三頁。
★55―栗山氏インタビュー。
★56―同上。
★57―中野前掲書、一六三頁。
★58―『記録と考証』九一―九三頁。
★59―NHK取材班編『周恩来の決断』(日本放送出版協会、一九九三年)一六〇頁。
★60―万里の長城への車中で大平は「日本側の対案を用意しているので帰ってお渡しする」と発言している。『記録と考証』九一頁。
★61―同上、九四―一〇〇頁。
★62―同上、一〇八頁。
★63―同上、六九頁。
★64―同上、七〇頁。
★65―同上、七一―七二頁。
★66―中野前掲書、一四三―一四五頁。

参考文献

石井明他編『記録と考証　日中国交正常化・日中平和友好条約締結交渉』岩波書店、二〇〇三年
NHK取材班編『周恩来の決断』日本放送出版協会、一九九三年

岡田晃『水鳥外交秘話』中央公論社、一九八三年
金冲及編(劉俊南・譚左強訳)『周恩来伝』下、岩波書店、二〇〇〇年
中嶋嶺雄『日中友好という幻想』ＰＨＰ研究所、二〇〇二年
中野士朗『田中政権・八八六日』行政問題出版社、一九八二年
古井喜實『日中十八年』牧野出版、一九七八年

第III部

歴史像の転換——二一世紀日中関係の礎

第11章 体制変革期における日本と中国 一九二七〜一九六〇年

中西 寛
NAKANISHI Hiroshi

1 体制変革という視点

本章は、一九二〇年代後半から一九六〇年頃まで、日本でほぼ昭和前半期にあたる期間の日中関係を、両国での体制変革をめぐる政治闘争の文脈で捉えることを試みる。

言うまでもなく、この時期の日中関係は、一九四五年までは満州事変から日中戦争を経て太平洋戦争に至る対立関係として、また一九四五年以降は中国での共産政権樹立から日本の講和独立を経た冷戦下での関係として叙述されるのが通例である。この日中戦争―冷戦という流れが支配的な潮流であることに疑いはない。にもかかわらず、この時期の日中関係、あるいは東アジア政治史において、国家を単一のアクターとして捉える政治外交史ならびに軍事史的記述は限界を有する。その最たる理由は中国での国民党と共産党の抗争である。これは一九二七年の第一次国共合作の崩壊から対日戦争期の第二次合作（ただし水面下では警戒と敵意が続いていた）を経て第二次世界大戦後の国共内戦の勃発、中国大陸での人民共和国樹立後も一九五〇年代には台湾海峡での二度の危機（一九五四年と五八年）に見られるが如く、ほぼ一貫して継続していたのである。

中国のように革命には到らなかったとはいえ、日本の昭和初期から安保闘争期までの時期も政治体制の変革期であった。前半は大日本帝国の枠組みの中で、後半は日本国憲法の枠組みの中でそれは戦われたが、戦前の合法政党、軍部、官僚を基軸とする体制派と無産政党や学生運動、労働運動によって支えられる反体制派との闘争は戦後においても保守-革新の対立へと引き継がれた。治安維持法による反体制運動の弾圧から始まるこの闘争は、安保闘争によってクライマックスを迎えるのである。

こうした日中両国内の体制をめぐる闘争は単なる国内政治上の権力闘争ではなく、外交的、軍事的選択を左右する要因であった。さらに両国内の体制をめぐる闘争は相互に関連していた。この点を主張するのが本章の目標である[★1]。

もちろん紙幅の限界から、三〇年以上の日中関係を実証的な形で記述することはできない。本章では、三つの歴史的契機を選択し、分析することで上述のような構造の存在を示唆することとしたい。それは、①一九二七、八年の田中義一内閣と国共分裂の時期、②日本降伏から象徴天皇制の採用に至る時期、③一九六〇年の安保闘争期、である。

その際手がかりとするのは、近年急速に発達する政治戦、心理戦、インテリジェンス、秘密工作などに関する諸研究である。冷戦が終焉したことでタブーが破られ、こうした分野に関する研究は大きく進み、それまで知られていなかった事実や連関が明らかとなり、既知の事象に対しても新たな解釈が可能となった。本章はそうした研究に裨益しながらも、広い意味での〝隠されたネットワーク〟を明らかにすることよりも、それらの新事実を踏まえた政治史的解釈を施すことを主眼とするものである。

2　一九二七、八年の日中関係

一九二七年四月に発足し、一九二九年七月まで続いた田中義一政権が済南《さいなん》事件や張作霖爆殺事件によって日中関係の転換点をなしたという見方は、その前後のいわゆる幣原外交との異同という問題を残しているとはいえ、通説と言える[★2]。しかし田中政権の対外政策と国内政策、なかんずく治安政策との関連が着目されることは少ない。一九二五年、普通選挙法が成立したことは政友会、民政党の二大政党による政党政治へと道を開いたが、同時に無産政党の登場や農民運動、労働運動の高揚といった現象をもたらした。これを予期して政府は普通選挙法と同時に治安維持法を成立させていた。治安維持法は「国体ヲ変革シ又ハ私有財産制度ヲ否認スルコトヲ目的」とした結社を対象とした、一定の思想を犯罪化した点で従来の治安警察法などと質的に異なるものであった。更に注目されるのは、「国体」という言葉が初めて法律に採り入れられたことである。当時の解説によれば国体とは、主権の総攬《そうらん》者の意味であり、日本の場合、天皇を総攬者とする君主政体のこととされた[★3]。法的に「国体」を定義し、その「変革」の可能性を語ることで、治安維持法は日本が体制変動の時代に入っているとの認識を潜り込ませていたのである。

その治安維持法が特に対象としていたのは、コミンテルンの影響下で組織された日本共産党であった。一九二六年末、結党された第二次共産党は、二七年七月にコミンテルン常任委員会によって採択された『日本問題に関する決議』(二七年テーゼ)を基本指令として受けとり、「君主制」の廃止を掲げ、治安維持法と正面対決することになったのである[★4]。

田中内閣は日本共産党とその支援組織を対象として治安維持法による大規模な検挙と、さらなる法律の強化を行った。一九二八年三月一五日と翌年四月一六日の二度にわたって共産党員の一斉検挙を行い、その間、二八年六月、緊急勅令によって治安維持法を強化し（翌年議会で承認）、「国体変革」を目的とした結社を組織し、指導する者に対する死刑ないし無期刑の追加と「結社ノ目的遂行ノ為ニスル行為」にまで対象範囲を拡大した[★5]。田中内閣は反共政策を本格化させた最初の政権であったと言えよう。

こうした田中政権の治安政策はその苛酷さにおいてだけでなく、共産勢力の影響力を過大視したものと批判されることがある[★6]。しかし日本国内のみならず東アジアとの関連を見れば、共産勢力の国際ネットワークの影響は無視できないものであった。日本共産党は、一九二六年の第二次共産党結党以降、コミンテルンの強い影響下にあったことに加え、一九二四年からの第一次国共合作によって力を伸ばした中国共産党も日本の左派運動に影響を及ぼしていた。当時表には出なかった国際ネットワーク組織の存在は、単に組織の規模では計れない影響力を共産主義活動に与えていた[★7]。

その一つの表れが一九二七年の国共分裂前後の中国国民党右派と共産党勢力の対日工作であった。前年七月に北伐を開始した国民党は、二七年一月になって国共合作を支持する武漢政府と蒋介石の行営地である江西省南昌政府に分裂し始めた。蒋介石は自らの根拠地である広東と南昌から共産勢力の排除を開始した[★8]。その一環として、二七年二月、南昌政府の命を受けて戴季陶《たいきとう》が来日した。戴季陶は清末に日本大学に留学し、その後孫文に従い、一時期はマルクス主義に傾倒した。しかし次第に反共に立場を移し、一九二五年の孫文死後に「孫文主義の哲学的基礎」「国民革命と中国国民党」といった著作で孫文主義が中国伝統の儒教思想を受け継ぐものと主張し、反共派の西山会議派の理論的支柱となっていた。南昌政府、すなわち蒋介石がその戴をこの時点で日本に送ったのは、日本の要路に南昌政府の方針を伝え、日本に北伐への支持、武力行使の放棄を訴えようとしたからであった。戴季陶は来日中、八〇数回の講演をこなしたが日本政府の支持を得ることはできずに帰国した[★9]。

この戴季陶に付き添い、実は監視していたのが北九州で留学後、国民党駐日支部に関与した沈乃熙《しんだいき》、後に共産党系の作家・夏衍《かえん》となった人物である。彼は日本留学前に共産主義思想に触れており、日本でも共産党系の人脈に連なった。二七年には国民党駐日支部は武漢系で中国共産党の影響下にある神田総支部と南昌系の巣鴨総支部に分裂していたが、夏衍は戴季陶との接触に成功、日本語力によって信頼を得て、戴季陶の活動を神田総支部に連絡し、巣鴨との接触を断った［★10］。

同時期、神田総支部は日本の無産政党に接触し、対支非干渉同盟という左翼統一戦線の結成を促す活動にも従事していた。二月、国民党支部は労働農民党、日本労農党、社会民衆党等を招き、「日支懇親会」を開催した。この際、「駐支日本軍隊の即時撤退」「出兵反対」「国民政府承認」等を掲げた統一組織の結成が提起された［★11］。前年末に分裂した労農党は早大教授の大山郁夫に率いられていたが、実質的には日本共産党が支配するようになっていた。旧労農党右派は反共姿勢をとる社会民衆党（西尾末広、吉野作造ら）、日本労農党（三輪寿壮、麻生久ら）へと移行していた。国民党神田総支部＝中国共産党の働きかけは、対中政策を旗印に労農党＝日本共産党主導での左翼統一を図ったものとみることができる。

しかし結局、無産政党が共闘する統一組織は結成されなかった。四月一二日の上海クーデタにより、蒋介石派国民党と共産党の対立が公然化した後、社会民衆党は蒋介石を支持し、日本労農党も共闘に加わらず、労農党が主導し、組合、文化人などが参加する対支非干渉全国同盟が五月末に結成された。しかし二七年にはコミンテルンにおいて国共合作の失敗とスターリン、トロツキーの抗争が絡みあった新方針が出され、中国では「労働者と農民の民主独裁」を、日本では「二七年テーゼ」において労働者農民の組合活動の指導において主導権をとることが求められ、人民戦線路線は否定されたからである。この後、三・一五事件によって共産党は検挙、労農党も解散し、対支非干渉同盟も立ち消え状態となった［★12］。

それでは、反共を掲げる田中義一は蒋介石と手を組むことはできなかったのだろうか。中国では七月に武漢政府も国共に分裂し、共産党は武装闘争路線に入った。蒋介石は八月に下野して日本を訪問、一一月五日に田中義一首相と会談した。田中は蒋に対し、その反共政策を評価しながらも、「北伐ヲ焦ル事ナク」「南方ニ堅固ナル基礎」を築くことを説いた。対して蒋は田中の意見を一応肯定しつつも、中国人の国民感情から「革命ヲ成就シ統一ヲ遂クヘキ義務アリ」と返し、「支那ニ於ケル日本ノ利益安全ナレハ支那ノ国利民福モ亦タ安全ニシテ畢竟両国ノ利害ハ共通」と述べて統一完成時も日本の利益を尊重する意志をほのめかし、張作霖支援策の停止を求めた。この会談は田中の所用のため打ち切られ、蒋も程なく帰国し、国民党政権の指導者に復帰した。蒋はこの日の日記に日本の政策を転換できなかったと書き残したとされるが、北伐再開に際して日本の満州権益を尊重する旨を声明し、日本政府に協力を求めるサインを送った[★13]。

しかし二八年四月に北伐が再開されると、田中政権の対中政策の混乱が明らかとなった。田中自身は山本条太郎満鉄総裁と張作霖との間での鉄道交渉に期待していた。しかし軍部では張作霖の武装解除ないし下野を求める強硬策が強まっていた。蒋自ら率いる北伐軍が山東省に迫ると日本政府は山東出兵を急遽決定、五月には済南事件で国民党軍、済南住民に多大な犠牲を引き起こした。済南事件は蒋に屈辱と深い対日不信を残すと共に、関東軍による張作霖謀殺へのはずみとなった[★14]。田中と蒋は反共政策では一致したものの、田中は軍部主導の中国拡張政策を抑えられず、蒋は民族ナショナリズム路線をとった。田中は二九年には下野、死去するが、日中の衝突コースへの流れはこの時に定まったと言えよう。

3　日本の降伏と象徴天皇制の選択

田中政権失陥後、日本では次第に軍部が政治的主導権を握り、満州事変から日中戦争、更に世界戦争へと進むことになった。田中自身、在郷軍人会を発足させ、自ら政友会総裁に就くことで、広い社会的基盤を有した総力戦体制を構築することを目指していたと考えられるが、田中が挫折した後、軍部の中堅層は、中国での拡張を通じて総力戦体制の基盤となる資源を獲得するだけでなく、対外危機および紛争によって国内体制の変革を進めることに向かった[★15]。対する左翼勢力の側では、その大勢は「軍隊と無産階級の結合」を唱える社会大衆党など、軍部主導の政治指導と協調する姿勢をとった。少数派の日本共産党は先鋭化し、君主制を「天皇制」と呼び、その打倒を呼びかけるコミンテルンの「三二年テーゼ」に従った闘争路線をとったが、それによって完全に社会から孤立し、国内組織は壊滅状態に陥った[★16]。

しかし対外危機による国内改造路線と戦闘的革命路線国家改造とは、共にその困難によって体制論に新たな解釈をもたらすことになった。すなわち、天皇の存在を統治権の総攬者、君主制君主といった法的、制度的存在ではなく、むしろ精神的、文化的求心性によって捉える見方である。それは軍部における皇道派グループの浮上と野坂参三が唱導した人民政府戦術において表現された。

皇道派は三一年の犬養毅内閣における荒木貞夫陸相下で次第に軍部中堅層の主流をなす統制派と分離して、体制の法的、制度的変革よりも天皇に対する精神的忠誠心を強調した。それは伝統的な精神右翼と重なる主張であり、一九三五年の国体明徴運動と天皇機関説排撃、翌年の二・二六事件の背後にあったが、二・二六事件後、皇道派は軍部主流によって抑圧され、真崎甚三郎や小畑敏四郎といった上層部は近衛文麿や吉田茂ら穏健重臣層と接近した[★17]。

治安維持法で壊滅的打撃を受けた共産党勢力からも新たな体制観が出た。治安維持法によって整備された「司法省思想部」は思想犯に対して極刑よりも思想転向を促すことが効果的であると考え、天皇制の意義を肯定するか否かを転向の判断材料としたのである。実際、この方針によって共産党幹部が次々と転向したことが日本共産党壊滅の大きな要因であった[★18]。

コミンテルンは一九三五年の第七回大会における人民戦線戦術の採用をきっかけに共産党自身が指針を大きく転換させた。一九三一年にソ連に脱出し、この時期はアメリカにいた野坂参三は三六年二月、山本懸蔵と連名で「日本の共産主義者へのてがみ」なる文書を公表した。その内容は、三二年テーゼの天皇制打倒という主張を正面から否定しないものの、「広範な大衆は、まだ、天皇制打倒のために、直接公然たる闘争を行う用意」がないという事実を軽視していたとして、攻撃の対象を「ファシスト軍部」に集中させた。また、共産党員は合法的大衆団体、組合等に加入し、反ファシスト統一戦線の結成に努めねばならないとされた[★19]。

日中戦争下でこの路線が最も組織的に実行されたのは、日本国内よりも中国側の管理下に置かれた日本人兵士捕虜たちに対してであった。国民党支配地でこの活動を指揮したのが作家の鹿地《かじ》亘《わたる》だった。東大文学部時代から新人会を経た鹿地は「日本プロレタリア作家同盟」(ナルプ)に加わり書記長となったが三四年に治安維持法で投獄され、転向を表明して出獄、三六年から中国に渡っていた。彼は郭沫若、夏衍ら中国共産党工作者の支援を受けて、当時既に第二次国共合作下にあった国民党根拠地の武漢、更に重慶に移って対日反戦工作に従事、「反戦同盟」の名で日本兵士の投降を呼びかけると共に、捕虜・脱走兵などの教育に携わった。鹿地は後の回想で、この活動で指針としたのは野坂等の「てがみ」であり、天皇制打倒を言わず、軍部への攻撃に広範な支持を集めることを目指したと記している[★20]。鹿地は偽装転向者であり、隠れ共産党員であった。

アメリカからソ連に移っていた野坂も四〇年三月には共産党の根拠地・延安に到着し、日本に関する情報分析、捕虜教育等に従事し始めた。その存在は秘密にされていたが、四三年五月、毛沢東の求めでその存在を公表した。野坂は日本人反戦同盟、四四年一月からは対日戦争後を展望した解放連盟を組織し、捕虜教育を統括した。モスクワ留学組の王稼祥、京大で河上肇に学んだ王学文らが野坂をサポートした[★21]。四四年以降、アメリカのジョン・エマーソンらが蒋介石に延安との接触を要求し、人民政府路線に理解をもつようになった[★22]。

これと並行して動いていたのがソ連赤軍スパイのゾルゲ、近衛文麿等政府要人に近かった尾崎秀実、東亜同文書院から満鉄調査部に勤務していた中西功らからなる日中を舞台にしたスパイ活動網であった。この組織は一九三〇年代初頭に上海に端を発し、日本政府の情報収集や対ソ戦の回避のために活動し、ソ連、中国共産党に情報を提供した。これらの活動は彼らが検挙される四一年一〇月から四二年六月にかけて終焉した[★23]。

日本における軍部主流の統制派対皇道派－穏健派、左派勢力内の天皇制打倒路線対人民戦線路線のような複雑な構図は、この時期の中国国内の路線対立にも見られるものであった。国民党内では反共を優先しようとして「安内攘外」を掲げる蒋介石ら反共派と抗日を優先して共産党との連携を図る張学良など左派の対立があり、共産党内では親ソ派でコミンテルンの指令を優先しようとする李立三、王明らと毛沢東を指導者とし、農民に基盤を求める土着派の対立があった。この混乱は、三〇年代後半には遵義会議、西安事件、盧溝橋事件、第二次国共合作などを経て抗日路線に集約されていくが、太平洋戦争が始まると国共対立が強まっていく。

日本では国家改造が戦争の帰趨《きすう》によって行き詰まるにつれて天皇観の変容、「国体」の再定義はさらに進められた。その担い手となったのが太平洋戦争中の近衛文麿とその周辺にいた、真崎、小畑等の皇道派、田中内閣で外務次官を務めた吉田茂や秘書官だった殖田俊吉、ジャーナリストの岩淵辰雄らであった。近衛はかねてより真崎、岩淵らから、軍部主流の背後には共産主義者がおり、社会主義化を最終目標としているというわゆる皇道派史観を聞かされており、中国問題顧問のような立場だった尾崎秀実や近衛が院長をしていた東亜同文書院出身者からスパイが摘発されたことで皇道派史観により強く惹きつけられたようである[★24]。

近衛の考えは四五年二月一四日に天皇に上奏された近衛上奏文に集約された。その内容は周知であり、ここで詳しく述べることはないが、①国体護持にとっては、英米に対する降伏よりも共産革命を恐れるべきであり、②ソ連は親ソ容共政権樹立を進めており、延安にも野坂率いる日本解放連盟が組織されている。③国内でも共産革命の条件が醸成されつつあり、特に軍内の革新運動が国体と共産主義の両立論で軍人を惹きつけている、④戦争終結の最大の障害は軍部であり、粛軍が必要条件となる、といった内容であった[★25]。

対して、上奏文で言及された野坂は四五年五月、中国共産党第七回全国会議で「民主的日本の建設」なる文書を公表し、日本敗北後の解放連盟の戦略を示した。それは天皇制には、専制機構としての天皇制の側面と、大衆への半宗教的影響力の側面があるとし、前者の打倒は民主主義体制の確立と同義であるとし、他方で後者についてはその否定を当面の目的としないとして、解放連盟に広範な大衆支持を獲得することを目指すとしたのである[★26]。

この文章での、野坂の標的は支配層のなかの穏健派であった。それは三井、三菱らの大財閥であり、近衛、鈴木貫太郎、米内光政らであった。野坂は近衛らいわゆる重臣層が敗戦後に政治的主導権を握る可能性が高いことを理解しており、そこに攻撃の矛先を絞っていたのである。この方針は戦後、野坂らが主張した「平和革命」路線へとつながるものであった。

皇道派の天皇観を吸収した近衛ら穏健派の「国体護持」路線と野坂らの平和革命路線との闘争は、米英に降伏するかソ連に仲介を求めるかに関する政府内の論争、ポツダム宣言における「日本国国民の自由に表明せる意思に従ひ、平和的傾向を有し、且つ責任ある政府の樹立」(第一二項)の要求、「日本の政府の最終的な形態は、ポツダム宣言に従い、日本の人々の自由に表明された意思によって確立される」というバーンズ回答、占領期の日本政府による憲法改革案とエマーソン等の人民政府樹立支援(米亡命中の大山郁夫の帰国を促したが、大山はかつての統一戦線失敗の経験から断った)、近衛の戦犯容疑と自殺、延安からソ連を経由した野坂の四六年一月の帰国と民主戦線樹立の提唱、天皇を象徴と規定するGHQ憲法草案の提示と日本政府の受諾、四六年五月の天皇プラカード事件と「米よこせ」デモに対するGHQの食糧提供決定と吉田茂政権の発足、四七年二・一ゼネスト中止命令と五月の日本国憲法発効に至るまで続いた。その過程の詳述はここでは行わないが、治安維持法で規定されたような、天皇を統治権の総攬者とするという意味での「国体」は変革され、天皇は「象徴」という精神的、文化的存在として憲法上規定されることになったのである。その際、マッカーサーは保守勢力と見なされるようになった穏健派と左翼勢力のバランスをとりながらも、最終的には秩序維持を優先し、保守勢力を支持したのである[★27]。

4　安保改定をめぐる騒乱と体制競争の決着

「国体」の「象徴天皇制」への変容と日本国憲法の発効は、しかし、日本の体制変容の最終決着ではなかった。むしろ第二次世界大戦期から占領期を通じて、日本および中国の体制変革問題は、米ソ間の冷戦と緊密に結びつき、冷戦秩序のなかで定着へ向かうという新たな段階を迎えたのである。その過程が決着するのは一九六〇年頃と見ることができる。

米ソ冷戦のアジアへの波及の帰結の一つは、一九四七年の対日講和が遷延されたことであった。ポツダム宣言に掲げられた諸条項が実現されたと判断したマッカーサー最高司令官は四七年三月、対日講和の開始を呼びかけたが、ちょうどその時期にアメリカは冷戦政策を本格化させ、西ヨーロッパに続いて日本の強化を優先させるようになった。この過程での政策企画室長となったジョージ・ケナンの役割はよく知られている[★28]。

しかしアジアの冷戦にとって決定的だったのは、中国共産党の勝利だった。ヤルタ会談当時には米ソ共に予想していなかった展開だったが、大戦中に共産党は日本軍支配領域で抗日闘争を通じて支配を広げ、戦後早期に東北部に進出して日本軍の残した武器、資材の一部を接収した。四六年夏、アメリカの国共仲介が失敗に終わると両者は本格的な内戦に入り、支配圏を広げすぎた国民党に対して四七年半ばには共産党が反撃を開始し、四九年一月の徐州会戦で国民党は敗北、一〇月に毛沢東は中華人民共和国成立を宣言、一二月には蒋介石が国民政府とともに台湾に移り、内戦にはひとまず決着がついた[★29]。

中国共産党の予想外の勝利は米ソの東アジア政策を大きく変化させた。アメリカではトルーマン政権が「中国喪失」の責任を回避し、蒋の国民党政権や韓国の李承晩政権を腐敗した独裁政権とみなして距離を置き、中国共産主義の「チトー化」を目指す方向に転換した。五〇年一月のアチソン国務長官演説はその代表的な動きであった。しかしこの動きは国内で共和党右派を中心に反発を呼び、多少の時間差をもって米国内のマッカーシズムと共に東アジアでの「巻き返し」政策を呼び起こすことになった。

他方、ソ連はそれまで距離のあった中共政権を取り込むと共に、東アジアでアメリカに圧力をかける選択に出た。五〇年二月、訪ソした毛沢東とスターリンは友好同盟相互援助条約を締結することで合意した。スターリンは中国共産党に東アジアでの反帝国主義闘争を主導することを期待するとし、一九四七年に結成されたコミンフォルムは五〇年一月、植民地および従属諸国における武力闘争を指示した［★30］。この路線は六月の朝鮮戦争開戦へとつながるものであった［★31］。

周知のように、この情勢の中でサンフランシスコ講和条約及び日米安保条約が締結されることになった。冷戦下で日米が同盟関係に入ることに、米政権と吉田茂首相ら日本の保守勢力は共通の利益を見いだしたのである。ただし日米間の争点となったのは、五〇年代初頭の時点では吉田にとって日本への脅威は体制への政治的脅威であり、軍事的脅威は特にアメリカと同盟している限りほとんど無視し得ると見なしたのに対し、アメリカはグローバルな軍事バランスの観点から、日本の本格的な再軍備を望んだことである。結局、吉田の抵抗が奏効して漸進的な再軍備が実現されることになった。

他方、東アジアの冷戦は日本の左翼勢力を分裂させ、混乱させた。五〇年一月、コミンフォルムは野坂の平和革命路線を激しく批判し、アメリカ帝国主義と戦うことを求めた。野坂や徳田球一ら日本共産党の主流派は当初反発したが、中国がソ連に追随して批判するに及んで野坂は自己批判し、やがて武装闘争路線へと転じ、野坂や徳田は秘密裏に中国へと渡った［★32］。武装闘争は占領が終了した五二年五月から本格化し、五月一日の血のメーデー事件をきっかけとして、かねてから警察力増強を求めていた吉田政権は破壊活動防止法を制定した［★33］。

同時に、講和および日米安保は日本社会党の底流にあった、国民政党を目指す右派と階級政党を目指す左派の亀裂を表面化させ、五一年一〇月左派と右派に分裂した。独立後の三次の総選挙では右社も議席を伸ばしたが、中立、再軍備反対、軍事基地反対を訴える左社が総評に支えられて急伸した［★34］。

一九五三年にはスターリンの死、朝鮮戦争休戦の成立があり、五四年一〇月には「日本との関係正常化」を打ち出した中ソ共同宣言が出されるなど、東アジアで緊張緩和が見られた。それを受けて一九五五年には日本共産党は宮本顕治らの主導下で、中国から帰国した野坂らも合流して平和革命路線に復帰、日本社会党も対中、対ソ国交回復という左派の主張と自衛隊の即時解散の否定、警察力の強化など右派の主張を会わせる形で再統一した。保守勢力も吉田を追い落として、改憲、本格再軍備を掲げる日本民主党の鳩山一郎政権に移っていたが、この時民主党は自由党と合同し、自由民主党が誕生した。この状況は五五年体制と呼ばれることになったように、確かに、日米安保・自衛隊の存在を肯定し、財界が支える自民党と、憲法擁護、日米安保反対を唱え、労組などの社会運動が支える社会、共産両党を中心とする革新陣営が対峙するものであった。しかし、五五年時点での各党の綱領は、アメリカからの自立、対ソ、対中関係の調整といった基本的方向ではかなり近接したものであった[★35]。

この状況が変わり、左右の対立が緊張を高めるのは五〇年代末の安保闘争の局面においてであった。旧安保条約は期限、終了条件の定めもなく、その改定は安保廃棄を要求する左派にとってもそれ自体は否定されるべきものではなかった。改定交渉を担当した藤山愛一郎外務大臣が回想するように、社会党でも当初は歓迎する雰囲気があったのである[★36]。その状況が変わった背景には、岸信介首相の統治手法と国際情勢、特に日中関係の影響があった。

まず、安保改定を予想して、五八年一〇月、党内合意も不十分なまま突然に、警察官職務執行法(警職法)改正案を国会に提出したことは岸の政治力を大幅に低下させた。警職法は占領下で制定され、警察官の行動を規定していたが、岸はデモ等の集団的政治行動の予防的側面を加えようとしたのである。この法案は、文言上は治安維持法のような思想統制とは異なる内容であったが、戦前の主要指導者の一人であった岸の過去と共に戦前、戦中期の広範な治安統制を思い起こさせ、左派では社会党が主導し、総評、新産別、全労など幅広い労組が結集して「警職法改悪国民会議」を結成、自民党内でも池田派、三木派など反主流派が反対に回って存在感を示す機会となった。岸は法案を審議未了とすることで事態の収拾を図ったが、この事件は岸政権の統治手法そのものが戦後体制への挑戦となりうるという懸念を一般国民に抱かせたと言えよう[★37]。安保改定問題を政治闘争に転化させたもう一つの要因は日中関係の緊張であった。もちろん安保改定に対してはソ連も日本政府を非難した。しかしフルシチョフ体制下のソ連はアメリカとの平和共存路線を歩んでおり、日本とも鳩山政権下で国交回復をなし遂げていた。この時期、北方領土問題と引き換えに日米安保解消を訴えたものの、それが実現可能とは見ていなかったし、日本国内の反安保闘争への関与も限定的なものにとどまったのである[★38]。

他方、日中関係はこの時期に相互の内政と絡み、緊張が高まった。五五年三月、吉田政権から鳩山政権への転換を機に中国では周恩来首相の下、対日政策の基本方針が検討された。その内容は、在日米軍反対、アメリカの孤立化に向けた日本人民の反米要求の支援、中日関係の改善から外交関係正常化をめざす、といった内容であったが、当面は日中交流を進める方針をとり、四月には第三次民間貿易協定が締結された[★39]。日本政府の対米自立を支持し、貿易関係を進める漸進的方針は岸内閣の発足後もしばらくは継続した。

しかし岸政権は台湾との関係強化を打ち出し、岸と親しい矢次一夫らが日華協力委員会を設置し、岸自身も五七年六月に訪台して反共路線を表明。続く訪米で、対中政策で共同歩調をとった。こうした一連の行動に対して中国は批判を強めた。第四次民間貿易協定の交渉では中国側が国旗掲揚を要求、日本が譲歩した。しかしこれに台湾が強く反発して日本の対応が揺れている最中に、長崎の中国品展示場で民間人による国旗引き下ろし、いわゆる長崎国旗事件が起きた。最近の研究では、この事件の背景には国民党右翼工作があったとされる。これをきっかけに中国は民間貿易を停止、岸政権への対抗勢力を支援する方針をとった[★40]。

そこで中国側が重視したのが日本社会党であった。宮本体制下の日本共産党との関係は悪くはなかったが親密でもなかった。中国の関心は日本の左翼勢力の拡大から離れ、日本の親米路線を変化させ、対中政策を柔軟化させることに移っていた。逆に日本社会党にとって日中関係は、親米の自民党と親ソの共産党に対抗できる分野と見られており、特に右派の浅沼稲次郎は党内左派の支持を得ながら自らの権力基盤を拡大するためにも親中路線に傾斜していった。その結果が、社会党第二次訪中使節団の際の浅沼の「米国帝国主義は日中人民共同の敵」という有名な、五九年三月の演説だった[★41]。

浅沼訪中団の帰国後から、社会党は党内に反対を抱えつつも安保改定反対運動に乗り出していった。三月二八日、総評主導で「安保条約改定阻止国民会議」が結成され、社会党は共産党にオブザーバー参加を認め、共闘姿勢をとった。他方、警職法の場合と異なり、新産別、全労といった労組は共産党との共闘を嫌い、参加しなかった。更にこの左寄りの統一戦線路線は、社会党右派の西尾末広派の脱党を招いた。五九年一一月二七日の第八次統一行動以降、急進的な反対運動は全学連率いる学生運動が主導し、その外延を、都市住民を担い手とし、進歩派知識人が唱導する市民運動が取り巻いて進行することになった。社会党、共産党は議会主義を標榜して実力行使とは距離をとることで戦後憲法体制の正統性を承認し、岸政権の強引な議会運営と治安政策に反対を絞ることになったのである。安保闘争は、新人会のような学生運動や知識人マルクス主義者が牽引した昭和初期の反体制社会主義運動の変化を示したのであり、日本社会の多元的社会への移行を反映する契機となったのである[★42]。

対する岸政権は新安保条約批准とアイゼンハワー来日を実現するため、一九六〇年五月一九日に衆院での強行採決を行った後、反対デモに対する自衛隊投入を含めた鎮圧計画を検討した。しかし広範な都市デモに対する警察力の不足、自衛隊の投入による自衛隊そのものの正統性の喪失への懸念から、岸もその実行を見送らざるを得ず、デモ中の女子学生、樺美智子《かんば》の死とアイゼンハワー来日の中止要請の責任をとって辞任する道を選んだ[★43]。

この間中国は、新安保条約調印後の岸政権に対して「日本の軍国主義は復活した」と非難し、安保闘争に対しては「日本人民の闘争」として評価し、安保反対の大規模集会を中国国内で開催し、樺美智子の死を悼むなど、共産、社会両党の姿勢とずれを示した。しかし中国の政策は自民党の保守政権自体を敵視するものではなく、アメリカ帝国主義に対して批判を絞り、日米の懸隔《けんかく》を拡大しようとした。五九年秋から六〇年春にかけて石橋湛山、松村謙三といった反岸派の自民党政治家の訪中を受け入れるなど、日本政府との貿易再開の道を探っていたのである。その背景には、五九年秋のフルシチョフ訪中で決定的となった中ソ対立の影響があった。中国は孤立からの脱出と貿易を望んでいたのである。中国のこの姿勢は、中国でもイデオロギー的体制変革の時代は終わり、毛沢東独裁体制の下、国益中心の外交の時代へと移行したことを示すものであった[★44]。

5 「革命と戦争の世紀」としての二〇世紀東アジア

一九二七、八年頃から一九六〇年頃までの日本と中国の軌跡は、日本では軍国主義的植民地帝国体制において、中国では半植民地及び内戦状況において、民族主義的資本主義と民族主義的社会主義が闘争し、日本では前者の、中国では後者の定着する過程であった。その過程は複雑であり、左右の対立だけではなく、たとえば日本では軍部と穏健派、軍内の統制派と皇道派、共産党と非共産党系社会主義勢力など、あるいは中国では国民党内の諸派や共産党内の親ソ派と毛沢東派の対立など、複雑な競争関係が絡んでいた。更に国際環境として、第二次世界大戦期から冷戦初期にかけて頂点に達する米ソの影響力が作用した。これらの要素は、日本帝国と中国をまたぐ政治集団の合従連衡、非合法活動、秘密工作を含めた政治抗争をもたらしたのである。

二〇世紀はしばしば、「戦争と革命の世紀」と称される。しかし二〇世紀中期の東アジアについては「革命と戦争の世紀」と呼んだ方が正確かも知れない。日中戦争も冷戦も朝鮮戦争も、日本の帝国統治体制から東アジアの民族主義的体制へむかう変革の従属変数であった。そのように捉えると、今なお東アジアで「歴史」をめぐる対立が消え去らないことも理解しやすい。戦争をめぐる立場の相違よりも革命をめぐるそれの方がはるかに厳しく、また長く尾を引くものだからである。

註

★1――日本と中国の体制変動の相関という場合、本来であれば一九一一、一二年頃の辛亥革命と大正政変、一九一八、九年頃の第一次世界大戦の影響を受けた五四運動や大正デモクラシー運動といった段階から扱うべきであるかも知れない。ただし、大正期が日中両国での旧体制の衰退を基調としているのに対し、本章で扱う一九二七年頃–一九六〇年の時期は両国での体制の構築期であると捉えることができよう。大正期について日中関係の相関を扱った最近の研究として櫻井良樹『辛亥革命と日本政治の変動』(岩波書店、二〇〇九年)。

★2――代表的研究に佐藤元英『昭和初期対中国政策の研究――田中内閣の満蒙政策』増補改訂新版(原書房、二〇〇九年)、小林道彦『政党内閣の崩壊と満州事変――1928〜1932』(ミネルヴァ書房、二〇一〇年)。

★3――奥平康弘『治安維持法小史』(岩波書店、二〇〇六年)、荻野富士夫『治安維持法関係資料集』(新日本出版社、一九九六年)一六九–二一九頁。

★4――山本勝之助・有田満穂『日本共産主義運動史』(世紀書房、一九五〇年)八一–一〇二頁。

★5――奥平、前掲書、第四章。

★6―田崎末松『評伝田中義一』(平和戦略研究会、一九九五年)は「社会主義に対する過度の警戒心」と評し(下巻、二八〇頁)、升味準之輔は『日本政党史論』において「日本共産党は、この時期の議会政治史のなかでは周辺的附随的事象にすぎない。無力弱体だったというだけですませてよい」と評している(第五巻、三八七頁)。

★7―第一次国共合作については、北村稔『第一次国共合作の研究』(岩波書店、一九九八年)。

★8―北村、前掲書、一一九―一四一頁、野村浩一『蒋介石と毛沢東』(岩波書店、一九九七年)二〇―二一頁。

★9―嵯峨隆『孫文の日本観と中国革命』(東方書店、二〇〇三年)八七頁。

★10―夏衍(阿部幸夫訳)『日本回想――夏衍自伝』(東方書店、一九八七年)一六二―一七五頁。

★11―大野節子「一九二七年の対支被干渉運動――無産諸政党の対応を中心に」増島宏編『日本の統一戦線』上巻(大月書店、一九七八年)七一―一〇〇頁、井上學『日本反帝同盟史研究』(不二出版、二〇〇八年)一二―一三頁、升味、前掲書、四四七―四五六頁。

★12―大野前掲論文、井上、前掲書、五一―五三頁、升味準之輔『日本政治史3　政党の凋落、総力戦体制』(東京大学出版会、一九八八年)一三八―一三九頁。

★13―田中・蒋会談の会見録は、『日本外交文書』昭和期I、第一部第一巻(外務省、一九八九年)九三六―九四二頁。佐藤、前掲書、二二五―二二七頁、黄仁宇(北村稔他訳)『蒋介石――マクロヒストリー史観から読む蒋介石日記』(東方書店、一九九七年)八〇―八三頁。この会談に関して筆者が目にしえた最も詳しい分析は大澤武司「蒋介石訪日をめぐる「田中外交」の分岐――「九・一八」への一里塚」『季刊中国』六六巻(二〇〇一年秋)二七―四〇頁。小林道彦は、田中と蒋の間では会談以降第二次山東出兵まで一定の了解があり、済南事件によって信頼関係が崩れたとする。小林、前掲書、八九―一〇三頁。また、戴季陶は二八年春に上海で『日本論』を出版し、田中義一の中国侵略政策を厳しく批判する一方で、日本の近代化を評価し、日本への理解を訴えた(戴季陶(市川宏訳)『日本論』教養文庫、一九八三年)。

★14―佐藤、前掲書、第六章、野村、前掲書、六九―七一頁。

★15―総力戦体制については、纐纈厚『総力戦体制の研究――日本陸軍の国家総動員構想』(三一書房、一九八一年)、小林英夫『帝国日本と総力戦体制』(有志舎、二〇〇四年)。この時期の軍部総力戦構想を主導したのは統制派の中心人物の永田鉄山であったと言えよう。川田稔『浜口雄幸と永田鉄山』(講談社、二〇〇九年)。

★16――升味、前掲『日本政治史』一四〇―一五二頁。

★17――皇道派と統制派の角逐については、川田、前掲書、二二五―二三四頁。二・二六事件後の真崎らの活動については伊藤隆『昭和期の政治』(山川出版社、一九八三年)一四九―二〇三頁。

★18――司法省思想部の活動については、荻野富士夫『思想検事』(岩波書店、二〇〇〇年)。転向については、伊藤晃『転向と天皇制――日本共産主義運動の一九三〇年代』(勁草書房、一九九五年)、Germaine A. Hoston, *The State, Identity, and the National Question in China and Japan*, (Princeton, 1994), Chapter 8。

★19――「てがみ」は『野坂参三選集戦時編1933〜45』(日本共産党中央委員会出版部、一九六四年)一五二―一六八頁。野坂の経歴については未だに多くの謎が残されており、三〇年に釈放されたのも偽装転向によるものではないかという見方がある。荒木義修『占領期における共産主義運動』(芦書房、一九九三年)三二―三三頁。

★20――鹿地亘『日本兵士の反戦運動』(同成社、一九八二年)一五―一九頁、四一一―四一九頁、菊池一隆『日本人反戦兵士と日中戦争』(御茶の水書房、二〇〇三年)第二章。鹿地らの活動は国民党の共産党への警戒心によって四〇年以降制限されていった。

★21――和田春樹『歴史としての野坂参三』(平凡社、一九九六年)八八―一〇六頁。

★22――ジョン・エマーソン『嵐のなかの外交官』(朝日新聞社、一九七九年)第六、七章、山極晃『米戦時情報局の「延安報告」と日本人民解放連盟』(大月書店、二〇〇五年)、山本武利編訳『延安リポート――アメリカ戦時情報局の対日軍事工作』(岩波書店、二〇〇六年)。

★23――ゾルゲ事件(一九四一年一〇月摘発)と中西功等の中共諜報団事件(一九四二年六月)の背景には三〇年代前半の上海を拠点としたコミンテルン工作網があった。中西功『中国革命の嵐の中で』(青木書店、一九七四年)、渡部富哉「尾崎秀美を軸としたゾルゲ事件と中共諜報団事件」白井久也編著『国際スパイゾルゲの世界戦争と革命』(社会評論社、二〇〇三年)一七―五一頁。

★24――近衛が小林躋造と一九四三年三月一八日に面談した記録では、近衛は後の上奏文に近い内容を語っている。伊藤隆・野村実編『海軍大将小林躋造覚書』(山川出版社、一九八一年)一六九―一八二頁。

★25――近衛上奏文については、伊藤、前掲書、一四九―二〇三頁、岩淵辰雄「近衛公の上奏文」『岩淵辰雄選集』第二巻(青友社、一九六七年)三五九―三七八頁。

★26―神山茂夫『日本共産党戦後重要資料集　第一巻』（三一書房、一九七一年）二八―五二頁、加藤哲郎『情報戦と現代史――日本国憲法へのもうひとつの道』（花伝社、二〇〇七年）第一部三。

★27―中西寛「日本国憲法制定過程における法と政治」（1）『法学論叢』第一四九巻二号（二〇〇一年五月号）一―三三頁、同（2）『法学論叢』第一四九巻四号（二〇〇一年七月号）一―二七頁。

★28―五十嵐武士『戦後日米関係の形成』（講談社学術文庫、一九九五年）。

★29―野村、前掲書、第一一章。

★30―「植民地および従属諸国における民族解放運動等の強力な発展」（一九五〇年一月二七日）『コミンフォルム重要文献集』（日刊労働通信社、一九五三年）三一七―三一九頁。

★31―W・ストゥーク（豊島哲訳）『朝鮮戦争――民族の受難と国際政治』（明石書店、一九九九年）四五―五六頁。

★32―野坂批判に関する一連の文書は神山、前掲書、三五一―三七三頁。荒木、前掲書によれば、四九年九月のソ連原爆開発公表の頃からソ連の姿勢に変化が見られたようである。二〇六―二三七頁。ただし中国はコミンフォルムの野坂批判論文の内容を事前に知らされていなかったらしい。下斗米伸夫『アジア冷戦史』（中央公論新社、二〇〇四年）五八―六一頁。

★33―吉田茂『回想十年』（中央公論社、一九九八年）第一七章。

★34―原彬久『戦後史のなかの日本社会党』（中央公論新社、二〇〇〇年）九八―一〇八頁。

★35―中北浩爾『一九五五年体制の成立』（東京大学出版会、二〇〇二年）。

★36―原、前掲書、一二六頁。

★37―原彬久『戦後日本と国際政治――安保改定の政治力学』（中央公論社、一九八八年）一九五―二一二頁。

★38―NHK取材班『戦後50年　その時日本は』（日本放送出版協会、一九九五年）二八五―二九一頁。

★39―張香山（鈴木英司訳）『日中関係の管見と検証――国交正常化30年の歩み』（三和書籍、二〇〇二年）七七―七八頁。

★40―杉浦康之「中国の『日本中立化』政策と対日情勢認識」『法学政治学論究』七〇号、二〇〇六年、一〇七―一一五頁。国民党の関与については、横山宏章「封印が解かれた長崎国旗事件の「真相」――台湾外交部の外交文書から」『東亜』五〇二号（二〇〇九年四月）七六―八二頁。

★41―廉舒「中国の対外戦略とその対日政策――一九五〇年代を中心に」『法学政治学論究』七五号、二〇〇七年、一九－二〇頁、原、前掲『安保改定』二四四－二五七頁。「共同の敵」を入れることを浅沼に決意させたのは、かつて日本に在住し、戦後北朝鮮に戻って当時北京にいた黄方秀という人物だったとされる。

★42――大嶽秀夫『新左翼の遺産――ニューレフトからポストモダンへ』（東京大学出版会、二〇〇七年）六二－一二一頁、平田哲男「安保闘争の歴史的位置」増島宏編、前掲書、下巻、四九－一〇四頁。

★43――NHK取材班、前掲書、第五－七章、原、前掲『安保改定』第一三章。

★44――岡部達味『現代中国の対外政策』（東京大学出版会、一九七一年）第二・三章、原、前掲『安保改定』三九五－三九七頁。

参考文献

Hoston, Germaine A., *The State, Identity, and the National Question in China and Japan*, (Princeton, 1994), Chapter 8

『コミンフォルム重要文献集』日刊労働通信社、一九五三年

『日本外交文書』昭和期I、第一部第一巻、外務省、一九八九年

荒木義修『占領期における共産主義運動』芦書房、一九九三年

五十嵐武士『戦後日米関係の形成』講談社学術文庫、一九九五年

伊藤晃『転向と天皇制――日本共産主義運動の一九三〇年代』勁草書房、一九九五年

伊藤隆『昭和期の政治』山川出版社、一九八三年

伊藤隆・野村実編『海軍大将小林躋造覚書』山川出版社、一九八一年

井上學『日本反帝同盟史研究』不二出版、二〇〇八年

岩淵辰雄「近衛公の上奏文」『岩淵辰雄選集』第二巻、青友社、一九六七年

NHK取材班『戦後50年　その時日本は』日本放送協会、一九九五年

エマーソン、ジョン『嵐のなかの外交官』朝日新聞社、一九七九年

大嶽秀夫『新左翼の遺産――ニューレフトからポストモダンへ』東京大学出版会、二〇〇七年
大澤武司「蒋介石訪日をめぐる「田中外交」の分岐――「九・一八」への一里塚」『季刊中国』六六巻、二〇〇一年秋
大野節子「一九二七年の対支非干渉運動――無産諸政党の対応を中心に」増島宏編『日本の統一戦線』上巻、大月書店、一九七八年
岡部達味『現代中国の対外政策』東京大学出版会、一九七一年
荻野富士夫『治安維持法関係資料集』新日本出版社、一九九六年
――『思想検事』岩波書店、二〇〇〇年
奥平康弘『治安維持法小史』岩波書店、二〇〇六年
夏衍（阿部幸夫訳）『日本回想――夏衍自伝』東方書店、一九八七年
加藤哲郎『情報戦と現代史――日本国憲法へのもうひとつの道』花伝社、二〇〇七年
神山茂夫『日本共産党戦後重要資料集　第一巻』三一書房、一九七一年
川田稔『浜口雄幸と永田鉄山』講談社、二〇〇九年
菊池一隆『日本人反戦兵士と日中戦争』御茶の水書房、二〇〇三年
北村稔『第一次国共合作の研究』岩波書店、一九九八年
黄仁宇（北村稔他訳）『蒋介石――マクロヒストリー史観から読む蒋介石日記』東方書店、一九九七年
纐纈厚『総力戦体制の研究――日本陸軍の国家総動員構想』三一書房、一九八一年
小林英夫『帝国日本と総力戦体制』有志舎、二〇〇四年
小林道彦『政党内閣の崩壊と満州事変――1928～1932』ミネルヴァ書房、二〇一〇年
嵯峨隆『孫文の日本観と中国革命』東方書店、二〇〇三年
櫻井良樹『辛亥革命と日本政治の変動』岩波書店、二〇〇九年
佐藤元英『昭和初期対中国政策の研究――田中内閣の満蒙政策』増補改訂新版、原書房、二〇〇九年
下斗米伸夫『アジア冷戦史』中央公論新社、二〇〇四年
杉浦康之「中国の『日本中立化』政策と対日情勢認識」『法学政治学論究』七〇号、二〇〇六年
ストゥーク、W（豊島哲訳）『朝鮮戦争――民族の受難と国際政治』明石書店、一九九九年

戴季陶(市川宏訳)『日本論』教養文庫、一九八三年
田崎末松『評伝田中義一』平和戦略研究会、一九九五年
張香山(鈴木英司訳)『日中関係の管見と見証――国交正常化30年の歩み』三和書籍、二〇〇二年
中北浩爾『一九五五年体制の成立』東京大学出版会、二〇〇二年
中西功『中国革命の嵐の中で』青木書店、一九七四年
中西寛「日本国憲法制定過程における法と政治」(1)『法学論叢』第一四九巻二号、二〇〇一年五月号
――「日本国憲法制定過程における法と政治」(2)『法学論叢』第一四九巻四号、二〇〇一年七月号
野坂参三『野坂参三選集戦時編1933~45』日本共産党中央委員会出版部、一九六四年
野村浩一『蔣介石と毛沢東』岩波書店、一九九七年
原彬久『戦後史のなかの日本社会党』中央公論新社、二〇〇〇年
――『戦後日本と国際政治――安保改定の政治力学』中央公論社、一九八八年
平田哲男「安保闘争の歴史的位置」増島宏編『日本の統一戦線』下巻、大月書店、一九七八年
升味準之輔『日本政党史論』第五巻、東京大学出版会、一九七九年
――『日本政治史3　政党の凋落、総力戦体制』東京大学出版会、一九八八年
山極晃『米戦時情報局の「延安報告」と日本人民解放連盟』大月書店、二〇〇五年
山本勝之助・有田満穂『日本共産主義運動史』世紀書房、一九五〇年
山本武利編訳『延安リポート――アメリカ戦時情報局の対日軍事工作』岩波書店、二〇〇六年
吉田茂『回想十年』中央公論社、一九九八年
横山宏章「封印が解かれた長崎国旗事件の「真相」――台湾外交部の外交文書から」『東亜』五〇二号(二〇〇九年四月)七六-八二頁
廉舒「中国の対外戦略とその対日政策――一九五〇年代を中心に」『法学政治学論究』七五号、二〇〇七年
和田春樹『歴史としての野坂参三』平凡社、一九九六年
渡部富哉「尾崎秀美を軸としたゾルゲ事件と中共諜報団事件」白井久也編著『国際スパイゾルゲの世界戦争と革命』社会評論社、二〇〇三年

第12章

歴史は鑑か鏡か？

――国際比較の中の日中歴史教科書

等松春夫
TOHMATSU Haruo

1　分断された記憶

一九八二年以来、「歴史教科書問題」が日中間、日韓間で生じている。とりわけ日中間の歴史教科書問題は一九九〇年代半ば以降、恒常的なものとなり今日に至っている。「教科書の記述に表れる歴史認識をめぐる対立」という図式は日中に特有なものなのか、それとも普遍的なものなのか。筆者が関わる「分断された記憶：歴史教科書とアジアの戦争」プロジェクトの紹介を兼ねてこの問題を考察したい。

このプロジェクトはスタンフォード大学のショーレンスタイン・アジア太平洋研究所が主催するもので、中国、韓国、台湾、日本、米国で最も採択率の高い歴史教科書（高校・大学教養課程程度）を各国から数点ずつ選び、二〇世紀前半の東アジア史の中で論争点の多い八つの事件の叙述を比較検討した。各国の教科書における歴史叙述の相違に発する紛争を、冷静に分析するための基礎資料を提供することが基本目的である。

比較の対象には①南京虐殺事件、②原爆投下、③朝鮮戦争の起源、④真珠湾攻撃、⑤戦時下の強制労働

(「従軍慰安婦」問題を含む)、⑥満洲事変、⑦日本統治下の経済発展、⑧東京裁判(靖國神社との関連を含む)が選ばれた。なお、各国の教科書は米国のものを除き、すべて英訳され、比較はこの訳文に基づいて行われた。そして二〇〇八年二月のスタンフォード大学におけるワークショップを皮切りに、台北、ソウル、シンガポール、上海、京都、東京における類似の会議で討論が重ねられた[★1]。

日中間の歴史認識をめぐる論争がとりあげられる場合、もっぱら日中戦争を中心とする日中二国の間の事件が主となるが、本章では考察の対象を「直接的・間接的な当事者であった二〇世紀前半の東アジアの重大事件」に対する日中二国のみならず、他の当事国まで拡げることにより、歴史教科書に表れる日中の歴史認識の特質を浮き彫りにしたい。ただし、紙幅の制約から取り上げる事件は①、④、⑤、⑥、⑧の五つにとどめる。

まず、各事件の基本事実を確認したうえで、論争点を選び、それらについて各国の教科書が如何なる叙述をしているか比較する。さらに叙述の異同の原因について若干の分析を行う。また、この種の議論において、しばしば耳にする「歴史は鑑・鏡」という言葉に関連づけ、歴史教科書が如何なる意味において「鑑・鏡」たり得るかも併せて考えてみたい。

なお、教科書の引用にあたっては略号を使用したので、章末の「比較に使用した各国の歴史教科書」を参照していただきたい。

2 南京虐殺事件——事例研究1

日中戦争開始後の一九三七年一二月中旬から下旬にかけて、南京陥落の際、日本軍による略奪暴行が横行し、多数の中国軍捕虜と中国人非戦闘員が不法に殺害された。この南京虐殺事件をめぐっては、①犠牲者の数と②事件の性格（計画性の有無）をめぐって激しい論争が続いてきた［★2］。

犠牲者数については中国と台湾の教科書はいずれもが三〇万以上と記している。米国の教科書は、数十万からおよそ三〇万までの間の開きがある。韓国の教科書は正確な数を断定しないが、「数十万の一般人」という表現を用いている。日本の教科書は虐殺が発生したことは明記しているが、犠牲者数については単に「多数の中国人」として数を明記しないもの（JWHとJJHY）と、「二〇万人」と明記するもの（JJHS）に分かれる。

虐殺の性格については、中国の教科書は概して南京事件をホロコーストに比肩すべき蛮行とみなし、日本軍が捕虜と一般市民を計画的に殺害したと主張する。CWH二〇〇二は、南京事件の現場とナチス・ドイツの絶滅収容所の写真を並べて掲げ、日本軍の計画性・残虐性を印象付けている。また、いずれの中国教科書も虐殺事件発生にいたる軍事作戦の経緯、南京陥落の状況を詳細に記し、虐殺場面の描写はグロテスクなほど生々しい。南京事件を扱う箇所の見出しには「天をも恐れぬ日本軍の蛮行」（CWH二〇〇四）のように扇情的な表現が頻出する。一方、台湾、韓国、米国の教科書はある程度の計画性があったことは記しているが、中国の教科書ほど断定的な記述をしていない。さらに日本の教科書はいずれも計画性の有無に触れていない。

南京事件に関する教科書の記述を見ると、中国にとって南京事件は単なる戦時中の一事件ではなく、「抗日戦争の象徴・建国神話の聖域」になっており、批判的研究対象にしてはならない性質のものであると感じられる［★3］。これとは対照的に、日本にとって南京事件は過去の反省材料の一つではあるが、学術研究の対象であり、したがって犠牲者数の不確実な数値は記載できない。

3 真珠湾攻撃——事例研究2

一九四一年一二月八日(日本時間)、日本海軍空母機動部隊のハワイ真珠湾基地攻撃によって、日米戦争の火蓋が切られた。これ以後ヨーロッパの戦争と日中の戦争は一体化し、文字通りの世界大戦となった。論議の的となるのは、①真珠湾攻撃の原因、②日本軍に奇襲を許してしまったことをめぐる米国内における責任論、そして③真珠湾攻撃の総合的な評価、である。

中国の教科書の大半は攻撃について比較的に客観的な叙述をしているが、若干の興味深い分析もある。たとえばCWH二〇〇四は、攻撃は戦術的には成功であったが、戦略的には失敗であったと述べている。ここでは、いわゆる「ルーズヴェルトの陰謀」論が引用される。すなわち、ルーズヴェルト大統領は日本海軍による奇襲攻撃計画を事前に暗号解読によって知りながらも、ヨーロッパの戦争に参戦するため、あえて日本軍に第一撃を米国に加えさせるべく、必要な警報を真珠湾の現地軍首脳に送らせなかったと記す。しかしながら、「裏口からの参戦」とも呼ばれる「ルーズヴェルトの陰謀」論は必ずしも学術的に広く承認されたものではない[★4]。

日本の教科書はすべて、米国による厳しい対日経済制裁が、真珠湾攻撃の直接の引き金であったと記している。JWHは、いわゆる「ABCD包囲陣」(米国、英国、中国、オランダによる対日経済制裁)に言及する。JHSは一九四一年一一月二六日の対日通告(「ハル・ノート」)を戦争回避が不可能になった地点であると述べる。JJHSは註において、日本政府が攻撃前に米国政府に開戦通告を行うことに失敗し、そのため米国に対日参戦と西海岸の日系米国市民を強制収容する根拠を与えてしまったことに触れている。

韓国の教科書は概して真珠湾攻撃には無関心で、KNHは日米戦争が始まった結果、さらに多くの朝鮮人が日本のため戦争に動員されたと書く。

台湾の教科書(TCHOとTTH)は、真珠湾攻撃を、中国の抗日戦争とヨーロッパの戦争を結び付ける契機となったと記している。換言すれば、真珠湾攻撃が主要な連合国の一員としての中国の立場を確実なものにした、との視点である[★5]。

米国の教科書は当然のことながら多くの紙幅を真珠湾攻撃に割いている。米国の教科書はすべて、米国の厳しい対日経済制裁が真珠湾攻撃の直接の引き金であったと記す点で一致している。そして米国にとって史上最悪の軍事的大敗を引き起こした責任がどこにあるか、との論争にむしろ重点が置かれる。AAMとAPは、米国政府が事前に日本の暗号を解読しており、一二月初旬に日本が何らかの行動を起こすことを察知していたと述べる。しかし、具体的に真珠湾が攻撃されることまでは予想できなかった、として「ルーズヴェルトの陰謀」論を否定している。

一般に考えられるイメージとは異なり、このように米国の教科書には真珠湾攻撃を「恥辱の日」「ジャップの卑劣なだまし討ち」と描いて日本を非難する論調は見られない。この点は、南京虐殺事件をめぐる中国教科書の感情的なまでの反日的記述とは対照的である。米国にとって真珠湾攻撃は、史上最悪の軍事的敗北であり、一方、日本にとっては戦術的には勝利だったが、結局は惨憺たる敗戦に至る契機であった。また、アジア太平洋戦争の終結後、今日に至るまで日米両国は半世紀以上におよぶ緊密な同盟関係にある。これらの要素を勘案して日米両国の教科書は真珠湾攻撃を「重要ではあるが、たんなる歴史上の一事件」と、冷静に叙述しているのかもしれない。

また、中国の教科書には真珠湾攻撃を「ルーズヴェルトの陰謀」で説明するような、後述する「田中上奏文」同様に、安易な陰謀論に流れる傾向が見られる。

4　戦時下の強制労働（「従軍慰安婦」問題を含む）——事例研究3

日中戦争からアジア太平洋戦争にかけ、日本支配下の地域では多くの非日本人が労働力として動員された。当時は日本帝国臣民であった朝鮮人と台湾人の他、中国人、英・米・豪など連合軍の捕虜、華僑、マレー人、インド人、インドネシア人、フィリピン人など占領地の住民である。彼らは日本の労働力不足を補うため、日本内地や占領地の各地域、さらには最前線で工場労働、輸送業務や建築作業に従事させられた。厳しい気候、食糧や医薬品の極端な不足といった劣悪な労働条件の下で酷使され、多くの犠牲者を出した［★6］。とりわけ悪名高かったのが日本内地や満洲の鉱山における中国人の強制労働、大量の連合軍捕虜を投入してタイ・ビルマ間の密林地帯に突貫工事で建設した泰緬鉄道、そして特殊なものとして「従軍慰安婦」があげられる。中でも日本軍兵士の性的欲求を処理するために設けられたと言われる「従軍慰安婦」制度は、女性に対するきわめて悪質な人権侵害として近年糾弾されることが多い［★7］。

ここで論点となるのは、①これらの人々が合法的手続きで徴募され、戦時下としては許容範囲内の待遇を受けていたのか、それとも暴力的に徴募され徹底的に搾取されたのか、②犠牲者数はどれくらいか、③戦後六〇年以上を経た現在、日本政府にはどのような責任があるのか、といった諸点である。

中国の歴史教科書（CHO）は、単に日本軍国主義が中国を暴力的に搾取したと記すのみであり、「従軍慰安婦」への言及はない。

日本の教科書はすべて「大東亜共栄圏」の輝しい建前と、日本軍占領下地域の苛酷な実態の間の落差に言及し、戦争が激化し、日本の人的物的資源が不足してくると、日本政府が植民地と占領地の住民の一部を強制的に移動させて、日本本土や占領地各地の鉱山、工場、港湾などで労働に従事させたことを記している。JJHYは註で「従軍慰安婦」に触れ、その多くが中国、朝鮮半島とフィリピンで集められたと記す。JJHSは、多くの朝鮮人女性が「挺身隊」として日本内地の工場に送られ、また前線に「従軍慰安婦」として送られたと記述している[★8]。しかし、日本の教科書はどれも日本の戦争に動員された非日本人の具体的数値はあげていない。

当然のことながら、この問題では韓国の教科書がもっとも詳細である。KNHによれば、労働者は強制によって徴募された。KCHは、同一労働に対して朝鮮人労働者は日本人労働者の半分の賃金しか与えられなかったと記す。KCHはまた、数十万人単位で朝鮮人女性が動員され、さらにはその中の多くが意志に反して「従軍慰安婦」にさせられたと書いている。KCHはさらに独立した註において、元「従軍慰安婦」の韓国人老婦人たちがソウルの日本大使館前で毎週のように抗議行動をする模様を叙述している。

台湾の教科書(TCHN)は、単に戦時下の台湾では多くの台湾人が戦争のために動員されたと記し、韓国や中国の教科書のような道徳的断罪は行っていない。具体的数値としては日本の統計を引用して、約二〇万の台湾人が動員され、うち三万人が死亡したとしている。ただし、この数値は軍人・軍属のみの数値であると思われる。

米国の教科書(AWC)は日本が朝鮮半島において併合以来同化政策を推進し、戦時下には朝鮮半島の人的物的資源を搾取した、と述べているが、「従軍慰安婦」問題にはまったく触れない。

意外なことであるが、強制労働の問題については中国の教科書はおしなべて無関心な傾向があり、南京虐殺事件の記述をめぐる論調とは大幅な違いがある。台湾の教科書の記述が、道徳的な評価よりもデータに基づく客観性をめざしているのは、ここ十数年、台湾が自らの歴史を構築しようとしていることと関係があるのかもしれない（二七一頁参照）。

5　満洲事変——事例研究4

満洲事変に関する記述では、①事件の性格と②それを裏付ける証拠に焦点がある。中国の教科書はいずれも満洲事変は日本の長期的な中国征服計画の一環であったとする点で一致する。台湾と米国の教科書は日本の長期的計画には触れず、満洲における日本の行動が武力による現状変更であったと述べるにとどまっている。韓国の教科書にはとりたてて特徴ある叙述は見られない。日本の教科書は、満洲事変は一九二九年に始まった世界大恐慌以降の経済危機の中で、各国が行った自給自足的経済圏建設の流れの中で関東軍が起こした事件であると記している。

ところで、中国の教科書が上述のような歴史解釈をおこなう際に典拠史料としてしばしば引用するのが「田中上奏文」である。これに対し、日本を含む各国の教科書は、田中義一内閣の対中強硬政策および満洲に対する関東軍の野心には言及するが、「田中上奏文」には触れていない。これは「田中上奏文」が実証史学的見地からは存在が否定されているためである［★9］。また、常識的に考えても明治憲法体制が制度疲労を起こして、頻繁に内閣が交替し、強力かつ一元的な政治的リーダーシップに欠ける一九三〇年代の日本が、「田中上奏文」に見られるような一貫性のある遠大な計画を推進することは不可能であった。

にもかかわらず「田中上奏文」が中国の教科書では、いまだに典拠として使用されているのはなぜなのか。①日本の侵略性を強調できる材料は真贋に関係なく使用するという政策的意図、あるいは②史料批判に基づく実証史学研究の水準の低さ、のいずれかが考えられるが、おそらく前者であろう。

中国における「田中上奏文」の扱いについては、近年ではこれを存在しなかったと考える研究者も現われている。しかし、これが徹底しないのは、一九三〇年代以降の現実の日本の対中政策が多分に「田中上奏文」を想起させるものであったこと、および「田中上奏文」の存在を前提に作り上げた中国教科書の日中戦争観を急速に変更することの難しさがあるためであろう[★10]。この現象には帝政ロシア末期におけるポグロム(ユダヤ人迫害)の根拠となった『シオンの長老の議定書』や、ナチス・ドイツによるユダヤ人迫害の理論的支柱となったA・ローゼンベルクの『二〇世紀の神話』のように、いったん流布した陰謀論が容易には消滅しないことと共通性があると言えよう。

6　東京裁判(および靖國神社)――事例研究5

アジア太平洋戦争の終結後、ポツダム宣言に基づいて連合軍占領下の日本において戦時指導者達が裁かれた。極東国際軍事法廷、いわゆる「東京裁判」である。最終的に六名の軍人と一名の文官が絞首刑となり、数十名が無期・有期の禁固刑に処されたが、この裁判の合法性・正当性と意義についてはこれまで幾多の論争がおこなわれてきた[★11]。

中国の教科書はすべて、被告の人選と判決が不適切であったと指摘する。CWH二〇〇二は米国政府の戦争犯罪人認定の恣意性を批判する。日本の教科書は、東京裁判は敗戦国として受け入れざるを得なかったとの論調で露骨な対米批判は行なっていない。韓国と台湾の教科書は単に戦後処理の一環として「ニュルンベルクと東京で日独の戦時指導者達が裁かれた」とのみ記している。米国の教科書はニュルンベルク裁判の付け足し程度に扱うか(AWH)、米国の対日占領政策の一環であった(APとAM)と説明する。

靖國神社問題との関連では、中国の教科書（CWH二〇〇四）は、後にA級戦犯が合祀され、日本の政治家が靖國神社に参拝することは日本が戦争を反省していない証拠であると批判的である。一方、日本の教科書は東京裁判と靖國神社の関連には触れていない。

明確な戦勝の実感がないまま戦勝国となった中国にとって、東京裁判は日本の中国に対する長年の侵略行為を裁くものとしては不十分に映った。この不満が靖國神社批判に形を変えて噴出しているのではないか。東京裁判と靖國神社を結びつけて米国と日本を批判する中国教科書の論調には、以上のような背景があるように思われる。しかし、靖國神社に対して日本国内にも賛否両論の多様な見解が存在することを、中国が理解しているとは思えない［★12］。

7　教科書の叙述の背後にあるもの

二〇世紀前半の東アジアの歴史をめぐる五カ国の歴史教科書の叙述は、さまざまな違いを示している。日本の教科書は「南京虐殺」や「原爆投下」のような論争点の多い事件については要約的かつ中立的な表現を使用している。「原爆投下」や「シベリア抑留」のように明らかに日本が被害者の立場であった事件についても、日本の教科書はこの姿勢を堅持し、道徳的な価値判断を行わない。この背景には以下のような事情があると推測される。

第一には、侵略的な戦争を行ない敗北した国家は歴史認識については低姿勢でいなければならない、という国民心理である。この心理は①一九四五年から一九五一年に米国を中心とする連合軍が日本を占領統治していた期間に、学校教育やメディアの操作を通じて政策的に行なわれたいわゆる「東京裁判史観」の徹底、

②アジア太平洋戦争中とりわけ戦争末期に日本人自身が体験した戦争の惨禍の記憶、③中国戦線に従軍していた帰還兵たちが持った中国人民に対する罪悪感、④戦後六〇年以上続いた、小中高校における、いわゆる「平和教育」の結果であろう。

第二に、日本社会においては「学問研究の自由」が保証されているということである。戦前戦中に皇国史観の専横を経験した戦後日本は、民主的な先進国間でも稀に見る「言論の自由」が確立された社会となった。国公立大学において「反政府的」な内容の研究発表が可能なほど、戦後日本における「学問研究の自由」は徹底している。したがって、実証史学の観点からであれ、イデオロギー的な観点からであれ、同一の研究対象について多様な研究結果や評価が現われることは当然である。たとえば、事例に挙げた南京虐殺事件の犠牲者数と性質では、いわゆる「大虐殺派」、「中間派」、「まぼろし派」の間には顕著な差異がある[★13]。

逆説的に聞こえるが、このような「言論の自由」「学問研究の自由」が保証されている社会ほど歴史教科書を作ることは難しい。特に現実の政治や外交と直結しかねない近い過去の歴史的事件については、教科書の記述に慎重さが求められる。検定者が特定の学派を支持または排除することによって政府や特定の政治勢力に都合の良い歴史観を青少年に注入しようとしている、とのメディアや世論からの非難を避けるためには、教科書はいきおい中立的、要約的にならざるを得ない。日本の教科書の記述が「無味乾燥な年表」のようになるのはこのためであろう。

この日本の教科書の対極にあるのが中国と韓国の教科書である。記述は明快で叙述としての線が太く、ディテールの描写のための紙幅も十分にとってあり、読み物としてはたいへん魅力的である。国民国家建設の過程において強調される、いわゆる「大きな物語」の輪郭が鮮明かつ強烈なのである。しかしながら、もし歴史教科書というものが高度の学問的精確さと、一定の中立性を求められるものであるならば、中国や韓国の歴史教科書には問題が多いと言わざるをえない。このような教科書の作成が国定または準国定によって行なわれている点は、これらの国々において、歴史教育が国策の一環として行なわれていることを示している。それでは、なぜ「国策として」歴史教育が使われるのか[★14]。

今となっては不思議でさえあるが、一九八〇年代初頭まで日中間で歴史認識紛争は顕在化しなかった。これには以下の理由が考えられる。①一九七八年の改革開放路線の開始まで日中間に本格的な交流がなかったため、日中戦争の記憶が双方で凍結されていた。②当時の日中関係においては、中国は外資および技術導入で日本との協調的関係を求めていたため、両国関係を悪化させる危険のある問題は持ち出さなかった。たとえば一九七二年の日中国交回復にあたって中国政府は「一部の軍国主義者と日本人民一般を区別する」という論法で中国国内に潜在的にあった反日感情を抑えた。③軍閥混戦、日中戦争、国共内戦、朝鮮戦争、大躍進、文化大革命などの激動を体験してきた中国指導者の政治的な現実主義があった。一九六〇年代初めに訪中した日本の議員団の謝罪に対する毛沢東の有名な発言「日本軍国主義のお陰で(国民党が弱体化したので)共産党が政権を獲得できた」は、その典型である。

しかし、一九八二年の教科書紛争以降、日中間では歴史認識紛争が頻発し、とりわけ一九九〇年代半ばからこの問題は恒常化してしまった。これには以下のような理由が考えられる。①現実主義的な中国指導者の死去と引退。②本格的な日中交流の開始による凍結されていた記憶の溶解。③それを助長するものとしてのマス・メディア、特にインターネットを通した「大衆世論」の発達。④第二次天安門事件(一九八九年)以降の統治体制引き締め政策の一環としての、中国政府による「愛国主義教育」の採用。その過程では抗日戦の記憶が愛国心の高揚に利用された。

さらに付け加えると、歴史教科書をめぐる紛争には「弱者による言葉の戦争」という側面がある。たとえば韓国の政府系財団である北東アジア歴史財団は、領土をめぐる歴史認識で中国に対しては高句麗問題で、日本に対しては竹島・独島問題で抗議を行なうことを主目的としている。しかし同財団のホームページや出版物に見られる歴史認識は一方的で問題が少なくなく、同種の傾向は韓国の歴史教科書にも見られる[★15]。

韓国という、中国・日本に対する相対的な小国が、自国の権利を主張するために歴史教科書を通じた歴史認識を戦略的に動員することは、ある程度理解できる。しかし現在の東アジア、否、世界的規模で「大国」としての地位を固めつつある中国が、自国に較べれば面積・人口・経済規模において中小国に過ぎない日韓などの隣接諸国に対する、歴史認識を武器とした「言葉の戦争」を続けることの意味と目的はどこにあるのか。あるいは中国では、周辺諸国を自国と同格に認めない「中華思想」に基づく旧弊な東アジア国際社会観が復活しつつあるのであろうか[★16]。

一方、中国とは対照的に台湾の歴史教科書における日中戦争の扱いは意外なほどに淡白であった。これは現在の台湾の歴史学と歴史教育における喫緊の課題が「台湾史」の確立であり、そのために検討の対象とすべき歴史的事件が日中戦争のみならず、日清戦争、日本の植民地統治、「光復」、国共内戦、「二二八事件」、戒厳令下の国民党政権による白色テロ、冷戦下の対米関係など多岐にわたり、関心が日中関係にのみに集中しないためと考えられる。台湾の歴史教科書は過去一〇年の間に大きな改訂を三度経ており、それは「中国史の中の台湾」「台湾史の中の中国」「台湾史と中国史の共存」という歴史教育に対する台湾社会の意識の変化に対応しているといえよう[★17]。

米国の教科書に事件との距離感が見られるのは、東アジアの諸問題については第三者であったことと、戦勝国としての余裕、また歴史を知的娯楽と考える風土があずかっているのかもしれない。

「歴史は鑑」と言う場合、「鑑」という語が選ばれていることからも、それは道徳的・価値判断的な含みをもっている。「亀鑑」という言葉に見るように、「鑑」とはそれを見て自らを正す対象、正しい基準である。人類が過去の歴史的な過ちから教訓を引き出し、それらの教訓を現在および未来に向かって役立てることは必要である。しかし、何らかの意図を背後に持つ特定の歴史観のみを正統とし、他の歴史観を封殺する目的をもって「歴史は鑑」を使用することは学術研究への冒瀆であり、成熟した先進国社会では当然のことである「政・学分離」が確立されていない証拠である。

「歴史は鑑・鏡」という安易な言いまわしを濫用することは避けたいが、「分断された記憶」プロジェクトを通じて改めて確認したことは「歴史教科書は鏡」ということである。「鑑」ならぬ「鏡」は、その前にあるものをあるがままに映し出す。歴史教科書の記述は、その教科書を作った国家や社会の歴史観、歴史研究の自由度、政治と学問研究の関係、対外関係、人々の歴史意識の温度差などを示すバロメーターである。その意味で「歴史教科書は鏡」なのである。

註

★1――本プロジェクトの概要についてはダン・スナイダーとマーク・ピーティー「分断された記憶と和解」特集〈日中戦争をめぐる歴史認識〉『軍事史学』四五巻四号、二〇一〇年三月、四－一三頁を参照。

★2――南京虐殺をめぐる近年の論争の概要については秦郁彦『南京事件　増補版』二〇〇七年、二四七－三二一頁が詳しい。北村稔『「南京事件」の探究　その実像を求めて』二〇〇一年、ジョシュア・A・フォーゲル『歴史学の中の南京大虐殺』二〇〇〇年、もそれぞれ異なる視角からこの論争を分析している。虐殺事件の発生そのものが実証史学的に否定しがたいことは、最近の原剛「いわゆる『南京事件』における不法殺害」軍事史学会編『日中戦争再論』二〇〇八年、一三九－一五五頁にも明らかである。

★3――マーク・ピーティー「中国の歴史教科書の特徴と問題点」特集〈日中戦争をめぐる歴史認識〉『軍事史学』四五巻四号、一四-二二頁。アレン・S・ホワイティング（岡部達味訳）『中国人の日本観』二〇〇〇年、六五-一〇三頁。

★4――「ルーズヴェルトの陰謀」論については、秦郁彦『検証　真珠湾の謎と真実』二〇〇一年、須藤真志『真珠湾「奇襲」論争』二〇〇四年を参照。

★5――日米開戦にはある程度、蒋介石のイニシアチブが働いていた、との国民党史観の視点が含まれているように思われる。

★6――マーク・ピーティー『植民地――帝国五〇年の興亡』一九九五年、木畑洋一、小菅信子、フィリップ・トウル編『戦争の記憶と捕虜問題』二〇〇三年を参照。

★7――「従軍慰安婦」問題については秦郁彦『慰安婦と戦場の性』一九九九年がもっともバランスのとれた分析である。現代の日韓両国における政治問題としての「従軍慰安婦」については大沼保昭『「慰安婦」問題とは何だったのか』二〇〇七年を参照。

★8――「ていしんたい」とは本来は偵察などの特殊任務を遂行する「挺進隊」であったが、「身を挺して国難にあたる」ことが強調された結果、戦時中は「挺進」に代わって「挺身」の語が使われる傾向にあった。韓国においては「挺身」の「身体を捧げる」という意味が「肉体を以て性的奉仕をする」と誤読されている可能性がある。漢字文化圏に属しながら、同一の漢字が異なる意味を持つことから生じる誤解については、日中間でもしばしば生じる。例えば「愛人」「手紙」は中国語ではそれぞれ「妻」「トイレットペーパー」であるが、日本語では「（不倫相手としての）恋人」「書翰」を意味する。

★9――この問題に関しては服部龍二『日中歴史認識――「田中上奏文」をめぐる相剋　一九二七-二〇一〇』二〇一〇年がもっとも詳細な論考である。

★10――最近の日中歴史共同研究においても、中国側は「田中上奏文」の真贋について曖昧な姿勢を維持している。服部龍二『日中歴史認識――「田中上奏文」をめぐる相剋　一九二七-二〇一〇』二九九-三〇二頁。

★11――日暮吉伸『東京裁判』二〇〇八年、二九-四〇頁、保坂正康『東京裁判の教訓』二〇〇八年。

★12――小島敦彦『靖国史観』二〇〇七年によれば、歴史的経緯の視点から見ると現行の靖國論争は一面的に過ぎ、非常に的外れなものである。また、原理主義的ではなく外交政策の視点から、この問題に現実的な対応をするべきであるとの意見もある。たとえば岡崎久彦『国家戦略としての靖国問題』二〇〇五年を参照。

★13—秦郁彦『南京事件　増補版』二〇〇七年、一八四－二一五頁。

★14—西村克人『日本は中国でどう教えられているか』二〇〇七年、二九－四四頁。この点に関連して、教科書の内容の相互確認と訂正によって、歴史認識をめぐる紛争を回避しようとする動きは既に、戦間期に国際連盟の主導である程度行われていた。篠原初枝『国際連盟』二〇一〇年、一二九－一三〇、二二九－二三〇頁。また、第二次世界大戦後ではフランスとドイツの間での同様の試みが有名である。剣持久木、西山昭義「歴史認識教育の可能性　仏独共通歴史教科書の実験」『歴史学研究』第八四〇号、二〇〇八年五月を参照。

★15—最近では、韓国内部においても自国教科書の傾向に対する批判的見解が現れるようになってきている。たとえば、李榮薫『大韓民国の物語　韓国の「国史」教科書を書き換えよ』二〇〇九年。

★16—この問題については横山宏章『中華思想と現代中国』二〇〇二年を参照。

★17—台湾における日中戦争と太平洋戦争をめぐる歴史認識の複雑さについては以下を参照。浅野豊美「台湾の日本時代をめぐる歴史認識」劉傑、三谷博、楊大慶編『国境を越える歴史認識――日中対話の試み』二〇〇六年、二五三－二八六頁、藍適齊「自己の不在　台湾における『大東亜戦争』の記憶一九四三－一九五三」特集〈日中戦争をめぐる歴史認識〉『軍事史学』第四五巻四号、二〇一〇年三月、四六－六四頁。この背景にある「台湾ナショナリズム」の動向については若林正丈「中華世界の中の台湾　地域的政治主体の台頭」特集〈中国　歴史と現在〉『大航海』第六六号、二〇〇八年四月、一九六－二〇四頁を参照。

参考文献

比較に使用した各国の歴史教科書［内は略号］

教科書の翻訳の使用を認めてくださったスタンフォード大学アジア太平洋研究所に謝意を表します

✣ 中国

『世界近代現代史』二〇〇二年〔CWH二〇〇二〕
『中国近代現代史』二〇〇四年〔CWH二〇〇四〕
『歴史』二〇〇五年〔CHO〕

✤ 日本

『山川詳説世界史B』二〇〇二年〔JWH〕
『山川詳説日本史B』二〇〇二年〔JJHY〕
『東京書籍日本史B』二〇〇三年〔JHS〕

✤ 韓国

『世界史』二〇〇二年〔KWH〕
『韓国国史』二〇〇二年〔NH〕
『韓国現代史』二〇〇三年〔KCH〕

✤ 台湾

『台湾文化』二〇〇〇年〔TTH〕
『世界文化』(旧版)二〇〇三年〔TWH〕
『歴史』(旧版)二〇〇六年〔TCHO〕
『歴史』(新版)二〇〇七年〔TCHN〕

✤ 米国

World Civilizations: The Global Experience, 2001.〔AWC〕
The American Pageant, 2002.〔AP〕
World History: Connections to Today, 2005.〔AM〕

The Americans: Reconstruction to the 21st Century, 2006.［AAM］
浅野豊美「台湾の日本時代をめぐる歴史認識」劉傑、三谷博、楊大慶編『国境を越える歴史認識——日中対話の試み』東京大学出版会、二〇〇六年、二五三―二八六頁
浦野起央『日中韓の歴史認識』南窓社、二〇〇二年
王雪萍「時代とともに変化してきた抗日戦争像　一九四九―二〇〇五」特集〈日中戦争をめぐる歴史認識〉『軍事史学』第四五巻四号、二〇一〇年三月、二三―四五頁
大沼保昭『慰安婦問題とは何だったのか』中央公論社、二〇〇七年
岡崎久彦『国家戦略としての靖国問題』ＰＨＰ研究所、二〇〇五年
小菅信子『戦後和解——日本は〈過去〉から解き放たれるか』岩波書店、二〇〇五年
北村稔『「南京事件」の探究　その実像を求めて』文藝春秋、二〇〇一年
木畑洋一、小菅信子、フィリップ・トウル編『戦争の記憶と捕虜問題』東京大学出版会、二〇〇三年
剣持久木、西山昭義「歴史認識教育の可能性——仏独共通歴史教科書の実験」『歴史学研究』第八四〇号、二〇〇八年五月
小島敦彦『靖国史観』筑摩書房、二〇〇七年
斎藤道夫『原爆神話の五〇年』中央公論社、一九九五年
篠原初枝『国際連盟』中央公論新社、二〇一〇年
須藤真志『真珠湾「奇襲」論争』講談社、二〇〇四年
スナイダー、ダン、マーク・ピーティー「分断された記憶と和解」特集〈日中戦争をめぐる歴史認識〉『軍事史学』四五巻四号、二〇一〇年三月、四―一三頁
西村克人『日本は中国でどう教えられているか』平凡社、二〇〇七年
秦郁彦『慰安婦と戦場の性』新潮社、一九九九年
——『検証　真珠湾の謎と真実』ＰＨＰ研究所、二〇〇一年
——『歪められる日本近代史』ＰＨＰ研究所、二〇〇六年

――『南京事件　増補版』中央公論社、二〇〇七年
服部龍二『日中歴史認識――「田中上奏文」をめぐる相剋　一九二七－二〇一〇』東京大学出版会、二〇一〇年
原剛「南京事件における不法殺害」軍事史学会編『日中戦争再論』錦正社、二〇〇八年、一三九－一五五頁
日暮吉伸『東京裁判』講談社、二〇〇八年
ピーティー、マーク（浅野豊美訳）『植民地――帝国五〇年の興亡』読売新聞社、一九九五年
――「中国の歴史教科書の特徴と問題点」特集〈日中戦争をめぐる歴史認識〉『軍事史学』四五巻四号、二〇一〇年三月、一四－二二頁
フォーゲル、ジョシュア・A（岡田良之助訳）『歴史学の中の南京大虐殺』柏書房、二〇〇〇年
保坂正康『東京裁判の教訓』朝日新聞出版、二〇〇八年
ホワイティング、アレン・S（岡部達味訳）『中国人の日本観』岩波書店、二〇〇〇年
丸川哲史『日中一〇〇年史――ふたつの近代を問い直す』光文社、二〇〇六年
毛里和子『日中関係――戦後から新時代へ』岩波書店、二〇〇七年
横山宏章『中華思想と現代中国』集英社、二〇〇二年
藍適齊「自己の不在　台湾における『大東亜戦争』の記憶一九四三－一九五三」特集〈日中戦争をめぐる歴史認識〉『軍事史学』第四五巻四号、二〇一〇年三月、四六－六四頁
李榮薫『大韓民国の物語――韓国の「国史」教科書を書き換えよ』文藝春秋、二〇〇九年
劉傑、三谷博、楊大慶編『国境を越える歴史認識――日中対話の試み』東京大学出版会、二〇〇六年
劉傑、川島真編『一九四五年の歴史認識〈終戦〉をめぐる日中対話の試み』東京大学出版会、二〇〇九年
若林正丈「中華世界の中の台湾――地域的政治主体の台頭」特集〈中国　歴史と現在〉『大航海』第六六号、二〇〇八年四月、一九六－二〇四頁

第13章 「中国の台頭」と国際秩序

浅野亮 *ASANO Ryo*

本章では、二一世紀初頭における「中国の台頭」と国際秩序の変容のダイナミズムについて、またその議論の中で日中関係につき、初歩的な議論を試みる。

1 「中国の台頭」への分析視座

二一世紀の初頭、「中国の台頭」に伴う国際秩序の変化が大きな関心を呼んできた。「中国の台頭」とは、簡潔にいえば、中国の国際的役割の増大を指す。

図式的にいえば、これまで「中国の台頭」をめぐる議論では、中国が既存の国際秩序にどのように適応していくか、既存の規則を受容していくか、が問題であった。二〇〇五年に発表されたゼーリック（当時、米国務副長官）の「責任ある利害共有者」（responsible stakeholder）論[★1]は、米国主導の国際秩序を中国が認めることを前提としていた。中国はあくまで受け身の存在と見なされていた。

しかし、台頭が続くうちに、中国はもはや受け身ではなく、自らの役割を強く自覚し、新たな国際秩序を主導的に構築していく方向に大きく変化してきた。関係国の間でも、主体的、能動的に動く中国がどのような役割を果たすのか、という基本的な疑問が、数ある議論の単なる一つから議論の焦点に変化した。日本でも、「中国の台頭」は大きな関心の的であり、二〇〇〇年代初期に盛んとなった「東アジア共同体」論の主要な関心は、東アジア統合の制度形成よりも、日中間の協調的関係の確立にあった。この議論と連動して、中国はどのような新しい国際秩序を構想し、形成していくのかという問題意識が徐々に、しかし本格的に形成された。

このような問題意識形成の主な背景として、日中間で、中国のGDP総額が近く確実に日本を超えるとの認識が広まったこと、さらに重要なことは、グローバルに、二〇〇八年の金融危機以後、G20が象徴するように、中国を含む「新興国」の急速な台頭があったことが指摘できる。

二一世紀初頭の議論では、国際秩序の変容プロセスで、中国は対立と協調、競争と協力、接近と離反、調和と葛藤といった二つの対極の間で、どのような進路をとっていくのかという枠組みで分析を進める事が多かった。二つの極端を想定する場合、対外政策や安全保障政策では、ほとんど例外なく最悪のシナリオを想定する。しかし、最悪シナリオの想定に基づく議論は、しばしばそれが将来最も起こりうるのだと誤解され、将来予測や政策実施に影響を与えることがある。日本では、最悪のシナリオをほとんど想定しない議論か、逆に最悪のケースがすぐに実際に起こってしまうと考える傾向があったと言っても否定できないであろう。

二〇〇〇年代の初めから中頃にかけて日中間の「ウイン-ウイン」、つまり一方の勝利や発展が他方の敗北や後退を意味しないとする枠組みが、日中双方で強調されたこともあった。その一方で、日中が必ず正面衝突すると信じる人々も少なくはなかった。おおむね安定している日中関係だが、「中国の台頭」による国際秩序、日本にとっては東アジア秩序の変容という将来イメージは、不安や懸念を基調とする不確実性を増幅することはあっても、解決も緩和もしてこなかった。

日本の研究者の間では、このような不確実な「台頭する中国」の行動や態度に関する分析が意欲的に進められた。分析の顕著な傾向として、これまでは別々に行われがちであった、地域研究と理論研究の間で交流や融合の増大があった。ここでは、スペースの関係から、理論研究の観点からのみ議論を進める。

理論研究では、特に概念レンズとしてのリアリズムとコンストラクティヴィズムの組み合わせがまず注目された[★2]。この組み合わせは、中国の協調的な態度だけでなく、対立的な態度も含めて包括的に分析する枠組みから出発して、中国の将来を確実に見通そうとした。また、中国の行動や態度をリアリズムに基づくものとする見方からは、攻撃的リアリズムと防御的リアリズムの対比という枠組みで議論を進める傾向が強かった。さらには、この二つの対極の間にどのような選択肢があるのか、という精緻化が試みられた。日本におけるこの精緻化のプロセスでは、シュエーラー（Schweller, 1999）の議論が特に参考になったようである。

一方、国際関係論の重要な分野の一つである政策決定理論から見れば、分析上の問題はさらに大きかった。組織政治や官僚政治の要因は、中国政治の個々の事件や事例ではしばしば言及されたものの、「中国の台頭」というテーマの研究では、合理性の仮説、つまり中国が一つにまとまった単体で、完全情報、完全合理性を備えているという暗黙の仮定を持つ分析が多く、中国の対外政策には必ずしも合理性や一貫性がないとする主張は受け入れられないことも少なくなかった。たとえば、中国の軍事力の近代化、エネルギー政策や海洋政策などは、中国が大きな枠組みに基づき一貫して追求してきたはずだという意見が多数を占めたこともあった。これは、不安にかられた人々が、手持ちの不十分な情報で相手の行動を予測しようとするとき、しばしば見られる傾向で、国や時期を問わない。

総じて、中国の国内政治が対外政策に与える影響は、これも個々の事例では考慮されたものの、総合的な分析の枠組みではそれほど重視されなかった。しかし、グローバル化の進展による、国内政策と対外政策の連動と融合が理論面から重視されるにつれて、その枠組みが中国政治の分析にも徐々に応用されるようになった。

国際関係の理論だけでなく、中国近現代史を中心とする歴史分析の立場からの現代中国政治の分析も進められてきた。確かに、「中国の台頭」は二一世紀に入ってからのものではなく、二〇世紀末から連続する現象であった。このアプローチは、「中国の台頭」をめぐる議論に、行く先のないパワーポリティクスではなく、断絶よりも連続性をまず認めての変化を強調する枠組みを導入した。たとえば、国民党（中華民国）と共産党（中華人民共和国）では、両者の違いよりも、中国の近代化プロセスにおける役割の違い、そして違いや断絶よりも類似点や連続性に目が向くようになった。このアプローチには、二一世紀と二〇世紀（それ以前も含む）を連結する包括的な枠組みといえるが、本質的であるとはいえないとしても、時として、歴史の方向性を内包するものであった[★3]。

この歴史の方向性という見方は現実政治と無縁ではなかった。二〇〇七年の第一七回党大会の胡錦濤演説でもたびたび言及された「中華民族の偉大な復興」には、「中国の台頭」にはほとんどない、歴史が進む方向を示す含意がある。しかし、それは「中国の台頭」を歴史的に必然の流れの結果として正当化する物語も提供した。

「中国の台頭」に伴って、日本だけでなく中国においても、中国近現代史の捉え方が変化してきた。図式的にいえば、物語の力点は革命や階級から国家と文明へ、またアイデンティティも、不当な圧迫を受ける弱者、被抑圧者から古い文明と歴史を持つ輝かしい世界の中心へと変化した。すでに世界の中心になったというのでなければ、手が届くようなごく近い将来に実現可能であると考える人々が増加した。「革命史観」から「中国の台頭」または「中華民族の偉大な復興」史観への移行である。ここでは、どちらが正しい史観であるのかは問題としない。英国の現代史家、E・H・カーの『歴史とは何か』を読んだことがあるなら、どちらが客観的に正しいかを決めることはできないと考えられるであろう。

カーの議論を敷衍すれば、「革命史観」からの脱却の次は、「中国の台頭」史観からの脱却が必要であるといえるかもしれないが、二一世紀の初頭には、「中国の台頭」が支配的なイメージとなって、脱却のための必要条件が備わりつつあると考えられないこともない。少なくとも、中国側の自信の増大に伴い、善玉悪玉論に基づく史観への見直しが大きく進むようになったことも否定できない。ただ、「中国の台頭」が善玉悪玉論の史観を乗り越える保証はない。

日中関係史に対する考えも変化してきた。たとえば、日清戦争(一八九四―九五年)も、弱い清を強く侵略的な日本が一方的に攻撃したという捉え方から、強大な軍事力を持ち東アジアの超大国であった清に対して、弱小な日本が軍事力を充実させ、朝鮮半島や中国東北部に対するロシアの態度も考え、日本の国内政治も大きく絡みながら、戦争に突入する結果となったという理解に変化してきたようである。これには、学術的議論が政治に強く束縛されなくなったこともあるが、台頭に伴う自信の増大とも無縁ではないであろう。しかし、一方では、日清戦争のナショナリズムのシンボルとしての性格がさらに強まり、「中国の台頭」プロセスの中で、いかに日本を乗り越えるべきかという議論も同時に出現してきた。

また、中国がアプリオリに存在するという歴史イメージに対抗して、ホブズボウムやアンダーソンなど、歴史理論や人類学理論を援用して、作られたイメージとしての中国という側面を議論する事も若干ではあるが、目立つようになった。

2　アジア秩序の変容と中国の役割

二〇〇〇年代の中頃まで、中国は基本的に現状維持的であると考える人々は少なくなかった[★4]。しかし、二〇〇九年の国慶節における軍事パレードが軍事力を誇示した後では、中国が現状変更を目指し始めたとは言えないまでも、その国際的役割が変化したという分析が有力となった。

二〇〇九年半ばの時点で、米国は中国とは交渉によってアジアの秩序が当面は維持できると見ていたようである。二〇〇九年九月のスタインバーグ（当時、米国務副長官）による「戦略的再保証」(strategic reassurance)論をめぐり、米中関係の進展が日韓など伝統的な同盟国の利益を損なわないよう「保証」する点に注目が集まった[★5]。しかし、中国に対して既存の秩序の枠内で行動するよう促した点もあることを忘れてはならない。この意味で、「戦略的再保証」は、二〇〇五年の「責任ある利害共有者」論と連続し、その延長線上にあった。しかし、ステークホルダー論と決定的に異なるのは、伝統的同盟国に対して「中国の台頭」を現実として受け入れるよう求めた点であろう。

このような考えの背景には、アジア秩序維持における米国の役割の変化があった。つまり、かつての卓越したヘゲモニー国家からバランサーへの役割変化である(Feigenbaum & Manning, November 2009)。この観点からは、日米中の間のバランス維持では、CSISのグリーンも言及したように、米中や日中の急速な接近は、両方とも米とアジアの利益にならないということになった(Green, October 2009)。二〇〇九年九月に成立した鳩山・民主党政権による東アジア共同体構想が米国で問題になった背景には、米国の対中交渉力やアジアにおける役割の低下への警戒があった。

なお、ファイゲンバウムとマニングは、アジアにおける米のプレゼンス維持を前提として米抜きの多国間制度を容認し、地政学的対立を棚上げして協力を進め、中国にグローバル・イシューで国際的な貢献に向かわせることを主張した（Feigenbaum & Manning, November 2009）。これは中国への譲歩というよりも、進行するアジア経済の一体化プロセスに対して米国が積極的に関与する姿勢に転換したと考えるべきであろう。米国政府は環太平洋パートナーシップ協定（TPP）参加を表明し、日本にも参加を促したように、多国間枠組みを使って米国のプレゼンス保持に努めている。一一月一五－一八日のオバマ米大統領訪中時に実現した、米中の気候変動分野の協力は、このような状況において米中協力が現実化した事例である。

ただ、二〇〇九年に一部で報道されたような、アフガニスタンをめぐる米中協力はすぐには実現しなかった（王緝思、二〇〇九）。しかし、二〇〇九年の後半、中国国内のブログでは、中国のアフガニスタン派兵の是非が公然と議論されていた。その中では、主に米中関係で中国が有利となるかどうかが議論の中心となっていたように、多くの対外政策の焦点は米中関係にあった。

中国では、二〇〇八年の金融危機以後、米国や先進国の国際的役割が低下し、新興国家の役割が増大したと見ていた。そして、相対的な国力の分布の変動によって、国際的な規則やメカニズムが調整、再編成されてきたと見なし、中国でリベラリストとして知られている蔡拓（中国政法大学教授）も、中国は国際秩序の建設者（塑造者）となることを高い目標とし、現実にはバランサー（平衡者）となるべきであると主張した（蔡拓、二〇〇九）。現在は、新旧レジームが混在し変化が続く「多極併存」の時期（中国語では「多層次併存、功能性細分的時期」）であると見ていた（『環球時報』二〇〇九年一一月）。

影響力を持つ中国の識者は、日本がいまだに強力な地域国家で、中国国内の対日過小評価をいさめる一方、長期低落傾向にあるとの認識でほぼ一致していた。二〇一〇年初めまでの時点で、彼らの多くは、鳩山政権の対米政策が動揺していると見て、日米同盟による中国の封じ込め緩和を歓迎するものの、日米同盟が持つ東アジア秩序の維持機能の弱まりを懸念していた。つまり、中国は、日米同盟を批判する一方で、同盟の維持も望んでいた（『読賣新聞』二〇〇九年一一月一三日など）。

それは、単なる日米中関係の協調ではなかった。東アジアの地域協力推進のためにも日米同盟の積極的な面を利用すると同時に、安定した国際環境の中で、中国とアジア諸国との関係深化を通じて、「国際関係の民主化」、つまり中国の相対的な発言力を高める別の面があった（楊楊、二〇〇九）。これは、米国の主要な論者がいう日米中関係のバランスをとるという方針と、たとえ同床異夢であっても当面は一致する。

しかし、中国は、米国が中国を挑戦者と見なして日本を含むアジア諸国を糾合し中国を封じ込めようとするシナリオを無視できなかったようで、このためにも、中国は日本よりも優越するよう、国力や政治的リーダーシップを拡大すべきであるとの主張もあった（呉澄秋、二〇〇九）。この枠組みでは、日中協力は当面の日中関係を安定される手段と見なされる。

もう一つの中国の懸念は、「責任ある利害共有者」論が出現した時にもあったことだが、中国の果たすべき国際的責任についてであった。過大な負担を避けなければならないが、大国として応分の責任は負わなければならないという論調が主流であった。しかし、負うべき責任の内容や大きさには基準もなく、議論は簡単に終息するものではなかった。

王輝（二〇〇九）は、グローバル化の中で中国が進めるべき対外方針を議論し、協力を進めて責任も分担せよと主張した。責任を分担せよという主張は多く見られるが、理論的な精緻化が進んできた。黄真（二〇〇九）は、アクセルロッドの「おうむ返し」戦略［★6］を批判しつつ、「強い互報性」（strong reciprocity）に着目し、協力の姿勢をとって一つのグループに入り、メンバーの反逆的行為に対して、たとえ直接の利害関係がなくとも、懲罰を与えるべきであると論じた。黄真の論文は、ゲーム理論（おうむ返し）や行動経済学（強い互酬性）の応用例である。黄真が、自己保存や自己中心主義を強調するリアリズムから脱却し、協調的な対外政策を進める理論的根拠を構築しようとしていたと考えることができる。

このような責任論は、既存の中国の国際秩序容認を前提とし、中国の協調的、適応的な側面を示すものであった。しかし、実際には、中国の国際的役割の増大と見られることにもなった。

多くの場合、中国は、攻撃的リアリズム（中国は拡張主義である）と防御的リアリズム（中国は現状維持を目指す）という二つのカテゴリーのどちらに属するかという二者択一の議論になりがちであった。中国の中でも、このような二者択一で中国を見る枠組みは知られていた（劉豊・左希迎、二〇〇九など）。しかし、理論上、拡張と現状維持という対極の間に、既存の枠内にとどまろうとしても不満が大きく既存の秩序を変容させようとする選択肢もある。

攻撃的、防御的リアリズムの双方が、中国というアクターに攻撃的か協調的かという不変の本質的特徴があるという仮説を持っていた。アクターの特徴に注目する点では、コンストラクティヴィズムに通じる側面がある。（理論用語としてはさらに「新古典派リアリズム」などがあるが、論争の応用は中国問題にすぐに有効ではないようなので割愛する）

問題は、中国が「現状維持的」かどうかという議論そのものである。この設定を受け入れるとしても、その際、中国というアクターだけを見てみてもミスリーディングであろう。第一に、中国の行動は国際環境の特質、特に国際的緊張のレベルに大きく左右される。中国の自律性が徐々に増大する過程でもこの要因は存在し続ける。そもそも、緊張が低いアジアの現状で、生存のためにヘゲモニーを必死に追求するインセンティブは小さく、二一世紀初頭の中国の対外政策はこの視点から説明できるという議論がある。

米のグローバルなヘゲモニー下、アジア地域で第二、第三のパワー間でパワーシフトが起こっていると考えることができる。ここでは、単一でほぼ均質な秩序ではなく、階層を持つ秩序の中で地域的なパワーシフトが起こってきたということである。さらには、一つの階層における変化が、上位の階層にも影響を及ぼす、つまり上位と下位の階層の間で作用があるということでもある。これまでの主要なリアリズム理論は正面からこのような状況を議論してこなかったので、新しい理論的分析も必要であろう。

第二に、国際環境とともに、対外政策や安全保障政策は、国内政治の影響を大きく受ける。国家指導者は対外的な政策を完全にコントロールできるわけではなく、国内政治上の考慮、とりわけ自分の権力維持のために対外政策で必ずしも最良と考えられる政策を採らない事も少なくない。とりわけ、権威主義体制の「民主化」過程では、国内からの圧力は強まっていくであろう。

第三に、国際関係理論用語としてのイメージの役割が大きいと考えられる。現状と将来が必ずしも明確ではない状況では、アクターの歴史的経験や記憶が態度や行動にかなり影響するようになるからである。また、一意的に決まると考えられがちな状況イメージは、必ずしもアクター間で共有されておらず、紛争拡大や解決のプロセスを大きく左右する。つまり自分が見るようには、相手はまわりを見ていない。

イメージの相違は、紛争のプロセスを始動し継続させる重要な要因と考えることができる。しかし、リアリズムは客観的な状況認識を暗黙の前提としてきた。こちらが合理的なのに、相手はなぜ我々のように合理的に行動しないのか、ということからコンストラクティヴィズムによる説明が試みられた。しかし、「中国の台頭」をめぐり、関係するすべてのアクターが認識を共有してきたとは限らない。

つまり、拡大や膨張、現状維持に関する一意的、客観的な指標は存在するとは限らない。ない、と言ってもよいであろう。領土や領海をめぐる紛争は、当事者同士が自国は防衛的で正当であり、相手が間違っているとする。軍事力も、近代化と拡大の違いはきわめて曖昧であり、自分では防衛的と思っていても他国からは拡張的な意図があると見られてしまう。自国が指導的であれば地域秩序は安定すると考えていても、他国からはそうは思えない。米中、日中、日米間でもそれぞれ現状の定義は異なり、脅威感も異なる。

たとえば、中国の識者は、中国の海軍力増強を、中国が依存度を高める海上補給路の防御で説明することがある(牛新春、二〇〇九)。宇宙と航空という二つの分野の戦力統合も、平和維持のためと説明されてきた(新華社、二〇〇九年一一月二日)。

「二〇〇八年中国的国防(二〇〇九年一月)」(国防白書)で、中国は最も複雑で最も困難な状況の防衛作戦の準備を行うとした。また、白書に関する『解放軍報』(一月二〇日)の説明では、戦略指導の重心を、戦争勃発の抑止から、危機と戦争の抑止として、重心が前方に移動したとした。「危機に対する積極的予防と解決に着眼し、危機の発生とエスカレーションを決然と抑止」するとしたように、危機という戦争よりも前の段階で軍事力の役割発揮を期待したのである。

これは、平和時に置ける軍事力の役割が以前よりも大きくなるということで、他国からは軍事力を背景にした外交を展開していると見えることになる。日本が政治と戦争を別個に考え、結びつけない傾向が強いのに対し、中国は政治と戦争を連続的に考える傾向がある。軍事力を背景としても実際の使用がなければ平和的とはいえるのかもしれない。しかし、他国がその説明で完全に納得することはなかった。

イメージの違いは、本音を隠す政策によっても生じる。ソ連崩壊以後、中国は「韜光養晦」と呼ばれる、実力を顕示しないロー・プロフィールの対外政策を展開してきた。それに対して、中国は、実際には米国主導の既存の国際秩序に満足せず、変革を望んでいるが、力が不足しているので、既存の秩序を受け入れるふりをして実力を蓄え時機を待っているという観察があった。

現状、脅威、役割などのイメージは、アクターによって、つまりアジアでは日米中によって異なる。問題はその相違がアジアの秩序変動の過程で意味が大きくなる可能性がある点である。イメージを起点として、国内政治（ここでは中国のみを扱う）、変動するアジアの国際環境において主要な特徴である相互依存とグローバル化について議論を試みよう。

イメージの中でも決定的に重要なのは、アイデンティティであろう。ここでは、アイデンティティを自己イメージと同じものと定義する。いうまでもなく、アイデンティティは他者の存在を前提としている。力の移行期にあり、変化が進行中のため、中国をめぐるアイデンティティやイメージは単一のものとして確立していない。第一に、自己イメージそれ自体が複合的であり、第二に、そのため中国をはじめ主要国の自己イメージと他者が持つイメージとはかなりの乖離が生じている。

中国は大国で、GDPでは日本を抜いて世界第二位となると予測されているが、一人当たりのGDPは日本の約八分の一の水準である。そのため、中国は潜在的な超大国であり、同時に開発途上国の大国という曖昧な自己イメージである。また、中国はアジアの地域大国で、グローバルな大国としての役割を増しつつあるが、まだ確立していない。つまり、これまで多くの人々が慣れ親しんできたカテゴリーに簡単に当てはまらない。

さらに、中国は国際的地位が上昇するというだけにとどまらず、歴史の中の自己イメージも変化してきた。すでに述べたように、かつては帝国主義列強に虐げられた国として、革命的役割があるともされたが、鄧小平以後には、国家建設のためにロー・プロフィール（「韜光養晦」）の対外政策を続けてきた。しかし、今では「中華民族の偉大な復興」が強調され、「韜光養晦」の見直しが主張されている。それは周辺諸国から警戒される要因となってきた。

胡錦濤や温家宝の発言などからは、中国の政策決定者が中国経済や社会の脆弱性を強く意識している事も汲み取ることができる。彼らは単純な拡張主義者とはほど遠く、逆に物事を進めるには細心の注意を払うべきであると、たびたび強調してきた。

それでも、本当は世界の頂点に立とうとしている現状変更国だが、まだ十分に強くない時期にそう見られないように、現状維持に努める姿勢を見せてきたのだ、という中国への見方はなくならない。

グローバル化の進展によって、国内政治と国際政治の境界が大きくぼやけ、一体化してきたトレンドを重視し、中国の主要な指導者たちは、過激で情緒的な排外主義をいさめるようにもなってきた（中央外事工作会議、二〇〇六年など）。中国では、慎重で穏健な党指導者に対して、力をつけてきた世論（ネット世論を含む）とジャーナリズムが圧力集団として現れてきたという構図がある。世論の大多数がナショナリスティックになってきたというよりも、彼らは「沈黙の螺旋」のプロセスの中におり、相対的に少数であっても排外的な意見は伝達ルートを通りやすく、政策決定に影響を与えていくと考えられる。

中国が民主化すれば、対外政策は安定するのではないかという期待もある。確かに、中国では大都市の中産階層が急速に増大してきた。しかし、中産階層の増大は自動的な民主化の進展を意味せず、多くの場合、民主化の過程は政治的な不安定なくして進まない。すでに共産党内部でも、高層の指導者たちが「大衆から離れて、実際の状況を知らず、原則も重んじず、責任を負わず、言行不一致」であり、「奢侈に流れ、個人主義が目立ち、形式主義と官僚主義がはびこっている」（『求是』二〇〇九年第一九号）との意見が表明されている。日中関係で領土・領海紛争が激化し、中国政府が譲歩、妥協した場合には、中国の世論とジャーナリズムが激高し、新たな国辱が生じた原因を権威主義体制に求めるであろう。

その結果、民主化が進むかもしれないが、対外的な妥協や交渉の余地はきわめて少なくなる。つまり、当面民主化は中国の穏健化を意味しない。中国の特殊事情は、中央集権的な制度とは逆に、実際の地方の相対的自律性は強いため、民主化のプロセスでは、緩やかな連邦制の議論が進み、一時的に地方の独立性が高まる可能性もある。もっとも逆に中国の政治的、社会的統合がさらに進むかもしれない。しかし、地方を巻き込んだ政治的不安定は、軍隊の政治的介入の可能性を増大させないとはいいきれない。

グローバル化の進展の結果として、国内政治と国際政治の一体化が中国でも進み、しかもそれが中央の主要な指導者によって認識された（中央外事工作会議、二〇〇六年）。この認識は、その後も基本的な認識として共産党の主要な文書の中に取り入れられた（第一七期四中全会、二〇〇九年九月一八日）。

ただ、相互依存と安全保障の関係に関する一般理論が欠如している。加えて、秩序再編プロセスにおける相互依存と安全保障のダイナミックな関係こそが、二一世紀初頭における、中国をめぐるアジアの国際関係の基本的特徴といえる。この方面の理論化はさらに発展が待たれているようである。理論に事例を機械的にあてはめることはできないし、研究者や対外政策決定者たちも明確な見取り図があるわけでもないらしい（牛新春、二〇〇九など）。したがって、実際の決定プロセスでは、経路依存性やイメージなどの役割が大きいと考えてよいであろう。

3　秩序形成の行方

ここで参考となるのは『管子』の事例である。『管子』は、春秋戦国時代、大政治家として知られる管仲（斉の桓公を補佐して内政と外交を統括し、斉を「春秋五覇」の一つに数えられるまでにした。管仲が死去すると、孔子が涙を流しながら高く評価したという）が編纂したとも伝えられる書物である。多くのエピソードを含め、その内容は歴史的事実というよりも伝説や物語であろうが、多くの人々に読まれてきた。『管子』の事例の一つとして、斉が、潜在的なライバル国に対して、友好的な外交を展開し、貿易を進め、その国で作られる贅沢品を高額で買い取ったため、相手国は贅沢品の生産拡大のために、食糧生産や兵器生産を軽視するようになり、結局は斉の要求に屈服し、その覇権を認めざるを得なくなったというのである。これは、まず友好的で協力的な関係を構築し、非対称な相互依存を意図的に進展させて、潜在的なライバル国を効果的にコントロールする優れた事例と考えることができる。もちろん、二一世紀初頭は貿易だけでなく、金融などの分野でも相互依存と連動が大きく進んできたため、中国古代の事例がそのまま現代に応用できるとは考えられないが、一つの示唆を与える事は否定できない［★7］。

このような論理を推測させるような論文もすでに発表されていた（呉澄秋、二〇〇九）。この論文は、オーガンスキの理論を援用し、日本を力の移行期において、満足する国家から不満を増す国家へ変わりつつあると見ていた。彼の論理では、中国への力の移転がアジア地域の安定に寄与するのであり、日本の不満を抑えるためには、日中関係の安定が必要であるということになる。力づくではない洗練された論理といえるであろう。

総じて、日本の分析者は、協力と対立を峻別する。政策提言をする場合にもその傾向は強い。しかも、中国の多国間主義が日本の利益を尊重するとは限らない点が軽視されてきた。しかし、中国の論者はそうではなく、相手と協力する中で、相手をコントロールしようと主張することもあるように、協力と対立を峻別せず、連続線または相互乗り入れの形で理解する。

二一世紀初頭、中国の政策決定サークルとその周辺は、米国が中国を挑戦者と見なすことを回避できるとの楽観的な見方はしないが、できるだけ先延ばししようとしてきた。一九九〇年代、中国は行動が縛られることを嫌い、拘束力の強いメカニズムの形成を阻止し、対話の場にとどめることに成功した。米国が参加しない多国間枠組みも、あからさまに設立せず、当初はアドホックな場にすぎないASEAN＋3を制度化する形で慎重に進めてきた。当面、中国は自国が中心となるアジアの秩序形成には慎重な態度で臨むであろう［★8］。

しかし、すでに述べたように、中国の指導者たちが穏健な政策を採ろうとしても、感情的、ナショナリスティックになった国内世論やジャーナリズムが簡単にそれを支持していく保証はない。もちろん、穏健な人々も多くいるに違いないが、彼らは沈黙するであろう。そうなると、ツキジテスがペロポネソス戦争の激化と拡大の基本要因をアテネの過激な世論に求めたような状況が到来しないとも限らない。「中国の台頭」は、国際関係論、政治学や歴史学からみても挑戦的でしかも根源的な課題を突きつけている。

＊本稿の執筆では、中西寛教授をはじめとする研究会メンバーに加えて、山本吉宣、梅本哲也、宮岡勲、泉川博、野口和彦、湯澤武による貴重なご教示とコメントをいただいた。スペースの関係上、具体的な内容は省略せざるを得ないが、ここに記して感謝の意を表する。もちろん、誤りがある場合、すべての責任は筆者一人にある。

註

★1――一般には「ステークホルダー」論と呼ばれることが多い。

★2――この草分けは、アラステイア・ジョンストンであろう。ちなみに、本章の筆者はジョンストンのこのアプローチを批判したことがある。「中国の戦略文化：コンストラクティヴィズムの事例研究　アラステイア・ジョンストン『文化的な現実主義――中国の歴史における戦略文化と大戦略』」、『国際政治』第一二三号、日本国際政治学会、二九五―二〇四頁。

★3――本稿では歴史に方向性があると仮定はしていない。

★4――二〇〇〇年代初めごろから日本で盛んとなった「東アジア共同体」論には、台頭する中国とどのように関与するかという現実的な問題意識が底流としてあった。天児慧「新国際秩序構想と東アジア共同体論：中国の視点と日本の役割」『国際問題』二〇〇五年一月、二一―四七頁。

★5――James Steinberg, "Administration's Vision of the U.S.-China Relationship." Keynote Address at the Center for a New American Security, Washington, DC. September 24, 2009 http://www.state.gov/s/d/2009/129686.htm

★6――「おうむ返し」戦略とは、裏切ったり秩序を大きく乱すアクターには、そのような行為のたびに、徹底的にくりかえし懲罰を与え、秩序を維持するという戦略である。

★7――二〇〇九年後半から米中関係は冷却し、米国の台湾向け武器売却では関連する米企業の中国市場からの締め出しが示唆され、ダライラマの訪米とオバマ米大統領との会談では報復が言及されるなど、これまでにない中国側の強い姿勢が目立った。この背景には、金融危機以後の急速な経済回復と高度成長に中国が自信を深めたからという説明が加えられた（『讀賣新聞』二〇一〇年二月二〇日）。三月には関係修復の動きが報道されたが、このようにして徐々に米中関係のあり方が変化していくのかもしれない。

★8――本稿脱稿後、国際秩序の変化への中国の主体的役割の増大を強調する議論が多くなったようであるが、具体的な役割の中身や秩序変化のシナリオは明確に示されていないようである。

参考文献

Feigenbaum, Evan A., & Robert A. Manning, *The United Sates in the New Asia, Council Special Report* (Council on Foreign Relations), November 2009.

Green, Michael "The Japan-U.S.-China Triangle under New Management," *Freeman Report*, Center for Strategic & International Studies, October 2009.

Schweller, Randall, "Managing the rise of great powers: history and theory," Johnston, Alastair Iain & Robert Ross, *Engaging China: the management of an emerging power*, (New York: Routledge, 1999), pp1-31.

中国語文献（ピンイン順）

蔡拓「国際秩序的転型与塑造」『外交評論』二〇〇九年第四期（八月）、一〇－一五頁。

黄真「従『互恵利他』到『強互恵』：国際合作理論的発展与反思」『国際関係学院学報』二〇〇九年第四期（七月）、一－八頁。

劉豊、左希迎「新古典現実主義：一個独立的研究綱領？」『外交評論』二〇〇九年第四期（八月）、一二七－一三七頁。

牛新春「中美関係：依頼性与脆弱性」『現代国際関係』二〇〇九年第九期（九月）、三六－四四頁。

王輝「全球化挑戦与中国経済的転型」『国際関係学院学報』二〇〇九年第五期（九月）、四九－五四頁。

王緝思「中美関係的発展趨勢与深層原因」『当代亜太』二〇〇九年第三期（五月）、一－二〇頁。

呉澄秋「東亜結構変遷与中日関係：権力転移理論視角」『当代亜太』二〇〇九年第一期（一月）、九〇頁。

楊楊「日美同盟与東亜区域合作」『国際関係学院学報』二〇〇九年第三期（五月）、一二－一七頁。

結論

小林道彦
中西寛

「歴史は過去と現在の対話である」。E・H・カーからの使い古された引用だが、二〇世紀の日中関係ほど、この言葉が実感をもって迫ってくる歴史は少ないのではないか。今日の日本と中国の関係は、二〇世紀には想像もできなかったほど大きく変容している。浅野(亮)論文(第一三章)が分析するように、中国はアメリカに次ぐ世界第二位の経済大国となりつつあり、軍事力でもアメリカに次ぐ存在と見なされ始めている。一〇〇年前、瀕死の帝国として世界の帝国主義的拡張の標的になっていた時代とは隔世の感がある。そして世界の五分の一の人口を占める中国がこのように変貌している以上、それは世界システムを、また人類史の見方を書き換える現象になる可能性を十分に秘めている。

ひるがえって今日の日中関係にとって、二〇世紀の両国関係をどう捉えるかという、いわゆる「歴史認識」の問題は大きな拘束要因であり続けている。日中戦争に至る二〇世紀前半の歴史に関わる問題が大きな比重を占めるが、戦後史にもそうした問題がないわけではない。それは二〇〇六年に日中両国政府で合意され、二〇一〇年三月に成果が公表された日中歴史共同研究について、戦後史を扱った論文が中国側の反対によって公表されずに終わったという事態によっても確認できる。報告書には明示されていないが、東京裁判や天安門事件に対する評価を日中共同作業として明らかにすることに中国側の抵抗が強かったためとされる。

等松論文(第一二章)が指摘するように、中国側が日本の軍国主義による侵略と中国共産党が指導した人民による抵抗という図式にこだわり、日本、特に日本政府にこうした歴史観の「共有」を求め、その証として謝罪と反省を求めるという状況は確かに存在する。日本の中にはこうした中国側の姿勢を「歴史カード」と見なし、中国側の解釈図式を否定しようという主張もあるが、それらは日本の歴史研究者の間で主流的な考え方とはなっていない。

しかし、日本の歴史研究者の多くにとっては、中国側の「歴史」に対するとらえ方そのものが違和感のあるところであろう。歴史とはあくまで過去の真実を検証する試みであり、そこでは客観的、科学的な史資料こそが決定的意味をもつと日本の歴史家は考えるのである。

一方、中国政府が南京事件での中国人の犠牲者は三〇万人と言うとき、その数字よりも、日本軍が巨大な侵略行為を行い、多くの中国人が犠牲になったという「認識」こそ重要である。しかし、日本の歴史家には、犠牲者は「三〇万人」か、「一〇万人」か、「一万人」か、「ゼロ」か、客観的に検証することが求められる。多くの史資料を分析し、より正確な過去の事実を探り当てたものこそ、歴史家として「真実」に近づいたと見なされるのである。

このように考えると、日中双方が、歴史解釈の相違を越えて各々の社会の価値観を反映した歴史に対する過度の期待にとらわれていることが分かるであろう。中国の公式見解からすれば、南京事件の虐殺者の数を検証しようと日本側が提起することそのものが、「認識の共有」という中国側の立場を冒瀆するものである。逆に日本社会にとって中国が公定の歴史観への賛同を迫ることは、真理の探究を旨とする科学的態度を抑圧しようとする権力的行為と見なされるのである。

このように述べて、日本と中国では歴史の捉え方が違う、従って日本と中国で歴史、特に近過去の政治史に関する対話は成り立たない、として話を終えてしまうこともできる。だが、それでよいのだろうか。

二〇世紀の日中関係はそれ以前にくらべて飛躍的に、両国社会が密接な関わりをもった時代であった。残念ながら、そのかなりの部分は人々にとって不幸な、闘争や対立、摩擦が占めていたかも知れない。しかし多くの血と涙が流されたにせよ、激しい変化の時代を人々が生き、交流しあった過程をそれぞれの国の歴史叙述の枠の中に閉じこめてしまってよいはずがない。二一世紀は二〇世紀にも増して両国の交流の密度が濃くなることが予想される以上、なおさらである。

中国の「台頭」が明らかになりつつある今、従来の硬直した「認識共有」と「実証科学」の枠を越えて、実証性と大きな解釈枠組みを兼ね備えた歴史を日中共同の学問的行為として生みだすことができるのではないか。革命と戦争の混乱を経て、共産党の一党独裁を維持しながら世界から大量の資本を受け入れて成長する中国の現状は、二〇世紀の日本がめざし、誇ってきた近代西洋をモデルとした国家、経済社会、そして実証的な科学の構築といった路線が、近代化の唯一の道ではなかったことを示しているようでもある。他方で、中国もまた、その発展を外国からの輸入に頼らず、自らの力で持続的に進め、結果として世界を変える存在になるためには、支配の正統性を歴史的正当化に求める伝統的な文化を修正し、開かれた文化を創造していく必要があるのではないか。

本書に集められた一三編の論文は、それぞれの研究者が自らの問題意識に沿って探求する作業の一貫として、二〇世紀初頭から今日に至る日中関係の一面を切り取っている。それぞれに独立した論考であることはもちろんだが、編者の立場から感じるのは、共有された問題意識である。すなわち、従来、通説とされて我々を縛ってきた歴史観を脱し、新たな歴史像を生み出したいという強い意欲である。一見日本が強大で中国が弱体と見えた二〇世紀前半においても、日本は実はそれほど強くなく、中国は余り弱くなかった。

瀧井論文(第一章)による伊藤博文の中国観の分析は、伊藤が、中国がかかえる国家としての近代化の困難と同時に、通商社会としての可能性を見通していたことを示す。清水論文(第二章)は、辛亥革命の混乱に際して、その影響は日本にも政治的動揺をもたらし、日本の対中政策は軍事力に頼らざるを得なくなったことを明らかにする。奈良岡論文(第三章)は、近代外交をモデルとした加藤高明の対華二十一ヶ条要求に対し、袁世凱政権が積極的な対抗策をとろうとした過程を描く。小林論文(第六章)が示すのは、次第に拡張する帝国の統治に日本政府が苦闘し、中国が徐々に抵抗力を強めていく姿である。

一九二〇年代から七〇年代まで、アメリカが日中関係に及ぼした影響力が巨大なものとなり、日中の政策決定を大きく左右した。しかしその中でも、中国および日本は自らの利益を追求しようとしたと言えよう。中谷論文(第四章)は第一次世界大戦後の中国問題は、アメリカのウィルソン主義によって戦前の大国による勢力圏外交から移行し始め、そこでは日本の力による外交は抑制され、中国がより主体的存在として行動する余地が生まれたとする。高論文(第五章)が指摘する王正廷外交はこうした状況変化を反映し、伝統的な王道主義を理念として掲げながら、西洋主権国家体制の論理を利用し、日本に相互主義への転換を迫った。

しかし結局、日中は妥協点をみいだすことができず、日中戦争から太平洋戦争へと至り、日本の植民地帝国は解体されることになった。浅野(豊美)論文(第七章)が的確に示すように、大戦後のアメリカが目指したのは、日本帝国解体後の地域秩序の再編であり、ポーレー・ミッションはそのことを強く意識した任務を帯びていた。しかしそこで、アメリカが向き合うことになったのはソ連共産主義の進出であり、また、脆弱な国民党支配の間隙をついて成長した毛沢東率いる中国共産勢力であった。長尾論文(第九章)が論じるのは、トルーマン政権が直面した現実が如何に戦争直後の想定と異なっていたかであり、結局、戦後アメリカは日本を盟友にして共産中国とは敵対することになった。

米ソの冷戦が戦後東アジア国際政治を規定したが、その中でも日本帝国の解体と中国の革命は複雑な余波をもたらした。陳論文（第一〇章）が明らかにする戦後日本における華僑社会の軌跡は、日本の華僑社会が日本統治時代の遺産や国民党と共産党の対立に極めて複雑な影響を受けていたことを示す。日本帝国解体後にあっても、日本と中国の関係は単に国民国家間の関係へと集約された訳ではないのである。また、井上論文（第八章）は、日中国交正常化交渉が実は台湾に対する暫定協定（modus vivendi）を内包していたことを指摘する。今日においても中台関係は日本にとって安全保障を含めた関心事項であり、東アジア秩序において残された問題である。中西論文（第一一章）は、米ソの東アジアにおける影響力が頂点に達する一九四〇年代から五〇年代にかけての時代においても、日中双方の中に体制をめぐる権力闘争が存在し、それが戦争および冷戦と複雑に交錯したことを論じている。

もちろんこれらの論文は二〇世紀の日中関係を新たな観点から理解する多様な、そして部分的な素材に過ぎない。しかし二一世紀における世界秩序が西洋中心のものから、より多極的、多文明的なものへと変わる予兆がある中で、二〇世紀の東アジア史に対する認識はこれからも書き換えられ続けるであろう。

本書の編集は、二〇〇九年九月の鳩山由紀夫民主党政権の成立、その後の外交的混迷、翌一〇年六月の菅直人への政権委譲という、一連の政治的変動の中で行なわれた。この間、ギリシア金融危機も深刻化し、ユーロへの信頼感も揺らいだ。

経済成長は政治的安定に不可欠であるが、前者が実現すれば予定調和的に後者が達成されるわけではない。経済成長の果実が軍事部門に過度に投入されれば、それは二国間あるいは多国間関係の不安定化を招きかねない。戦前の日中、あるいは日満関係史はそのことをわれわれに告げている。

いかにすれば、互譲的で安定した日中関係は構築可能なのだろうか。そんな共通の問題意識に導かれて、わたしたちは本書の各論文を著した。

今日的な問題意識は、そうであるがゆえに、内外情勢の変化に大きな影響を受ける。歴史分析とてもその例外ではない。「良き歴史家たらん」と思えば、現状に目を瞑ることはできないのである。

本書は、京都において開催されている「20世紀と日本」研究会での報告、討論が下地となっている。この研究会の学問的、かつ自由で創造的な雰囲気が本論文集にも流れていると信じたい。また、研究会の運営にあたって多年にわたり「社会と思想に関する特別研究助成」として支援をして下さったサントリー文化財団の寛大さに謝意を表したい。

本書はその企画段階から、千倉書房編集部の神谷竜介氏との緊密な協同作業に多くを負っている。氏は「20世紀と日本」研究会の定期例会はもちろんのこと、夏季研究合宿にも積極的に参加して下さった。この緊密な連携があったからこそ、本書はこうして形をなすことができたのである。最後になってしまったが困難な出版事情の中、本書の出版を引き受けて下さった千倉書房と、神谷氏に深甚なる感謝の意を表して結びの言葉としたい。

小林道彦
中西 寛

二〇一〇年七月一日

ラモント，トーマス（Tohmas W. Lamont）101
羅豫龍（Luo yulong）193
ランシング，ロバート（Robert Lansing）095
陸徴祥（Lu jhengsiang）068, 079, 092
李祜（Li hu） 194
李鴻章（Li hungchang）018, 021, 066
李秉漢（Li binghan）196
李奉昌（Lee Bong-chang）144
劉永金（Lui yongjin）201
劉坤一（Liu Kunyi）016
劉少奇（Liu shaoqi）168
劉增華（Lui zenghua）195, 203
劉明電（Lui mingdian）202
梁啓超（Liang qichao）015, 017, 068, 079, 104
梁士詒（Liang shiyi）067
李立三（Li lisan）243
林定平（Lin dingping）195
林彪（Lin biao）005, 168
ルーズヴェルト，フランクリン（Franklin Delano Roosevelt）155-160, 162-163, 166, 262-263
若槻礼次郎（WAKATSUKI Reijiro）136, 141-143

ワ

和田維四郎（WADA Tsunasiro）023

日置益（HIOKI Eki）061-063, 068, 070-071, 073, 075-076
ビッソン, トマス（Thomas Arthur Bisson）159
ヒトラー, アドルフ（Adolf Hitler）166
百武源吾（HYAKUTAKE Gengo）145
馮国璋（Feng guozhang）069, 134
平沼騏一郎（HIRANUMA Kiichiro）159
溥儀（Puyi）044, 142, 147
福田雅太郎（FUKUDA Masataro）065
福田赳夫（FUKUDA Takeo）215
藤山愛一郎（FUJIYAMA Ai'ichiro）248
フックス, クラウス（Klaus Emil Julius Fuchs）168
ブキャナン, ジョージ（George Buchanan）074
ブライアン, ウィリアム・ジェニングス（William Jennings Bryan）059, 074, 079
ブライス, ジェームズ（James Bryce）156
古井喜實（FURUI Yoshimi）219, 222
フルシチョフ, ニキータ（Nikita Sergeyevich Khrushchev）249, 251
ベントリー, エリザベス（Elizabeth Bentley）166
法眼晋作（HOUGEN Shinsaku）217, 219
包象寅（Bao xiangyin）195
彭徳懐（Peng dehuai）168
ポーレー, エドウィン（Edwin W. Pauley）173, 180-182
保利茂（HORI Shigeru）213
ホワイト, ハリー・デクスター（Harry Dexter White）166

マ

マーシャル, ジョージ（George Catlett Marshall）159, 164-165, 199
マーフィ, ロバート（Robert Daniel Murphy）216
マイヤー, アーミン（Armin Henry Meyer）212
牧野伸顕（MAKINO Nobuaki）093, 097
真崎甚三郎（MASAKI Jinzaburo）145-146, 241, 243-244
マッカーサー, ダグラス（Douglas MacArthur）159-161, 169, 178-179, 183, 246
マッカーシー, ジョセフ（Joseph Raymond McCarthy）166
松村謙三（MATSUMURA Kenzo）251
マレフスキー, マレーヴィチ（Malevich Malevsky）073, 077
三木武夫（MIKI Takeo）217, 248
南次郎（MINAMI Jiro）141
美濃部亮吉（MINOBE Ryokichi）213
宮本顕治（MIYAMOTO Kenji）248-249
三輪寿壮（MIWA Juso）239
ムーア, フレデリック（Frederick Moore）070, 079
明治天皇（Mutsuhito）044
毛沢東（Mao zedong）005, 162-164, 168-169, 243, 246, 251
モーゲンソー, ヘンリー（Henry Morgenthau）166
望月圭介（MOCHIDUKI Keisuke）138
本野一郎（MOTONO Ichiro）076
森治樹（MORI Haruki）212
モリソン, ジョージ（George Ernest Morrison）066, 071-072, 075, 077, 079

ヤ

安川壮（YASUKAWA Takeshi）215, 217
矢次一夫（YATSUGI Kazuo）249
山県有朋（YAMAGATA Aritomo）004-005, 016, 045, 064, 078, 098
山本懸蔵（YAMAMOTO Kenzo）242
山本条太郎（YAMAMOTO Jotaro）240
尹奉吉（Yoon Bong-gil）146
楊永康（Yang yongkang）198-199
楊春松（Yang chunsong）194, 199, 201-202, 204
吉田茂（YOSHIDA Shigeru）241, 244-245, 247-249
吉野作造（YOSHINO Sakuzo）048, 078, 239
米内光政（YONAI Mitsumasa）157, 244

ラ

ラインシュ, ポール（Paul S. Reinsch）072, 074, 104
ラティモア, オーウェン（Owen Lattimore）177

スターリン，ヨシフ (Joseph Stalin) 156-157, 162, 166, 246-247
スティムソン，ヘンリー・ルイス (Henry Lewis Stimson) 143, 159
スティルウェル，ジョセフ (Josepf Warren Stilwell) 163
ステティニアス，エドワード・ライリー (Edward Reilly Stettinius) 156, 158
スプリング＝ライス，セシル (Cecil Arthur Spring Rice) 074-075
西太后 (Xi Taihou) 015, 018
宣統帝→溥儀
曽永安 (Zeng yongan) 194, 202
荘三奇 (Zhuang sanqi) 194
宋子文 (Song ziwen) 162
曹汝霖 (Cao rulin) 061, 067, 092
曽森茂 (Zeng senjia) 202-203
宋美齢 (Song meiling) 162
ゾルゲ，リヒャルト (Richard Sorge) 243
孫文 (Sun zhongshan) 034, 043, 162, 238
孫平化 (Sun pinghua) 218
孫寶琦 (Sun baoqi) 067-068
孫鳳仙 (Sun fengxian) 199

タ

戴季陶 (Dai jitao) 238-239
高島益郎 (TAKASHIMA Masuo) 216, 222-223
高橋是清 (TAKAHASHI Korekiyo) 135, 147
竹入義勝 (TAKEIRI Yoshikatu) 218
竹下登 (TAKESHITA Noboru) 215
田中義一 (TANAKA Giichi) 045, 133, 135-138, 236-238, 240-241
田中角栄 (TANAKA Kakuei) 211, 216-219, 221, 224, 226
谷口尚真 (TANIGUCHI Naomi) 145
段琪瑞 (Duan ciruei) 069, 092
張学良 (Zhang xueliang) 125, 131, 137, 139-140, 142-143, 145, 147, 243
張作霖 (Zhang zuolin) 132-135, 137, 237, 240
張之洞 (Jhang jhihdong) 016, 021-023, 025
陳宇翔 (Chen yuxiong) 199
陳焜旺 (Chen kunwang) 202-203
陳承家 (Chen chengjia) 201-202
珍田捨巳 (CHINDA Sutemi) 100
陳独秀 (Chen duxiu) 104
陳文貴 (Chen wengui) 203
出淵勝次 (DEBUCHI Katsuji) 078
寺内正毅 (TERAUCHI Masatake) 098, 132, 139
ドゥーマン，ユージン (Eugene Dooman) 164
徳田球一 (TOKUDA Kyuichi) 247
トルーマン，ハリー (Harry S. Truman) 155-156, 158, 160, 169, 246

ナ

中嶋嶺雄 (NAKAJIMA Mineo) 213, 221
永田鉄山 (NAGATA Tetsuzan) 143, 147
中西功 (NAKANISHI Tsutomu) 243
中村覚 (NAKAMURA Satoru) 065
ニクソン，リチャード (Richard Milhous Nixon) 214, 220
西尾末広 (NISHIO Suehiro) 239, 250
野坂参三 (NOSAKA Sanzo) 165, 167, 241-245, 247
野村吉三郎 (NOMURA Kichisaburo) 146

ハ

ハーリー，パトリック (Patrick Jay Hurley) 163-164
バーンズ，ジェイムズ (James Francis Byrnes) 158-159, 245
博定 (Bo ding) 193
橋本恕 (HASHIMOTO Hiroshi) 216-217, 219-221, 224, 226
鳩山一郎 (HATOYAMA Ichiro) 248-249
浜口雄幸 (HAMAGUCHI Osachi) 138, 140
原敬 (HARA Takashi) 093, 098, 132-133
原嘉道 (HARA Yoshimichi) 138
ハル，コーデル (Cordell Hull) 158-159
坂西利八郎 (BANZAI Rihachiro) 061
潘鐸元 (Pan duoyuan) 198-199

尾崎秀実（OZAKI Hotsumi）243-244
小田切万寿之助（ODAGIRI Masunosuke）021
小畑敏四郎（OBATA Toshiro）241, 243

カ

カーゾン，ジョージ・ナサニエル（George Nathaniel Curzon）100-101
夏衍（Xia yan）239, 242
郭松齢（Guo songling）134
郭沫若（Guo moruo）242
鹿地亘（KAJI Wataru）167, 242
何世礼（He shili）203
加藤高明（KATO Takaaki）060, 062-067, 069-079
加藤寛治（KATO Hiroharu）145
金谷範三（KANAYA Hanzo）143, 145
亀井陸良（KAMEI Rikuro）070, 076
カリー，ロウクリン（Lauchlin Currie）167
河上肇（KAWAKAMI Hajime）243
河本大作（KAWAMOTO Daisaku）135, 141
神田正雄（KANDA Masao）064, 068-069
樺美智子（KANBA Michiko）250
甘文芳（Gan wenfang）202
岸信介（KISHI Nobusuke）248-250
キッシンジャー，ヘンリー（Henry Alfred Kissinger）212
木戸孝允（KIDO Takayoshi）011
姫鵬飛（Ji pengfei）222, 225
金九（Kim Gu）144
楠田實（KUSUDA Minoru）213
グリーン，ウィリアム・カニンガム（William Conyngham Greene）073-074, 076
栗山尚一（KURIYAMA Takakazu）216, 219, 223-225
グルー，ジョセフ（Joseph Clark Grew）157-160, 164, 167
クルペンスキー，ワシリー（Wassily Krupenskii）074
グレイ，エドワード（Edward Grey）062, 072-077
慶親王 015, 018-020, 066
ケナン，ジョージ（George Frost Kennan）246
顧維鈞（Gu weijyun）075, 079, 092-095, 104
小池張造（KOIKE Chozo）063
光緒帝（Guangxu Emperor）015, 018
黄廷富（Huang tingfu）197
康有為（Kang youwei）015, 017-018, 020, 022
ゴーズ，クラレンス（Clarence E. Gauss）163
近衛文麿（KONOE Fumimaro）241, 243-245
呉佩孚（Wu peifu）134
呉文藻（Wu wenzao）202
小村寿太郎（KOMURA Jutaro）066

サ

西郷隆盛（SAIGO Takamori）011
蔡廷幹（Cai ting-gan）071, 077, 079
斎藤実（SAITO Makoto）133-134, 139, 147
サゾーノフ，セルゲイ（Sergei Sazonov）074
佐藤栄作（SATO Eisaku）211-216, 219
佐分利貞夫（SABURI Sadao）125
シェンノート，クレア（Claire Lee Chennault）163
幣原喜重郎（SHIDEHARA Kijuro）105, 134-136, 138-143
渋沢栄一（SHIBUSAWA Ei'ichi）026
謝雪紅（Xie xuehong）201
謝南光（Xie nanguang）202, 204
周恩来（Zhou enlai）212-213, 216-218, 223-224, 226, 249
周祥賡（Zhou xianggeng）193, 199
朱世明（Shu shiming）202-203
蒋介石（Jiang Jieshi）005, 121, 138, 162-163, 167, 169, 238-240, 243, 246
昭和天皇（Hirohito）137-138, 144, 147, 158-159, 161, 244-245
ジョーダン，ジョン（John N. Jordan）073, 075-077, 104
白川義則（SHIRAKAWA Yoshinori）146
沈乃熙→夏衍
末次信正（SUETSUGU Nobumasa）145
鈴木貫太郎（SUZUKI Kantaro）157, 244

主要人名索引

中国人名の読みはピンインを主としたが、なかには愛称など、
より一般性の高いものを用いたため、漢字表記と異なる例がある。

ア

アイゼンハワー，ドワイト (Dwight David Eisenhower) 250
明石元二郎 (AKASHI Genjiro) 064
浅沼稲次郎 (ASANUMA Inejiro) 250
麻生久 (ASO Hisashi) 239
安達謙蔵 (ADACHI Kenzo) 143
アチソン，ジョージ (George Atcheson Jr.) 164
アチソン，ディーン (Dean Gooderham Acheson) 164-165, 246
荒木貞夫 (ARAKI Sadao) 135, 137, 145-147, 241
井川克一 (IGAWA Katsuichi) 215
池田勇人 (IKEDA Hayato) 248
石井菊次郎 (ISHII Kikujiro) 095
石橋湛山 (ISHIBASHI Tanzan) 048, 251
石原莞爾 (ISHIHARA Kanji) 141-142, 145-146
板垣征四郎 (ITAGAKI Seishiro) 141, 146
板垣退助 (ITAGAKI Taisuke) 016
伊藤博文 (ITO Hirobumi) 004, 011-026
伊東巳代治 (ITO Miyoji) 101
犬養毅 (INUKAI Tsuyoshi) 039, 143, 145, 147, 241
井上馨 (INOUE Kaoru) 064, 078, 091, 098
井上勝之助 (INOUE Katsunosuke) 072
井上準之助 (INOUE Jun'nosuke) 101, 138-139, 141
今村均 (IMAMURA Hitoshi) 143, 145
岩淵辰雄 (IWABUCHI Tatsuo) 244
インガソル，ロバート (Robert Stephen Ingersoll) 217
ウィルソン，ウッドロウ (Thomas Woodrow Wilson) 091-093, 095-097, 100-101, 103-104, 106, 131
殖田俊吉 (UEDA Shunkichi) 244
上原勇作 (UEHARA Yusaku) 135, 143, 145
ウォレス，ヘンリー (Henry Agard Wallace) 155-156, 162-163
于恩洋 (Yu enyang) 201, 203
宇垣一成 (UGAKI Kazushige) 134-135, 138-141, 145-146
浮田和民 (UKITA Kazutami) 047
内田康哉 (UCHIDA Yasuya) 092
内田良平 (UCHIDA Ryohei) 039
宇都宮太郎 (UTSUNOMIYA Taro) 133
エマーソン，ジョン (John K.Emmerson) 243, 245
袁世凱 (Yuan shikai) 034, 041-042, 046, 061, 067-069, 071-072, 077, 079, 098
王学文 (Wang xuewen) 243
王稼祥 (Wang jiaxiang) 243
王之 (丕承) (Wang zhi) 193
王正廷 (Wang zhengting) 104, 113-127
王明 (Wang ming) 243
大久保利通 (OKUBO Toshimichi) 011
大隈重信 (OKUMA Shigenobu) 016, 060, 069
大島健一 (OSHIMA Ken'ichi) 065
大橋武夫 (OHASHI Takeo) 202
大平正芳 (OHIRA Masayoshi) 216-226
大山郁夫 (OYAMA Ikuo) 167, 239, 245
岡市之助 (OKA Ichinosuke) 064
岡田晃 (OKADA Akira) 213
岡田啓介 (OKADA Keisuke) 147
小川平吉 (OGAWA Heikichi) 064

編者、序論・結論共同執筆、第6章執筆
❖小林道彦（北九州市立大学基盤教育センター教授）
編者、序論・結論共同執筆、第11章執筆
❖中西寛（京都大学大学院法学研究科教授）

第 1 章執筆❖瀧井一博（国際日本文化研究センター准教授）
第 2 章執筆❖奈良岡聰智（京都大学大学院法学研究科准教授）
第 3 章執筆❖清水唯一朗（慶應義塾大学総合政策学部准教授）
第 4 章執筆❖中谷直司（同志社大学一神教学際研究センター特別研究員）
第 5 章執筆❖高文勝（天津師範大学政治与行政学院教授）
第 7 章執筆❖長尾龍一（東京大学名誉教授）
第 8 章執筆❖浅野豊美（中京大学国際教養学部教授）
第 9 章執筆❖陳來幸（兵庫県立大学経済学部教授）
第10章執筆❖井上正也（香川大学法学部准教授）
第12章執筆❖等松春夫（防衛大学校国際関係学科教授）
第13章執筆❖浅野亮（同志社大学法学部教授）

歴史の桎梏を越えて　20世紀日中関係への新視点
二〇一〇年九月二三日　初版第一刷発行
編著者　小林道彦／中西寛
発行者　千倉成示
発行所　株式会社 千倉書房
〒一〇四-〇〇三一　東京都中央区京橋二-四-一二
電話　〇三-三二七三-三九三一（代表）
http://www.chikura.co.jp/
印刷・製本　中央精版印刷株式会社
造本装丁　米谷豪
©KOBAYASHI Michihiko / NAKANISHI Hiroshi 2010
Printed in Japan〈検印省略〉
ISBN 978-4-8051-0959-5 C1020
乱丁・落丁本はお取り替えいたします

JCOPY <(社)出版者著作権管理機構 委託出版物>
本書の無断複写は著作権法上での例外を除き禁じられています。
複写される場合は、そのつど事前に、(社)出版者著作権管理機構
(電話 03-3513-6969、FAX 03-3513-6979、e-mail: info@jcopy.or.jp)
の許諾を得てください。

冷戦期中国外交の政策決定　牛軍 著　真水康樹 訳

毛沢東が指導した歴史的事件への対応を分析し、今日にも通ずる中国という国家の性格を浮かび上がらせる。

❖四六判／本体 二六〇〇円＋税／978-4-8051-0885-7

アジア太平洋と新しい地域主義の展開　渡邉昭夫 編著

17人の専門家が、各国事情や地域枠組みなど、多様かつ重層的なアジア・太平洋の姿から、諸国の政策の展開を検証する。

❖A５判／本体 五六〇〇円＋税／978-4-8051-0944-1

千倉書房

表示価格は二〇一〇年九月現在